王步高青瓷谱

徐复兴 编著

江苏大学出版社
JIANGSU UNIVERSITY PRESS

镇 江

图书在版编目（CIP）数据

王步高年谱 / 徐复兴编著. —镇江：江苏大学出版社，2020.10（2024.4 重印）
ISBN 978-7-5684-1313-8

Ⅰ. ①王… Ⅱ. ①徐… Ⅲ. ①王步高（1946－2017）—年谱 Ⅳ. ①K825.46

中国版本图书馆 CIP 数据核字（2020）第 190651 号

王步高年谱
Wang Bugao Nianpu

编　　著/徐复兴
责任编辑/董国军
出版发行/江苏大学出版社
地　　址/江苏省镇江市京口区学府路 301 号（邮编：212013）
电　　话/0511-84446464（传真）
网　　址/http：//press. ujs. edu. cn
排　　版/镇江文苑制版印刷有限责任公司
印　　刷/北京一鑫印务有限责任公司
开　　本/890 mm×1 240 mm　1/32
印　　张/8
字　　数/260 千字
版　　次/2020 年 10 月第 1 版
印　　次/2024 年 4 月第 2 次印刷
书　　号/ISBN 978-7-5684-1313-8
定　　价/60.00 元

如有印装质量问题请与本社营销部联系（电话：0511-84440882）

王步高

（1946-2017）

　　江苏扬中人。1964年从扬中县中学考入南京大学外文系德文专业，1969年毕业后回乡从事中学教育十余年。1981年考入吉林大学唐宋文学研究生班，1984年获文学硕士学位后，分配到江苏古籍出版社。1991年调至东南大学，曾任文学院副院长、学术委员会主任，系文科二级教授；亦为全国大学语文研究会副会长、江苏大学语文研究会会长、清华大学国家大学生人文素质教育基地顾问；荣获"江苏省高校教学名师"称号，享受"国务院特殊津贴"；著名的古典诗词研究者、作家和活动家，知行合一的教育家；其主编的《大学语文》系列教材，为国家"十五""十一五"规划教材之一；著有《梅溪词校注》《司空图评传》《探寻词苑的艺术与人生》等，各类作品计两千余万字。逝世后，清华大学设立"王步高教育基金"。

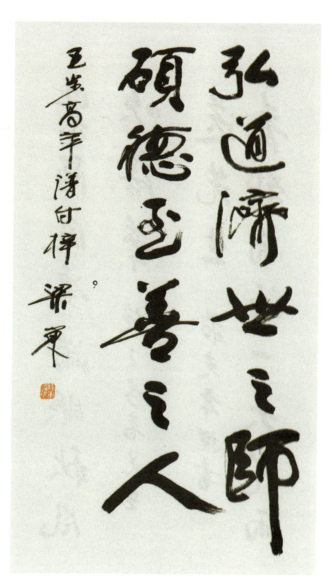

弘道济世之师
硕德至善之人

辛卯净白梓
梁东

梁东先生题辞

紫陌風凄満眼秋風

唤醒落葉　挽王芳高先生

送先生　芮克平撰書

青郊雨泣一天花雨

蒋光年先生挽联

莺啼序·一代名师王步高 （代序）

圖东小沙福地，有神奇竹锁。
移民后、源自他方，一声"呆昃"犹可。
恋姐弟、同窗共好，诚心岂惧灾多挫。
育家乡桃李。乌台十月谁错？

涅槃重生，负笈千里，效良师研磋。
叹魑魅、骚扰无由。史山词海忘我。
解《梅溪》、经年砺剑。析悬案、几番寻过。
忆松花、蓄势待飞，艺精能荷。

深耕古籍，继晷焚膏，《辞典》竟爆火。
树顶雁、狼猜狐妒。立雪唐门，退学风波，职场坎坷。
六朝松畔，箫韶入耳。力陈表圣真《诗品》。
《爱国》书、母语金牌课。
骚坛杏苑，筚路蓝缕前行。校歌新榜头座。

北漂老骥，特立独行做。
理工校、人文突破。
竭虑殚精，一票难求，震撼成果。
《回眸》漫漫，酬情天道。鞠躬尽瘁三极致。
追前贤，铁骨铮铮骱。
百年赋比王勃。三脉传承，定能远播！

（原载《江海诗词》2019 年第一期）

如诗如词　高山仰止
——王步高教授的传奇人生

　　"万里长江呼日出，千年绿岛应潮生！"此乃"江洲大儒"张家春先生之名联。而本地"赋王"顾明社先生所写《扬中赋》云："奔腾千里兮，浩瀚扬子江；聚沙成洲兮，古润口东旁；潮涨潮落兮，沧海田桑……江中明珠兮，嵌水中央。江洲扬中，史脉异他。滔滔江水兮，小滩东晋露面纱；山河纷争兮，岳飞扬鞭指小沙。"

　　"小沙"拓荒者，迁徙自五湖四海。扬中土话"杲昃"，曾被外乡人讥笑，实为古文言："日出为杲，日落为昃，引申为东西。"可见其文化渊源深厚。

　　此地民间，早就流传着天竹、宝锁等神话故事：某宰相因安全考虑，赠恩师镣铐形乌金宝锁，师因误会扔入江中，遂成沙洲，即扬中；而洲上有根"通天竹"，找到它，就能攀登天堂，获得幸福……

　　圌山脚下这江心福地，注定人杰地灵，注定名扬中外。

　　谱主王步高先生，生于斯，长于斯。同邑刘淑贞女士，早先生出生两年。他俩自入读县立中学初中部起，同乡同窗，又同好课外文艺书，后发展成"姐弟恋"。

　　先生早年胸怀大志，酷爱诗书，涉猎广泛，犹喜文学。于一九六四年考上南京大学。但"文革"期间，求学、工作之路坎坷曲折，他经受了生死考验，精神上得到升华。雨过天晴，为跳出窘境，先生悬梁刺股，刻苦自学备考，终于进入吉林大学中文系研究生班，成为"文革"后扬中第一个飞出来的"金凤凰"。他师从郭石山、喻朝刚、赵西陆诸教授，研习唐宋文学。

　　读研期间，先生撰成《梅溪词校注》初稿（后经过 10 余年打磨，终于出版）；写出考证性论文《李白是达摩的子孙吗》；另外，核查辛弃疾《青玉案·元夕》写作年代，并写成论文《稼轩词〈青玉案〉写作年代质疑》，发表于《吉林大学社会科学学报》。他们这班同学，因成绩优异，被上级批准全部提前毕业。

　　1984 年 9 月，王先生学业有成，经本地老革命、文物出版社总编王代文先生热心介绍，被分配到江苏古籍出版社（今凤凰出版社）。次年春，他受命编纂《唐宋词鉴赏辞典》。虽落后上海同行整整 4 年，压力山大，但他在词学大师唐圭璋先生等鼎力支持下，实际挑起主编和责编重担，争分夺秒，排难攻坚，以惊人毅力，超常付出，只用两年多时间，成功出版，远超外地同行。该书在出版界和社会上产生轰动效应，多次荣获省和全国优秀图书大奖，且为单位取得良好经济效益。陆续策划出版《历代田园诗词选》《金元明清词鉴赏辞典》。而《爱国诗词鉴赏辞典》经过倾力打造，更是蜚声海内外，甚至受到中央有关部门关注。

　　1991 年，王先生经吉林大学恩师喻朝刚好友郑云波教授举荐，再加刘道铿院长慧眼识才，得以调入东南大学，从此如鱼得水，大展身手。在东南大学 19 年间，他筚路蓝缕，呕心沥血，创建东南大学中文系，创建中华词学研究所，创建中文系硕士点，重编《大学语文》教材，建树良多，并因"为发展我国教育事业做出的突出贡献"，而荣获国务院所颁"政府特殊津贴"。2001 年，时值筹备东南大学百年校庆，王步高教授正式受邀，创作《校歌》和《百年校庆碑文》。之前，他已酝酿近 10 年。此后 9 个多月，他像陀螺一样高速旋转，焚膏继晷，多方请教，反复推敲，几乎"神魂颠倒"，仅手写稿就有近 60 稿。最终奉献出精品力作，荣获"全国最美高校校歌"第四名，名列新创校歌第一。他因此被授予"百年校庆突出贡献奖"，歌词被铭刻在东南大学校门和大礼堂前喷水池边大理石上。那首《临江仙》，也永远萦绕在人们心头！

　　作为唐圭璋先生高足，作为中国古典诗词研究著名学者，作为知行合一教育家，作为江苏省大学语文研究会会长和全国大学语文研究会副会长，王先生为弘扬民族优秀传统文化、推广母语教育，奉献终生。其主编之《大学语文》系列教材，被列入"十五""十一五"规划教材，荣获2002年国家优秀教材二等奖；其主持之"唐宋词鉴赏"和"大学语文"课程被列为国家精品课程。其"双超理论"和继承传统文化"三脉"之呼吁，日渐深入人心。他还著有《梅溪词校注》《司空图评传》《探寻词苑的艺术与人生》等学术著作及其他各类作品数10种，合计2000多万字——真可谓著作等身！

在匡亚明主编200部"中国思想家评传丛书"时，王先生不仅承担《朱熹评传》《陈寿 裴松之评传》两书责任编辑，还临危受命，替代病休的吴调公教授反复磋磨，历时11年，终于查明《诗品》真伪，不负众望，按时完成《司空图评传》，为其诗词理论家学术生涯涂写浓重一笔。此外，他积极参与、推动不同层次诗词活动，担任江苏诗协春华诗社社长30年，还有中央大学校友诗社总干事，以及文教、诗词组织顾问、理事等诸多头衔，发现、培养了一大批后起之秀。

2009年，王先生退而不休，被清华大学聘请为高级访问学者。人生最后8年，佳作频出，再续华章。他曾一度成为《教师》和《源流（教育版）》封面人物。他被评为名列前5%、"最受欢迎的老师"，其课程受欢迎程度被形容为"一票难求"——比"北京买车摇号还难"！不仅本校学生踊跃听课，其他多所高校博士生导师，也带着门生前来学习。其主编的《清华学生诗词选》出版后，《新华每日电讯》报道《因为他，清华理工学子写出了让诗人"震撼"的诗！》。后在他积劳成疾、病倒治疗期间，还被聘请为国家大学生文化素质教育基地顾问。

他在散文《回眸》中，深情回顾爱情史、奋斗史。人们常说"天道酬勤"，少有人知"天道酬情"。一字之变，意义非凡：亲情、友情、恩情、爱情等等，怎一个"情"字了得！而他作为一个性情中人，终生忠于爱情，不忘恩情、友情……

　　为了弘扬中华优秀传统文化，为了祖国教育事业，王先生鞠躬尽瘁，死而后已。在他不幸逝世后，东大学子，自发聚集，唱响《东南大学校歌》，以此寄托哀思，悲壮场面，令人动容。

　　嗣后，东南大学为他举行公祭仪式，来自其家乡、来自全国各地之花圈、挽联，后续悼念诗词、文章，如雪片飞至，铺天盖地，不计其数。10天后，清华学人捐资设立"清华大学王步高教育基金"。成立仪式上，国家大学生人文素质教育基地主任李树勤教授，用"三个极致"盛赞王教授——"教学教到了极致，爱学生爱到了极致，爱清华爱到了极致！"

　　2017年12月23日，清华大学举行追思会，来自江苏扬中、东南大学、清华大学的亲友、师生及海内外各界人士，心怀敬意，眼含热泪，诚挚表达缅怀、哀悼之情。李树勤教授语出惊人、服人："王教授所创《清华大学百年赋》，水平之高，可与王勃《滕王阁序》媲美！"他建议清华大学应当人手一份，好好学习。与会者纷纷表示，一定要继承、弘扬王教授生前再三强调呼吁之德脉、语脉和文脉。

　　王先生乃高山仰止之师范标杆，当之无愧时代楷模，家乡人民引为骄傲。其赤子之心、家国情怀，其光辉业绩、奋斗精神，是全国文化教育界乃至整个社会之宝贵财富、稀缺资源，值得人们格外珍惜。我辈理应充分开掘，认真继承，并发扬光大。

　　诚如莫砺锋教授挽联云：

　　树蕙江南，滋兰冀北，教席设双城，薪火长传千载业；
　　唐声豪壮，宋韵清和，校歌谱一曲，萧韶永振六朝松。

凡　例

一、本谱所述，即谱主生活、工作之轨迹。

二、其生平事迹、心路历程，均按时间顺序一一介绍，月、日难确定时，以"是年"记之；年份难定者，则据事大致系年，并加说明。

三、本书所述事实皆有出处，如书刊、档案、知情人口述或网络文字，力求真实、准确。

四、书中所涉人名、地名，除公众皆知或无法考定外，均于首次出现时依相关文档注之，以免读者翻检之烦。

五、先生著述颇丰，于附录中列出书目。正文中，部分短小诗、词、赋及散文尽量照录，篇幅较长及信函类，则酌取其要；而各类论说杂文，仅登篇目或作简介。

六、谱中所涉作品，酌加考证、校注、勘误；相关资料，则以【链接】附后，以助读者深入探讨。

目　录

舒贵生　李静凤　沈道初　陈永昌　赵怀民

袁裕陵　刘建平　陈克年　袁宗翰　魏艳鸣

程越华　汤　洁　金立安　江　海　何国衡

刘　晓　王庆农　蒋东永　闫长安　于炳祥

王　曙　顾德梅　李行敏　戴永兵　陈云华

来　均　贺亚铭　仲伟行　王建康　曹利生

赵　怡　殷立宏　舜　梁　钱　政　陶卫峰

郑棣青　沙荣淦　贺　倩　张雪良　赵　旦

冯向红　胡红林　马建华　李红彬　缪旭东

王慕农　薛太纯　杨学军　文德忠　魏新义

朱向青　储质卿　郭鸿森　严金海　蒋光年

丁小玲　任燕霞　高淑珍　梁志方　杜守京

毛国迁　谢千里　缪加俊

年 谱

1946 年（丙戌）诞生

4 月 30 日　农历三月二十九日，先生出生于江苏镇江圌山脚下扬子江中小岛扬中县三茅乡南屏村郑家埭①；肖狗，乳名纪庚；曾以"纪庚""赤波""永刚"等为笔名。

【链接】

关于王先生的生年，以往公开出版物或网络介绍先生，均称为"1947 年"；现经多方查考，确认为 1946 年。理由如下：

1. 据其本村发小朱恩林②回忆："我俩是同年宝，都属狗"，而朱先生出生于 1946 年。

2. 据其 1965 年 12 月 16 日所填"入团志愿书"出生日期：1946. 4. 30。

3. 1977 年 7 月 22 日扬中县公安局和丰裕人民公社革命委员会出具户口"迁移证"载明其出生日期：1946. 4. 29。

4. 1980 年"干部履历表"载其出生年月为"46. 5"。

5. 1991 年 5 月 31 日南京大学"毕业证明书"称其"1946 年 4 月出生"。

6. 2017 年 12 月 25 日下午，作者由东南大学何平③先生接送，赴南京雨花台公墓祭拜王公，亲见其墓碑载明王公出生于"一九四六年四月三十日"。立碑人为其女儿、女婿。

---

① 郑家埭，今属扬中市三茅镇滨江村，曾为三茅公社（镇）南屏大队（村）。

② 朱恩林，自小学至高中，均与王步高同学；退休前系扬中市工商局企业登记科科长。

③ 何平，博士，东南大学文学院副教授，系王步高教授首届研究生；江苏省大学语文研究会秘书长。

为何有此出入？经查，发现源头：1981 年 7 月 14 日，有关先生《一九八一年报考攻读硕士学位研究生政治审查表》，由扬中县三茅中学党支部填写并加盖学校公章。该表载其出生年月："1947.5"。此后，将错就错，以讹传讹，直至如今。

是年　其父王方春（1927—1998），年方 19，时在上海郑氏企业做工；母亲杨筱珍（1927—2009），农民。祖父王正和（？—1959），裁缝；本姓郭，过继舅家。祖母王殷氏（1897—1973），本乡新扬村人。

王家有三间草房、三亩土地，无耕畜，有竹园二三分。主要经济收入靠务农。

王方春 14 岁即赴沪"学手艺"（工厂学徒），因忠厚善良，勤劳好学，三年不到，便提前出师，颇得老板厚爱，薪酬待遇也远超他人。（据王步高档案资料）

是年　王家不幸遭遇火灾，生活一度陷入困顿。但因全家齐心合力，再加祖父母人缘好，邻居亲友多方周济，终算渡过难关。小纪庚作为爷爷奶奶心肝宝贝，虽也跟着受累，但得到格外保护。

【链接】

郑家埭，顾名思义，乃郑姓人家聚居地，或有首善名门。而此地郑渭泉先生的确远近闻名。他早年在沪经营棉织厂，为人乐善仁慈，急公好义，不仅带走王方春、刘如禄等一批徒工，让他们跳出农门，去上海谋生、发展，还为解决家乡贫困子女无学可上之困，独资创办观音庵小学。此外，他为家乡购买木材打桩止坍，购买水龙消防救火，提供铜锣打更防盗……其一系列善举家喻户晓，传为美谈。

该观音庵小学，即纪庚——王步高开蒙读书之地。

（郑叔裔著：《江洲草·沙家港春秋》）

1947 年（丁亥）1 岁

是年　李树勤出生，60 年后，成为清华大学引进王步高的伯乐之一。

1948 年（戊子）2 岁

1949 年（己丑）3 岁

4 月　莫砺锋出生于江苏省无锡县。后来成为先生同行好友。

10 月　李从军出生于安徽六安县，30 多年后在吉林大学研究生班与先生同窗。

是年　王剑（明孝）出生于江苏省扬中县，乃先生中学学弟，保持一生情谊挚友。

1950 年（庚寅）4 岁

1951 年（辛卯）5 岁

3 月　韩经太出生于甘肃省定西县，30 年后与先生成了研究生班同学。

1952 年（壬辰）6 岁

是年　秋，纪庚虚龄 7 岁，爷爷带他去观音庵小学报名，校长田向廉先生为其取名"步高"，有"步步登高"之意。一年级班主任、启蒙老师蔡奉先，乃田校长爱人。同班同学有朱恩林、温纪方，还有田、蔡爱女田留芳等。

1953 年（癸巳）7 岁

9 月　先生升入二年级。

1954 年（甲午）8 岁

9 月　先生升入三年级。

10 月　先生大弟王庆生出生。

1955 年（乙未）9 岁

9 月　先生升入四年级。

1956 年（丙申）10 岁

是年　父亲王方春加入中国共产党。此前已从原厂调往上海市工业局针织工业科。

9 月　先生升入五年级。

1957 年（丁酉）11 岁

9 月　先生升入六年级。

本月　先生小弟王祥生出生。

小学六年，先生接受启蒙教育，从懵懂幼童，逐步明理。随着识字渐多，除课本内容，又爱上课外"小人书"。逢年过节，父亲沪上归来，给其最好礼物，除了糖果饼干，便是各种连环画。其近邻、发小朱恩林曾回忆道："他聪明，成绩好，特别是语文。小时喜欢看书，从连环画开始。他家庭条件相对较好，又是爷爷奶奶娇惯的长孙。"连环画图文并茂，让他长知识，开眼界，甚至影响其未来文学生涯。

作为工农子弟，他从小便受父母影响，积极向上，很早便与许多同学一起，戴上红领巾；后来还先后担任少先队小队长、中队长、大队长。

先生小学时期，活泼顽皮，无拘无束。多少个炎夏酷暑，彼与伙伴们不顾学校、家长警告，偷学游泳，先在小水塘，逐步到中河大港。无意中亦为将来参加民兵演习武装泅渡长江，打下基础。

【链接】

尊师重教，我说的主要是民间，学生家长非常尊敬"先生"。我记得在上小学时，我们沙家港小学实行给老师供饭制，以"供饭"代替学费。那是"大跃进"之前，我们农村的生活还不错，对老师供饭就少不了鱼肉，家长总尽其所有，以最好的饭菜招待老师。老师来家访，有条件的总要按扬中的风俗煮上三个水鸡蛋。学生见了老师还敬礼。毕业以后，学生即使上了大学，都还与中小学老师保持联系。

（王步高：《我对故乡扬中教育的回忆与反思》）

1958 年（戊戌）12 岁

是年　先生母亲杨筱珍加入中国共产党，并担任生产队长。

是年　夏季，先生从沙家港小学（即原观音庵小学）正式毕业，并报考初中。

9 月　先生被扬中县中学录取为初中部一年级新生，与朱恩林、刘淑贞等成为同班同学。刘系本地太平桥小学毕业女生。

【链接】

当年暑假某天午后，小伙伴们到沙港大闸内港游泳。大家在木排上休息时，一条大鱼突然跳上木排。大鱼在木排上蹦跳时不偏不斜，居然跳进先生怀中。此事几十年后竟被传得神乎其神……

1959 年（己亥）13 岁

9 月　先生升入初中二年级。

中学时代乃先生人生重要转折点。他首次尝到饥寒滋味，首次遭遇失去至亲之痛苦打击。爷爷在病饿交加中，不幸于本年 12 月 27 日逝世。

1960 年（庚子）14 岁

9 月　先生升入初中三年级。

1961 年（辛丑）15 岁

9 月　先生入读高中一年级。

【链接】

先生 1961 年以优异成绩考取扬中县中（学）高中部，初中同学刘淑贞也以较突出的成绩考取高中。初中班当时 12 个女生，就刘淑贞一个考取高中。高一开学安排座位，正好前后桌，先生前排，刘女同学坐后排。步高离开座位后，刘同学即站起来，将他抽屉里的小说书拿过来看。一开始他回来后发现他的书不见，正要查问，刘同学就会说书我在看，立即还给他。他有些生气，后来慢慢习惯了，他不生气了。

（刘淑贞：《回忆录稿》）

我们的父辈是上海同厂的工人，私交甚笃。我俩又是初高中同学，我坐她前一桌。她是初中全班 12 个女同学中唯一考取高中的。我们都爱好文学，她经常把我课桌抽屉里的小说拿过去看，当时为此也有过不少次"冲突"。

（王步高：《回眸》）

1962 年（壬寅）16 岁

9 月　先生升入高中二年级。班主任是物理教师陈履顺。

【链接】

（一）

1962 年，国家经济仍很困难，上海工厂多数开工不足。国家号召家在农村的工人下放回农村，国家也有一定的经济补偿。先生父亲即在此期间下放回到扬中。

当时家里人多屋小，只有三间草房。全家人节衣缩食，将其父亲的下放补贴款造了三间瓦房。父亲接替其母担任生产队长，虽是队长家还是没吃没烧。他时常起早带晚，随父亲捞鱼摸虾，或是替父亲拉风箱炸爆米花，打下手。有次，他陪父亲去安徽芜湖黑市买粮。当他扛着一袋玉米赶回程火车时，饥饿、疲劳使其摔倒，粮袋压住其身，人流蜂拥踏过，稍一迟疑，必死无疑！在此千钧一发之际，求生本能促其猛掀粮袋，在父亲帮助下，挣扎着站起。

此等艰苦经历，对先生而言，确是一种磨炼。

我因家庭弟妹多，家务重，于 1962 年暑假便停学了。

（刘淑贞：《回忆录稿》）

（二）

书中写到去江南姚桥（当时隶属扬中）买萝卜的经历，也勾起我儿时的回忆，我也去那里买过山芋。1962年暑假，我跟父亲去安徽芜湖买米，我当时身材矮小，前后背着两小旅行袋米，进站时被人流推倒，差点被踩踏而死。去年清华大学学生采访我，问我年轻时印象最深的是什么，我说："吃不饱。"在那啼饥号寒的岁月里，我们都活得很艰难。

（王步高：《岁月流年·序》）

（三）

六二年，国家经济处于严重困难时期，上海工厂多数不能开工，父亲作为党员干部，带头申请下放，回到家乡，这样，家中赖以度日的工资也断了。父亲回乡后，接任母亲，担任生产队长，领导社员自救……父亲买了一架炒炒机，农闲时每天挑着，穿村走户，给人炸炒米，先生即跟在后面，帮着张布口袋，拉风箱。晚上，父亲在河塘里打湫抓鱼，先生即在后面提篮子。第二天，他要把鱼拿到街上卖，卖完才能去上课。学校老师介绍了一种从稻草里提炼"淀粉"的方法，将稻草切成一寸长，用清水泡在大缸里，经过两个星期，稻草烂了，将草渣反复搓洗后捞出，让缸里浑浊的脏水沉淀，一遍遍倒脏水，加清水，经多次反复，会看到缸底下沉有一层很薄的白白的"淀粉"，一缸几十斤稻草，也漉不出二两，先生在家试验，的确看到了缸底的"淀粉"。老家离县码头很近，有一次，有船远途运包心菜，菜烂掉了，就倒在江边的坡上，先生带着弟妹，从烂菜堆里扒菜心，虽然所得有限，毕竟比锅巴草好得多。

这种艰苦的生活，对一个少年而言，是一种宝贵的锻炼，以后在人生路上，他遭受重重打击，但都挺了过来，所谓艰难困苦，玉汝于成。当然，这又何尝不是人生悲剧。

（王庆生：《步高先生年谱稿》）

1963年（癸卯）17岁

9月　先生升入高中三年级。

高中期间，扬中县中学校长系杨斐然，党支部书记先后为：杨斐然、李和顺、宫桂秋。

【链接】

（一）

1963 年暑假期间，先生去学校拿其替父亲订阅的报纸，途中偶遇刘同学从街上集市买草回去盖房，先生当即责怪她不该停学，当年考取高中有多不易。详询她在家有没有时间看书，有没有书看。得知她希望看书，他便托同学给其带多种图书让她阅读，读完回还给他。经多次借还，或有简单言词交流。

（刘淑贞：《回忆录稿》）

（二）

多年后，王步高曾这样回顾自己中学时期——"糠菜果腹幸未肿，稻草垫床难御寒。"

从 1958 年至 1964 年，我在中学的 6 年正赶上国家的困难时期，基本上除了大年初一，一年到头是吃不饱的。而且进了高中之后，我父亲在上海被下放回来，家里经济一落千丈。一年里，我有 200 天左右是穿着很破旧的衣裳。有的时候父亲打野鱼，人家忙着起早去上课，我早上到街上去卖鱼，卖完之后才能去上课。

我初高中没有当过任何"官"，只是从高二到高三担任语文课代表。但是我有两个特殊的身份，一个是学校的板报的主笔，二是当学校图书馆的义务管理员。经常别的同学去参加体力劳动的时候，我就到图书馆去管理书，这让我读了好多的书，我当时比中学的语文老师读的都多。

（三）

他还曾不无得意地聊起过去——我中学阶段敢于独立思考，不人云亦云，老师的话，校长的话我并不全听，自己敢于想问题，当然现在看来有些想的也不对，但是一个中学生敢于那么想，我觉得是暗自庆幸的。我还胸怀大志，从小就很狂。我很小的时候就在家里门口那个墙上，用石灰写上"壮志凌云　登峰造极"八个大字，人家只要到我们家里来，很远就可以看见这"壮志凌云　登峰造极"。

（四）

其次，扬中教育留给我的印象最深的是他的包容性。我感谢县中相对宽松的学习环境。我是个很调皮的孩子，初中时打架曾让一位同学用小刀把手腕戳穿。县中六年我没当过一次"三好生"，没有能入共青团，我当过的最大"干部"是校黑板报主编和语文课代表。当时语文课要背书，老师总在课堂上让我背古文，从不要我背现代文，他知道，我肯定一句也背不出。语文考试我每次只考78分左右。有20分现代文的填空我是一定放弃的。但我的大学中文系本科课程是在中学时代基本完成的。

学校和老师对我的宽容也是我至今深深感激的。"苏共二十大"赫鲁晓夫大反斯大林，我国公开"反修"还未开始。我热血沸腾，去县新华书店买了一本《斯大林传略》，将斯大林像裁下，贴在教室的墙上，还配了一副对联骂赫鲁晓夫，歌颂斯大林。这张像竟在我桌子边的墙上贴了一个多月，班主任才与我协商将它揭下。我这一做法今天看来并不可取，却使我保持了独立的人格，张扬了个性，养成了从不人云亦云，从不唯命是从的性格。这正是我一生能够百折不挠，敢为天下先的开始。

我们有多个好数学教师，如曹文崇、华世同，我至今还对他们的风度、学识记忆犹新。曹老总是拿着个木制的圆规、三角尺，微弓着腰，他教我们平面几何，深入浅出，诲人不倦。华世同则是中央大学数学天文系高才生，才华横溢，每天上课只带两支粉笔，风度翩翩，讲课如行云流水，滔滔不绝，又有极强的逻辑性。我虽酷爱中文，数学成绩却极优秀，高三下学期，我还得过全县数学竞赛第二名。其中主要得益于曹老、华世同先生。对华先生"文革"初死于非命，我是很悲痛的。离开县中后对曹老也知之甚少。

我们的语文老师中初中的朱石渠先生对我影响较大……他学识渊博，古文功底很好，对学生作文抓得很紧，初三一学年，我每次作文均为"5"分，或"5＋"，他对我特别赏识。高一教我们语文的有好几个老师，其中之一是刚摘掉右派帽子的匡一老师，先生个子不高，文质彬彬。是他最早提议我给文学刊物投稿，开展文学创作。高二、高三的语文老师裴祥林[1]先生当时刚从南京师范学院毕业（当时县中真正本科毕业的

———

[1]　裴祥林（1939—2009），江苏金坛人，1962年毕业于南京师范学院中文系。后在扬中县中学工作，历任扬中县中学教师、镇江市教育局副局长、党委副书记，历任第三届、第四届市政协副主席。

老师并不多），有许多新知识、新观念，包括许多学术争鸣问题，令我耳目一新。当时余清逸①先生也在县中教语文，他学问好，人品也好，他出身书香门第，对寒门子弟从不歧视，还在经济上力所能及的予以支持。据说他每月工资仅50多元时还每月接济一个穷学生5元钱，一直坚持了好几年。1984年我从吉林大学研究生毕业，分配到江苏古籍出版社工作，与余老同事。回想起扬中县中，很多老师的学识人品，都是令我终生景仰、终生学习的。

扬中县中等校也确实聚集了一些不亚于如今大学教授的教师。我的俄语老师姚树诚先生，是留苏多年的学者，他的俄文发音非常地道，他对学生非常认真。他曾在南京工学院（今东南大学）任教，因为政治问题被发配到扬中县中来。我考入南京大学外文系，与俄文专业的高年级同学用俄语交谈，他们都为我的发音准确而惊叹。然而姚老师却是个无选举权的人。1964年夏姚老师带我们在镇江参加俄语口试，我因报考的南京大学，姚老师家在南京，我问他："南京在哪里？"他用手指着镇江的西面。一年多以后，我们几位在南京大学学习的县中校友得知姚老师生病去他南京的家探视时，姚老师已故去。这一指竟是他留给我的最后记忆。谁知这一指，竟决定了我的大半生与南京紧紧联系在一起，也与他曾饮恨离去的东南大学联系在一起。

（王步高：《我对故乡扬中教育的回忆与反思》）

1964 年（甲辰）18 岁

是年夏　先生高中毕业，报考大学志愿均为中文系。但阴差阳错，事与愿违，却被南京大学外文系录取，学习德文。据说，当年录取率仅为5%。其学号A74205。

入学后，先生试图转系未成，十分沮丧。后被学生会聘为诗歌小说组组长，稍感欣慰。此外，曾任专业学生会宣传、学习委员。

---

①　余清逸（1925—2013），南京人。1957年毕业于南京师范学院中文系，曾在扬中县中学等校任教，后调江苏古籍出版社工作，任副编审。编著有《大学语文辞典》《古汉语典故词典》等工具书。

【链接】

直到 1964 年，他考取南大，（我）还有书没读完未还。得知他南大的通信地址，方将已读完图书还完。书虽还完，通信渐多，多至每天必收。他在信中谈学校将他录取到南大外语系德文专业，未能如他愿录取，如何再三要求转系。后先生主动上门拜访女友，并约第二天上午再见。几次约见，他便生更多面叙之意，已成好友。春节后，先生去南大途中即在谏壁（镇江郊区）下船。当时女友同学已去谏壁。

（刘淑贞：《回忆录稿》）

1965 年（乙巳）19 岁

春天　先生思乡心切，写就一首《古绝·望乡》：

> 负笈去乡何时还？举首瞩目千重山。
> 相烦天神负山去，登楼望乡一眼穿。

【注】

作者多年后回忆："我记得四十多年前我考取南京大学的时候，才十七八岁，很想家，也写了一首小诗。那还是小孩子写的，当时站在南大的宿舍楼上，朝着我们家乡的那个方向看，正好被紫金山挡住了，所以我就想到愚公移山，'相烦天神负山去'，像愚公那样感动上帝，也把这座山给我背走了，我站在这个楼上'登楼望乡一眼穿'，就能看到家乡。想家，是人之常情。如果对自己的家乡没有感情，对自己的亲人没有感情，我看你这个人恐怕也是铁石心肠。"

（王步高：《探寻词苑的艺术与人生》）

春天　先生"登紫金山而作"新诗《我登上紫金山巅》：

当我站在紫金山的最高峰上，无限的快意，无比的欢畅。
望祖国山河无比壮丽，看巍巍群山不变本色，郁郁苍苍。
铁道线像丝带缠绕着山身，天文台巨人般地屹立在山顶上。
遍山的青松，出奇的苍翠，烂漫的山花扮出这一派春光。
在这高高的山巅上，怎能不叫我为之歌唱。

森林的松涛为我伴奏，溪涧的流水与我和唱，空谷为我传响……

（据王步高笔记）

【链接】

　　不知道同学们有没有这个兴致，我有你们这么大的时候……在南大，当时也穷啊，没得好吃的，就到食堂买两个馒头和两分钱的酱菜，背一壶开水爬紫金山，爬紫金山下来跑到梅花山，当时是不用买门票的，带副象棋在那梅花树底下下棋，下棋的时候呢，风一吹过来，正好梅花落得"梅花乱落如红雨"，头上衣领里落的都是。"砌下落梅如雪乱"。你看作者故意选择这样，"春半"偏偏他抓住衰落的景象，"拂了一身还满"把这种心肠欲断，对春天的景物提不起兴致，倒是落梅跟自己的心境非常贴合。

（王步高：《探寻词苑的艺术与人生》）

　　7月21日　先生"晨去宿迁部队当兵途经镇江焦山而作"《舟过焦山》：

　　　　　　泛舟过焦山，风雨侵朱栏。

　　　　　　山林愈清秀，碧波起漪涟。

　　　　　　船行惊微澜，经过千重山。

　　　　　　举首极目望，何处是乡关？

　　7—9月　南京大学组织学生到部队锻炼，先生被分到中国人民解放军十二军二十一师九十一团一连五班当兵锻炼，因虚心学习，刻苦训练，成绩出色，被评为"五好战士"。

　　9月10日　先生作新诗《炼——为回校汇报演出而作》一首。

　　10月20日　先生作新诗《我站在月台尖尖上》，系作者"送别父亲去洛阳而作于南京"。其父王方春1964年被安排至洛阳创建针织厂，担任业务副厂长；此次回乡探亲返厂时路过南京，父子有短暂相聚。

（据王步高笔记）

　　12月16　先生申请入团，终获认可，于当日填写《入团志愿书》，介绍人是杨学淦，并很快获得批准。后来曾任团支部支委会委员。

（据王步高个人档案）

是年　秋夜，先生曾去看望同系、同乡并同属扬中县中学毕业之学弟陆纪明。

【链接】

1965 年，陆纪明写诗记述此事：报到

红楼放下旧行囊，秋夜迎我是老乡①。

入住南园洋宿舍，却疑身在半天堂。

（陆纪明：《烟云集》）

是年　先生填写南京大学人事处制"履历表"，其"社会关系"如下：

外祖父：杨正金，现年 80 岁，解放前后一直在家务农，未参加过任何反动党派团体。已于 1959 年病故于家。

外祖母：名字不详，未参加过任何反动党派团体，早于我出生之前已病故在家，至今已有二十五年之多。

舅父：杨忠诚，年 47 岁，未参加过任何反动党派团体，解放前后一直在家务农。现在扬中县三茅公社南屏大队五小队任队长。

舅母：杨何氏，年 44 岁，从未参加过任何反动党团，解放前后一直在家务农。

姨父：朱大瑾，年 43 岁，解放前参加过新四军，因负伤离队回家，未参加过任何反动党派团体。

姨母：朱杨氏，年 43 岁，未参加过任何反动党派团体，解放前后一直在家务农。（姨父姨母现在丹徒县姚桥区三桥公社伏元大队务农）

姑父：陈兆寿，年 46 岁，解放前后一直是手工业工人，未参加过任何反动党派团体，现在宜兴和桥楝树大队为手工业工人。

姑母：王小三，年 35 岁，未参加过任何反动党派团体，现在宜

---

① 母校高中学长王步高也在外文系德语专业学习，知有同乡考入，特来看我。

兴和桥楝树大队务农。

张立才：初中毕业后在家务农，是我最要好的朋友，现年 20 岁。

1966 年（丙午）20 岁

6 月　先生跟随同班同学，在南京大学溧阳分校劳动锻炼。

6 月 2 日　先生参与起草给学校党委提意见，后遭到围攻、批斗并被"强迫劳改"。

6 月 12 日　作小诗《古绝·期待》：

> 户外或闻戏水声，笑语喧哗亦诱人。
>
> 我岂思潮赴千里，孽海何处是归程？

（李名方，戴曙，孙春华主编：《大江清韵——扬中百年诗词选》）

【链接】

（一）

当时我是南京大学外文系二年级学生，不满 20 岁。事发地点是南大的溧阳分校。铺天盖地的反击大字报和无休止的批斗，使我很快将自己与 50 年代的"坏分子"划上等号。我相信，等着我的是深重的苦难，我不想连累她。就在被打成"反革命"的第三天我写信给她，如实告诉她我的处境，我已从令人羡慕的"天之骄子"跌入深渊，要求断绝通信联系。五六天后我就连续收到她的几封回信，她安慰我，劝我坚强些，并表示她会永远跟我站在一起。我能想象她写这些信时会流多少泪。收到她的来信的不久我们就被"平反"了，但她的信使我们确立了终身伴侣的关系，我们是可以互相信赖，是可以患难与共、生死相依的。事实后来也一次次证明了这一点。

（王步高：《回眸》）

（二）

这就是先生所谓"两次被打成反革命"中的第一次，应该说，这一次，对他挫折不大，对他的人生道路几乎没有影响。但对年方二十的少年而言，被罚"劳改"，毕竟不是小事，可视作一次来自负面的成年礼。

（王庆生：《步高先生年谱稿》）

1967 年（丁未）21 岁

1 月　先生与刘淑贞相恋多年后喜结连理，婚礼简单节俭，符合当时形势。

【链接】

　　1967 年元旦，先生和恋人都回扬中过元旦。经商量，决定举行简单的结婚仪式。因当时物资匮乏，没有隆重办婚礼的条件。婚后，两人商量，利用学校不上课时间，陪妻子好好多读书。可事与愿违，发现妻子怀孕了。在当时的情况下，并不想要孩子，但又必须面对现实。

（刘淑贞：《回忆录稿》）

3 月　先生遵照有关复课通知，回到南京大学。

1968 年（戊申）22 岁

是年　先生未参加南京大学两派群众组织之争，常找机会与爱妻团聚。

【链接】

　　十三年后，在先生报考吉林大学研究生即将录取的关键时刻，扬中有人匿名诬告他在南京大学期间有"严重问题"，幸亏吉林大学慎重对待，立即函调，结果被南大证明为"表现很好"。只不过《录取通知书》迟发了一段时间。

（据王步高 1982 年 2 月 19 日致陈莲生函）

1969 年（己酉）23 岁

4 月　中旬，作诗一首于无锡太湖之滨：

阳春三月太湖畔，樱花已盛梅余妍。

瞩目群山山峣峣，凝视湖水水溅溅。

渚边激浪咬鼋头，蠡园碧波涤朱栏。

回首身周空寂寂，便是仙境也索然。

（据王步高笔记）

9月22日　作《中秋诗赠淑贞君》二首，长达四十行，以寄托相思之情。

其一

快快悒郁心沉闷，辗转反侧夜不眠。
一年三百六十日，与君欢聚能几天？
见面便忧分舍日，哪堪依依惜别情。
时隔数月君纪否，扬子江畔送我行？
离乡屈指又半载，日日思情夜夜心。
朝朝盼望鸿雁到，几时奋飞到君边？
……

（据王步高笔记）

10月27日　作新诗《回溧阳》，1970年6月2日，复修改于南京大学。

节选如下：

二百里昼夜兼行，前面就是溧阳县境。莫道是秦淮水绿钟山青，我依恋这溧阳山水果园情。清水塘边野草滩，这野草嫩，野草青，这野草丛中有多少咱们的脚印，想起那几天，被强迫"劳改"，打成"反革命"……

（据王步高笔记）

是年

先生大学毕业，因学校混乱，迟迟无法分配就业。

1970年（庚戌）24岁

7月　先生被分配回原籍——镇江地区扬中县。

7月—9月　先生在本县"五·七"干校学习。

9月　先生到本县幸福公社日新大队第五生产队劳动锻炼，任大学生劳动组组长。

1971 年（辛亥）25 岁

1 月 2 日　先生作新诗《迎亲人》，全诗长达八段、一百余行。

……

"呜呜"叫着的汽船啊——我对你寄予无限的深情，

然而你两次叫我失望，你怎么忍心？

滔滔的扬子江啊——我饮着你的江水长大，

你呼啸的浪涛为我催眠，我的脾性你知道得最清，

为什么今天你也不吭声？我望着浩瀚的江面直出神，

我的心上人啊——你现在在干什么？

……

（据王步高笔记）

2 月 18 日（农历正月十三日）　先生春节后上班，因参与排除地区民兵战备训练现场遗留的哑雷隐患，不幸被炸重伤昏迷。

（据王步高个人档案）

【链接】

　　大学毕业第二年正月，我还在家乡扬中县的幸福公社农村劳动锻炼，因参加民兵造"土地雷"试验被炸伤，与我一起负伤的民兵一只手被炸飞，公社人武部长一只眼几乎完全失明（他们后来均被定为一级残废军人），而我被送到常州医院时，因严重脑震荡呼吸心跳都停止了，县人武部决定追认我为革命"烈士"，并让我家所在公社人武部长陪我爱人去医院。我却在医院奇迹般地活过来了。她在我恢复知觉不久赶到医院。当时我面部血肉模糊，焦黑一片，眼睛因负伤较重被绷带蒙着，头发被剃光。我看不到她，我却分明感受到她在流泪，她拉着我的手还在颤抖。她在医院精心照顾我。我恢复得很快，是爱的力量使我在与死神的抗争中赢得胜利，我只 22 天就出院了，未留下任何后遗症。我们一起坐小轮船回乡。一个月后我就能回到生产队开手扶拖拉机耕地了。

（王步高：《回眸》）

7 月　先生被分配到扬中县丰裕中学，担任初中语文教员。

【链接】

先生当年学生潘金陵回忆：

1971 年夏，我 14 岁，初中一年级，迎来了新的语文老师，他就是王步高。那时他也才 25 岁……我们从王老师的语文课中，学到的不仅仅是语文知识，更多的是汲取了文学的营养和力量。

（潘金陵：《老师，再教我一次——怀念恩师王步高》）

8 月　先生用新诗作《五年总结》跋：

　　　　走过了万里征途，我不想去数自己的脚印；

　　　　翻过了巍巍高山，我不想去讲它的高峻；

　　　　咽过了急流险滩，我不想去奢谈它的深浅；

　　　　有志气有抱负的革命者啊——我们应放眼于未来。

（据王步高笔记）

9 月 25 日　先生作新诗《扬子江颂》：

　　　　……

　　　　扬子江啊，你是中华民族的象征，

　　　　你是历史最好的见证；

　　　　有多少罪恶的丑剧，曾在你身边扮演，

　　　　有多少壮丽的诗篇，就在你近旁写成。

（据王步高笔记）

是年　先生兼教俄语半年。

1972 年（壬子）26 岁

是年　先生除教初中语文，还兼教初中俄语、政治课。

是年　春天，县委李明远书记下乡检查工作，中午在丰裕中学搭伙。他到王步高宿舍看望，勉励其好好教书，培养革命事业接班人；并关照学校领导施光富、施韶贵等人，要在政治上多多关心、帮助年轻教师。

9 月 7 日

先生作七言诗《丰裕桥变了样》：

丰裕桥边廿三年，日新月异大改变。

茅屋匿迹路拓宽，机器隆隆电光闪……

（据王步高笔记）

10 月　国庆期间，先生认真填写并递交入党申请书，申请加入中国共产党。

1973 年（癸丑）27 岁

是年　先生除教初中语文，还兼教俄语、政治课。

3 月 6 日　先生作新诗《斗争就是生活》：

要做那搏击长空的雄鹰，

要做那欢迎暴风雨的海燕，

要继承我们先辈的遗志，

任重道远，斩棘披荆……

（据王步高笔记）

7 月 16 日　扬中县丰裕中学党支部召开党员大会，讨论通过先生入党申请。入党介绍人为施韶贵、施光富。

（据王步高档案）

10 月 23 日　经先生本人申请、群众评议、单位同意上报，“定为中教 8 级”。10 月 27 日，扬中县革命委员会批复：“同意转正，定中学教员 8 级。”

（据王步高档案）

1974 年（甲寅）28 岁

1 月 8 日　于丰裕中学作《月下漫步》诗：

寒夜散步兴致高，浩浩明月当头照。

漫野浪迹何所之？波涛滚滚是心潮。

唏嘘又辞一岁去，瞻念前程路遥遥。

何当得展少年志，展翅长空万里翔。

（据王步高笔记）

1月17日　扬中县丰裕公社党委同意吸收先生为中共正式党员，党龄从1974年1月16日算起。时任公社党委书记为顾浩良。

8月　组织决定，调先生至丰裕公社永丰"五·七"学校（营房港戴帽子学校），任教导主任、副校长，分管教学、基建、校办厂、民兵、共青团等，时任校长黄寿年。

【链接】

（一）

我与王步高同志曾共事三年多。那是1974年，永丰"五·七"学校（原丰裕中心校）增设高中部，公社教革会便将他从丰裕中学调来教高中语文，协助抓教学工作和校办厂，给地处偏僻的农村学校增添了勃勃生机。

王步高同志才思敏捷，能言巧辩，是个语文教学高手，他课堂教学生动活泼，旁征博引，拓展学生的思维，很受学生欢迎。

王步高同志是个勤奋的人。每天四点多钟就起床，忙于自学、备课，晚上十点多才离开办公室。他不仅认真教好自己的课程，还热情地辅导小学部老师备课、函授，有时还上上示范课。那时他的爱人在电子仪器厂上班，厂离学校有十四五里，其中，丰裕桥到学校尽是狭窄弯曲的小土路，他每天早晚都得接送并照料两个小女孩上学。他精力过人，有时一个晚上为公社书记写好三级干部大会上的长篇报告，第二天照常精神饱满地上课。

（黄寿年：《追思王步高教授》）

（二）

寿年兄是个非常正直且有个性的人，对工作极端的负责任。我争强好胜，跟他配合得并不好，主要是我并未把自己放在副手的位置上，经常喧宾夺主。他总是忍让，很顾大局。……受他和老郭的影响，永丰"五·七"学校部分教师和王仲贤等同学在我人生最落魄的时候，给了我人生的温暖，让我感受到人间还有真情在。世界上还有许多不昧着良心说话的人。在故乡，他们是除了我的亲人以外最亲的人。永丰"五·七"学校虽早已不复存在，它永远是联系我们友谊的纽带，也永远是维系我乡情的纽带。

（王步高：《岁月流年·序》）

8 月下旬　先生作《送启琨离丰中》诗一首：

> 不赠玉帛不遗金，只言片语表寸心。
>
> 相处昔日蒙指数，龃龉虽有尚知音。

（据王步高笔记）

【链接】

缪启琨，江苏南通人，1944 年 12 月 27 日出生于昆明。系王步高在丰裕中学工作时同事。后参与创办南通市工人业余大学，任文学艺术系主任，教授。

10 月 19 日　先生作《题赠谢其福同志》诗一首。节录如下：

> 桂花香时登新程，依依话别情难分。
>
> 风华正茂须珍惜，学习工作当勤奋。

（据王步高笔记）

【链接】

《人民艺术家》庆祝建党 95 周年专题报道：

谢其福，男，1953 年 7 月出生，江苏省扬中市人，大学文化，国家公务员。自幼热爱书画艺术，几十年潜心习字榜书，擅于对古帖、碑文的榜书字迹消化吸收，特别在执笔、运笔、临仿等关键艺术上大胆实践、刻苦钻研，使之形成运笔自如，清丽俊逸，潇洒浑厚的书写风格。

（来源：中国国际新闻网，2016 年 7 月 7 日）

是年　教高中语文，钱吕明、陆纪帆、孙小武等系其学生。

1975 年（乙卯）29 岁

1 月 20 日　先生作五言诗《春节前遥寄庆生弟皖南从军》，中有"山高志更远，休效儿女情。此去多努力，勿负母叮咛"等句。

【链接】

王庆生，1975 年 1 月入伍，退伍后，先在本地二中任代课教师，后考入苏州大学，继而成徐州师院古代文学硕士，留校任教，后调入江苏大学文法学院，副教授。著有《金代文学家年谱》《金代文学编年史》，是金代文史领域专家。在点校整理陈衍所著《金诗纪事》基础上，增补作者约240家，作品一倍左右，并于书末增附征引书目及作者索引，以更有利于读者的阅读和利用。

（据王步高笔记）

是年　春天，先生参加全县业余文艺创作动员会议；与会者有其中学学弟陈履生、徐复兴等人。数十年后，徐、陈二人分别为其编著年谱、题写书名。

【链接】

陈履生（1956.8—　），江苏扬中人。擅长中国画、美术史论。1982年毕业于南京艺术学院工艺系。1985年毕业于南京艺术学院美术系，获硕士学位。历任人民美术出版社古典美术编辑室主任、中国画研究院研究部主任、中国美术馆学术一部主任、中国国家博物馆副馆长（2011—2016），现任中国汉画学会会长、中国美术家协会理事、西安美术学院新中国美术研究所所长。兼任南京艺术学院、上海美术学院、吉林艺术学院、澳门城市大学、台湾师范大学客座教授。

1976 年（丙辰）30 岁

是年　冬天，正下雪。王步高临危受命，冒着严寒，与供销员一起前往兰州，历经艰难，要回一批货款。

【链接】

（一）

王步高同志是个勇于担当的人。二十世纪七十年代，校办企业举步维艰，他在抓好教学工作的同时，开动脑筋，想方设法搞业务、原料，抓生产、抓质量。节假日加班，他从不要报酬。1976年冬特别冷，校办工厂的一笔货款（兰州化工厂6000多元）被拒付，我万分焦急，年末岁终，供销员的业务费、赊欠的材料费等都得结算，得派人去处理，放寒假了派谁去呢？一天，我去和王步高同志商议，他自告奋勇地说："我去。""你家里怎么办？二个小孩，淑贞还在上班……"我喃喃地说。"那不用管。"第二天，他带着棉大衣，陪同供销员周四小，顶着风雪直奔兰州，五天后好不容易要回了全部货款。老师们无不夸赞他能干，又为校办厂立了一大功！

（黄寿年：《追思王步高教授》）

（二）

　　我与寿年兄共事是1974—1977年，当时他是丰裕永丰"五·七"学校的校长，我是他的副手。学校建在一个四水环抱的小沙洲上，全校最多时十四个班，约八百多名学生，从小学到高中，有二十多个教师。有鞠介寿、巫之句那样的老教师，也有与寿年兄和我年龄相当的教师，还有比我们小上十来岁的青年人，清苦而温馨地生活，兢兢业业地工作。我全家都住在学校里，两个女儿在本校上学，尽管我爱人每天要到一二十里外去上班，冬天我还要到丰裕桥去接她，那三年，仍是我迄今为止最安定的，没有太多的干扰，也无太多的追求，也无太多的烦恼。

（王步高：《岁月流年·序》）

1977 年（丁巳）31 岁

　　8 月　先生被调至三茅公社第三中学，任副校长，兼教语文。

　　是年　先生决心投身学术研究。于是开始复习功课，准备报考研究生。

　　是年　冬天，一个雨后黄昏，先生终于因言获罪，被关押在原大众公社卫生院内，隔离审查，对外美其名曰"学习班"。

　　是年　刘淑贞见丈夫日渐消瘦，明显营养不良，心疼不已；她和两个女儿尽量省下荤食，送给先生。此时物资匮乏，样样要"票"，欲再改善伙食，谈何容易？幸遇好友谢其福，谢念及师生之情、同事之谊，冒着"划不清界限"政治风险，多方找人求助，终于从时任县财办主任长张立政等人处，搞到十几斤肉票，帮刘解决燃眉之急。

（据谢其福、刘淑贞口述）

1978 年（戊午）32 岁

　　1 月 6—7 日　先生被追写下 5 份"检查"，计 18 页。另有 1 页替张振良修改《报告》的情况资料，注明"无"形成时间。

1月12日　写了11页"学习体会"。

1月12日—2月18日　谈话笔录16份，计47页。

1月13日　写情况1份，计5页。

1月13—18日　交代5份，计12页。

1月13日—2月14日　检查2份，计26页。

1月16日—6月28日　交代2份，计3页；检查草稿41页。

1月18日—1月22日　交代8份，计20页。

1月18日—1月22日　交代8份，计20页。

1月23日—2月10日　交代9份，计24页。

1月30日　检查1份，计19页。

2月13—15日　交代3份，计17页。

2月21日　谈话笔录10份，计41页。

（1987年10月30日"移交材料清单"，移交人：祝明义；接收人：王步高；监交人：王灿生。）

是年　春夏间，"学习班"迁至城西新建食品站大院内，看守更加严密，不准与家属会面；但其妻刘淑贞仍坚持天天探视、送东西，给了丈夫极大的精神安慰。

2月24日　时值农历除夕，先生仍在隔离审查。当晚幸遇陈莲生值班，放入刘淑贞和女儿燕子、岚岚，让他们一家团聚。两人因此结成终生挚友。

3月14日—5月31日　谈话笔录10份，计41页。

4月20日　检查1份，计56页。

5月22日—7月24日　检查，补充检查2份，计10页。

6月9日　交代记录2份，计7页。

6月12日　检查1份，计33页。

6月28日—7月1日　刘国锋、刘国映学习材料11页。

7月3日　检查1份，计30页。

7月3日　检查1份，计30页。

7月17日　检查，交代，共2份，计12页。

7月15—18日　检查5份，计16页。

7月3日　检查1份，计30页。

7月3日　检查1份，计30页。

（1987年10月30"移交材料清单"，移交人：祝明义；接收人：王步高；监交人：王灿生。）

是年　秋天，先生被解除隔离，转至东进农场"劳动改造"。农场农技员"黑皮"（施云）负有"监督"之责，然其乃县中学弟，十分同情学兄遭遇，故处处关照，绝不歧视。王步高复职后曾推荐他当代课教师。

（据施云先生2018年2月回忆）

10月　先生去三茅公社第二中学上班，担任语文教员。得到吴俊禄、金家礼等学校领导和同事们多方关照，继续复习功课，以备考研。

是年　先生做古绝一首：

台除犹忆泪斑斑，虽见唐成难诉冤。

红薯只可梦里吃，清官且从戏中看。

（王步高编：《春华秋实——春华诗社二十年诗词选》）

是年　先生填词《临江仙》：

忧患此身长为友，连年苦度春秋。不堪回首太平洲。三年江令泪，十月柏台囚。　　总道沟渠多污垢，大江岂少蜉蝣？莫嫌常伴曲如钩。胸襟当自阔，豁达不知愁。

（戴正春等主编：《大江清韵》第二集）

是年　先生填词《浪淘沙·受辱有感》：

窗外月含烟，憔悴灯前。吞声无语泪空悬。日夕又逢宵小辈，扰我无眠。　　半世苦多艰，忧事无端。赤心遭诬作驴肝。借问子期樵采处，可在人间？

（王步高编：《春华秋实——春华诗社二十年诗词选》）

【链接】

（一）

新年的钟声已经响起，激起步高老师思绪万千。就在这时，管看的民兵组长来找我商量："王师母和女儿岚岚送年夜饭来了，并要求接见怎么办？"我说："普天同庆，人之常情，收下，让其会面，但要保密！"幸亏四个民兵守口如瓶，相安无事。

（陈莲生：《斯人离世 音容宛在——怀念王步高教授》）

（二）

这里离家远得多，孩子小，要上学，妻子就不让她们来看我了，来了也见不到我。经常淑贞却总要找个理由来看我，给我送点东西，送吃的，也送衣服，还送王力《古代汉语》等与古代语言文学有关的书籍。她已在为我出"狱"后考研究生考虑了。当时，专案组已不容许她与我见面，等她走后，检查过她带来的东西，才让人把东西给我送过来。我一接到东西，知道妻子刚来过，立即到被封闭的窗下，从缝隙中看，这时她刚走过土坝。当她快踏上公路之前，总要驻足朝着关押我的囚室深情地回眸一望。虽然相隔不过数十米，我已不能看清她的目光。但与之相依为命十多年的我，却分明能见到她的泪花。她充满爱和恨的目光，此时无声地告诉我：别气馁，要挺住！困难总会过去！

（王步高：《回眸》）

（三）

为了改变工作环境，又是她督促我排除万难报考研究生（我是跨专业报考，难度要大得多）。当时家庭经济困难，她自己种菜喂鸡，还给她所在工厂糊包装螺钉的纸盒，把省下的钱给我买书，三年间我买了近千元的书，差不多等于我三年工资的一多半（当时我的月薪51元）。她无怨无悔。全家人都跟着我节衣缩食，至今我们保留着大女儿上初一时被评为县中"三好生标兵"的照片，清癯瘦弱的她穿的是她妈很旧且有点破的春秋衫。

（王步高：《回眸》）

（四）

在王岚眼里，父亲像古时候的言官，"从来没有得罪不得罪的概念"，看不惯的事情当面就要说。不管是在家还是在课堂上，他总是忍不住针砭时弊。王步高骂起长袖善舞的文人毫不客气，还会批评同行不重教学，"很多研究诗的人根本不会写诗"。写诗出律、不符合常识也在他批评之列，例如南宋词人姜夔的"淮南皓月冷千山"是胡写，"大年初一怎么会有月亮"？他还布置作业让学生给古人"找茬"。

（王嘉兴：《追忆王步高：我的学术生涯才刚刚开始》）

（五）

在我被打成"反革命"，送农场监督劳动时，只要晴天，每天中午吃完缺盐少油的午饭后，我总要到一里外的大江边坐上十多分钟，一二十里宽的江面顿时使我心胸开阔，心头的郁闷也一扫而光。这是我心灵的慰藉。我向往高山，向往大海，登山能小天下，观海能拓胸襟。

（王步高：《石室诗社诗词选·序》）

1979 年（己未）33 岁

3 月　先生任三茅中学（即二中）高中语文教师。校长吴俊禄，教导主任金家礼，同事顾明社①、王后生等。

是年　大弟庆生考入苏州大学中文系，取五张借书卡中的三张，专为先生借书。每天早上五点，先生即已起床，跑步从县中操场到祁东桥，坐在桥下背诗，背到八点上班，晚上看书要到深夜。

（王庆生：《步高先生年谱稿》）

11 月 3 日　先生于三茅镇扬中县第二中学，作《灌菊》诗并抄寄给挚友王剑。诗云：

苦读轩窗不自开，幽香缕缕入帏来。
红葩素日爱清洁，绿叶此番苦旱灾。
盥水轻弹沾玉叶，携盆慢涤洗尘埃。
甘霖滴滴照肝胆，隔户相依莫见猜。

（戴正春等主编：《大江清韵》第二集）

---

①　顾明社，1958 年生，江苏扬中市人，1981 年毕业于镇江师范专科学校中文科，曾先后任教师、中学校长、扬中日报社总编辑、扬中市教育局局长。辞赋作品有《扬中赋》《井冈精神赋》《江洲教育赋》《绿岛江桥赋》等。

是年　先生填词《满江红·咏怀》：

　　岁月匆匆，虚过了、元宵灯节。揽玉镜、又添华发，感伤今昔。三十光阴成荏苒，人间阅尽风霜雪。想儿时，壮志敢拿云，空陈迹。　　西风恶，谗口烈。行路苦，多狐蜮。倾长江流恶，未清其孽。八十冤魂行未远，台除又洒斑斑血。扫群妖，雷电伴长风，迎春色。

（戴正春等主编：《大江清韵》第二集）

是年　父王方春从洛阳针织厂退休回家乡。

1980 年（庚申）34 岁

是年　先生在二中任教，学生有张茂先、朱圣福等。

是年　先生作《十六字令·晨读》：

风，料峭寒窗伴晓钟。呼儿起，开卷乐无穷。

（李名方编：《大江清韵——扬中百年诗选》）

3 月 20 日　先生赠友王剑《春夜》一首：

　　雪压霜欺不识春，披衣秉笔对灯昏。

　　肿痛满目书难释，苦读通宵被未温。

　　困倦尤期心力济，饥寒怎禁残羹吞。

　　何须自斯诚如此，且看腮边道道痕。

（据王步高笔记）

【链接】

　　当年4月15日，王剑回赠《七律·和步高〈春夜〉》诗一首，忆及此事，有言：

　　戊午岁三月，余如志入南师就读。未几，挚友步高身陷囹圄，折磨至岁末始获释。于是发愤研习唐宋文学，求挣脱桎梏耳。己未年自春而冬，日憩甚少，每丑时入眠寅时即起，历常人所不忍之苦，八尺身躯竟消瘦不足百斤。庚申春书七律《春夜》寄余，述其间悲苦。余感慨系之，乃和拙诗以勉之。

　　　　冬雪消融应是春，浮云遮日一时阴。

篷篙难锁鲲鹏志，缧绁怎系骐骥心。

忍辱发愤学太史，含羞自勖效苏秦。

笑饮人间秋荼苦，试看金榜题华名。

（王剑回复徐复兴微信）

7月20日　先生填写《干部升级呈批表》，群众和学校领导均"同意升级"。

7月23日　县文教局审批，同意将其由中学教员8级，工资金额52.50元，升为中教7级，工资金额60.50元。

是年先生除正常上班教学外，刻苦自学中国古代文学（重在唐宋文学），写下读书笔记及小论文190篇，约50多万字。

（据王步高档案）

是年　先生与同乡蔡德才同赴南京参加省外语翻译人才考试，他考德文，蔡考日文，虽皆落选，但自此结识并加深友谊。

（据扬中市党史办退休干部蔡德才先生回忆）

是年　先生报考唐宋文学研究生，其古文等业务课及政治理论课都超过了教育部规定录取分数线，但因外语不达标，未被录取。

（据刘淑贞女士回忆）

【链接】

（一）

那时，他教我班语文，我是他的课代表，所以我和他走得很近，对老师的一颦一笑、一举一动也便非常的熟悉。由于那时他正在准备考研，在办公室的时间很少，都是课一上完就回去，如我交作业本什么的，就直接去他家（其实，那只是他租住的地方，离学校只有五十米左右）。去得多了，也就随意了，于是老师家的"四大名著"我也就能一本本拿回家去看。由于老师在南大时学的是德文专业，而现在考的却是唐宋文学，所以他需要付出比别人更多的精力。至今我还清楚地记得，他口袋里总是揣着小纸条，那上面抄写着他要背的诗词，一得闲，他便不时地拿出来看。

（朱圣福2017年12月17日《扬中快报》）

（二）

王教授是我熟悉和尊敬的长者，他读研前是我们这里的一所中学教师。在教师进修学校已经参加工作的我，出于对文学的爱好，寒风凛冽中，我曾经和他一起用自行车驮着为老师们准备的理论书到学校。然后我坐下来，与老师们一起听他上课。印象最深的是他讲韩愈劝学那一课。某个夏天，我和王老师一起到宿舍后面的建设桥、三茅、大港里游泳，那时候港里的水还很干净。当时我是 20 岁左右的小伙，从小在水乡长大，游泳扎猛子（潜水）那可是我的强项，我水鬼般的小伙伴们是无法与我比的。王老师当年应该是 30 多吧，我们在当年老建设桥西边下河，向着彩凤桥方向划水，水很深，我们一边游一边聊天，我发现我竟然跟不上王老师。我使用我的游泳绝技"侧泳"，那可是我战胜小伙伴们法宝。王老师并未知道我的意图，不过，我知道他也是比较用力的，他全部采用的是"蛙泳"，这个蛙泳技术我是不会的，电影里看过，部队里训练战士，都采用蛙泳，因为战争需要武装泅渡，蛙泳可以带武器，可以瞄准袭击。我请教王老师，他的蛙泳技术怎么这样厉害。王老师告诉我，以前军训，他们在沙家港那身上都是背了枪的武装泅渡，他当年可是从沙港游到江南的。我打心眼里佩服他的游泳技术。

（张康伟[①]:《与王步高"相会"》）

1981 年（辛酉）35 岁

是年　先生仍在学校任教。

【链接】

记得他对我说过，语文课形式倒是次要的，重要的是要给学生新鲜的东西，有趣的东西，有启发性的东西。语文老师的课，必须从头至尾贯穿文学语言，否则学生会乏味的，必须以学识、学问让学生心悦诚服。我觉得尽管是三十几年前的话，对当今语文教学仍是切中肯綮的。初出

---

①　张康伟，男，1963 年生于江苏溧水，南京师范大学中文系毕业，中共党员，网名、笔名：泽人。先后创立扬中绿岛文学社、扬中江洲文学社。中华诗词学会会员、镇江市作协会员、扬中长江拥军社理事长、江洲文学社社长等。有各类文章数百篇散见于《扬子晚报》《镇江日报》等，出版《岁月流沙》等。

茅庐的我，其时还正忙于段落大意、中心思想这些程序化的过家家上，他的一席话，确实使我脑洞大开，重新开拨了教学方向。

（顾明社：《忆步高》）

7月14日　"一九八一年报考攻读硕士学位研究生政治审查表"，由扬中县三茅中学党支部填写并加盖"扬中县三茅中学"公章。该表写着其出生年月为：1947.5，此错一直延至本谱开头纠正为止。

该表"政治、思想、工作表现"一栏写着："该同志拥护党的十一届三中全会以来的路线、方针、政策，热爱社会主义祖国。有为振兴中华而刻苦钻研文化业务、贡献自己力量的坚强决心。热爱党的教育事业，工作认真负责。遵章守纪表现好。"

该表"何时何地受过何种奖励或处分"一栏，填着"未"。"本人历史上有无问题？""直系亲属有无重大问题？""主要社会关系有无重大问题？"等栏均填"无"。

最后，"考生所在单位政审意见"栏写明："该同志本人和其亲属均无政历问题，政治表现好，符合报考条件。"

（据王步高档案）

8月至次年2月　应李名方之邀，担任县教师进修学校高师函授教师。在李校长鼓励、帮助下，写成6000字论文《稼轩词〈青玉案〉写作年代质疑》，后在《吉林大学社会科学学报》发表。

【链接】

李名方（1934—2007），江苏扬中市人。1958年毕业于南京师范学院中文系……历任扬中县教师进修学校校长、扬中县中学校长、扬中县人大常委会副主任、副县长、扬中市人民政府副市长等职。

（李名方：《李名方文集》）

是年　先生某日做一恶梦，后得一诗《梦与官争盛怒致捶床而伤手》：

下心抑志几春秋，坎壈半生今白头。

尚得梦中存浩气，横眉拍案向公侯。

【链接】

关于这首诗，作者在东南大学的讲台上，曾经介绍了写作的前后经过：

十几年前，我处境不好，当时我就做过一个梦，跟一个当大官的人吵架，吵架时我还手拍台子，拍起来跟他吵。哪知道因为是在做梦，台子没拍到，拍到床栏杆上，把两根手指头伤了。一醒过来，两根手指头都血淋淋的，我当即就写了一首小诗。

……这首诗不太符合格律，后来很多朋友都讲："老王你是懂格律的人，为什么写这首诗不合格律？"我当时是做梦刚醒过来，根本就没有考虑格律，就这样，朋友说你改一改，我说不能改，改了一个字就不真实了。……这首诗很反映我的个性，所以在我的所有作品当中，这一首一定要入选。就像我给东南大学写的校歌那样，那个是反复琢磨出来的，这一首倒是即兴写的，一个字都没有虚夸的成分。所以人做梦啊，梦境是虚幻的，感情是最真实的，比白天还要真实。白天我跟你吵架总要瞻前顾后，我跟你这个当领导的吵了架有没有什么坏的结果，对不对？梦里考虑不到那么多，反而真实。"

（王步高：《探寻词苑的艺术与人生》）

是年　先生参加吉林大学研究生考试，并以优秀的成绩被吉林大学录取为唐宋文学硕士研究生。德文 89 分，名列全校第一。

【链接】

（一）

先生终于收到《录取通知书》!

全家沉浸在快乐中，亲友纷纷表示祝贺。

先生在学校对面租赁宿舍里，设一席便宴，由主妇刘淑贞亲自下厨，除了"六大碗"等家乡传统菜肴，另外还有好几样花色小炒，招待几位师友：李名方，裴祥林，金家礼，吴俊禄，陈莲生等。

（据刘淑贞女士、金家礼先生回忆）

（二）

步高先生勤勉好学，志向高远，在走过了荆棘丛生、蜿蜒曲折的人生道路后，愈发坚定了自己的人生航向，当时不顾 35 岁的高龄毅然报考硕士研究生，而且所选专业为唐宋文学。众所周知，唐宋文学研究，千百年来已被前人深耕，若想有所建树是很难的。为迎考，每天睡眠只有四五个小时，三更灯火五更鸡，二中所有的教师无不为他的执着、坚毅而惊叹。因扎实的古典文学功底和德文的专业优势，最终被吉林大学中文系录取为郭石三教授的研究生。令我难忘的是，步高先生竭力鼓励我考研，其时我毕业不久，像刚出笼的包子，热气腾腾，也想在学问上有所出息，但后来由于工作调动，到新坝中学服从组织安排，改教高中地理了。我们分手后，通了两次信，互通情况，互叙友情，这些信件因拆旧房砌新房时散失了，甚是可惜。不管怎么说，步高先生提携后生、启迪人智、虚怀若谷、宽厚待人的风范给我留下了深刻的印记。

（顾明社：《忆步高》）

1982 年（壬戌）36 岁

2 月 13 日　先生从沙港码头搭"姚镇班"轮船去镇江，然后乘火车北上，进入吉林大学中文系唐宋文学研究生班学习，任 81 级研究生班班长和党小组长。

【链接】

该班共八人，分别是：

张晓洋（1949.9），徐斌（1954.11），张晶（1955.9），李从军（1949.10），韩经太（1951.3），霍然（1953.4），肖瑞峰（1956.7），王步高（1946.4）

（据《吉林大学研究生院院友录》，括号内是各人出生年月）

2 月 19 日　先生给好友陈莲生写信：

老陈同志，您好！

江洲一别，很快又过去不少日子了。我已于 13 日离开扬中来长春了。一路上历尽艰辛，甚至在厕所里蹲了 25 个小时。到长春后，又往返几次，才提回托运的行李。

吉林大学名气大，招的研究生也多，目前在校的研究生尚有 500 人。全部住在一幢五层楼，我就住在五楼上……

我们中文系今年共招收了 8 名研究生（包括唐宋文学和外国文学），组成一个小班，大家推选我当班长，还兼党小组长。我们八个人，东北，华北，西北，华东的都有，八个人来自 6 个省市……

我们的学制为两年半。第一学期开外语（每周 6 节）、政治（每周四节）、唐诗（每周两天）。第二学期开外语、宋词、宋诗。第三学期抽出两个多月到全国搞学术旅行。上届研究生去了十多个省，还请王力、吕叔湘等名专家讲课。第四、五学期写硕士论文，参加论文答辩。

我们的学习以自学为主，每两周写一篇读书报告，每学期写一篇小论文。每周安排半天去导师家问问题。

……

来长春以后，我患了感冒，咳嗽得厉害，一口口浓痰。身体不舒服，就格外想家。来长春已下过三场雪了，天上阴沉沉的，我的心情也格外沉重。

我们是患难之交，几年间，我得到了您巨大的支持和帮助，我十分尊重您的人格和品行，我一定努力学习，为您争光，无愧于做您的朋友。

来信请寄：长春吉林大学二舍 524 室

不多写了，请向您全家问好

弟　步高　2.19

（王步高致陈莲生信函）

5 月 10 日　致函陈莲生：

离开扬中三个月了，这几个月来学习很忙。前不久，我又参加外语免修考试，很紧张了一阵。我们实行学分制，取得三十个学分才能参加论文答辩。其中外语规定为六个学分，我由于入学考试外语较好，学校的研究生中又只有我一个人学德语，无法开课，只好让我自学，通过免修考试，我就可以取得这门课的学分。免修考试实际上是一场硕士资格考试，是取得学位前必经一关。考试分听力考试（放一段德文录音，然后写下其中文大意），语法词汇考试（相当于一般外语考试的格式），文章翻译（一小时内译完 1500 字的文章），我事前准备了半个月，考得比较好，得了 79 分，（是英、俄、德几个语种免修考试中得分最高的），考试顺利地通过了。如今，我只剩下每周四节政治课，下学期就只有专业课了。

入学以来的三个月，除外语考试外，我专攻李白的诗，开始写了一篇考证性的论文《李白是达摩的子孙吗?》，最近我一直在研讨李白的语言风格，准备就李白遣词造句，修辞，语言风格的总特点，这些特点产生的原因这四个方面，写四篇论文。目前已基本准备就绪，再过两三天就可以开始写第一篇。这四篇文章共约三万字，本学期要改好，改定。不久吉林大学受上级委托将编一本《古典文学研究论丛》，我想争取让这四篇论文都能收进这本集子。此外还想把关于辛弃疾《摸鱼儿·更能消几番风雨》的一篇赏析文章也改一下争取收进去。

这里气候并不太冷，也还习惯。只是冬季前后七个月吃的蔬菜太单调，吃不到新鲜菜，牙根都有点出血。经济上开销是大一点，我的工资打九折，加付（副）补，按六类地区，还可拿到 68 元，我寄 30 元回去，剩下的除吃饭外，如果不买太多的书，是可以够用了。如果今后能发表一些文章，拿到几笔稿费，生活也就还可以了。这点困难我是有思想准备的。目前也没有什么困难，望放心。

10 月 1 日　填词一首：《临江仙·壬戌仲秋》

故国溶溶江水，他乡瑟瑟秋风。清光着意透帘栊。[①] 敲窗黄叶雨，夺魄五更蛩。　　亲友今宵何处? 高天难问飞

---

① 校记:"清光着意透帘栊"，原作"清光淡淡透帘栊"，2007 年 9 月版《春华秋实——春华诗社二十年诗词选》改为现文。但作者在东南大学课堂演讲并收入《探寻词苑的艺术与人生》一书时，仍是原汁原味初稿。

鸿。伤离惜别古今同。莫抛儿女泪，四海一望中。

（戴正春等主编：《大江清韵》第二集）

11 月 1982 年第 6 期《吉林大学社会科学学报》发表其《稼轩词〈青玉案〉写作年代质疑》一文，此乃先生公开发表之处女作，意义重大。文云：

《青玉案》是辛弃疾的名作。王国维《人间词话》借其最末四句，称作是"古今成大事业、大学问者必经过三种境界"的"第三境界"，另伸意义，更耐人寻味。然而对其写作年代却众说纷纭，影响了词意的理解。远且不说，单近年间出版的几种词集及评传，就有五种说法，分别认为这首词作于：1. 乾道七年（1171）左右；2. 淳熙五年（1178）；3. 带湖闲居时期；4. 淳熙十四年（1187）；5. 被谗罢官后。这些说法都值得商榷。

现录原词如下：

……

综上所述，这首词作于淳熙五年是完全不能成立的，作于乾道七年左右或淳熙二年也与作者当时的心境不合，作于带湖闲居开始几年（淳熙十年至淳熙十四年）中某年元夕的可能不能排除，但我更倾向于这首词应作于淳熙九年元夕，辛弃疾已被劾落职但尚未离隆兴之时。鉴于本人水平及资料的限制，故题为"质疑"，以期能得到专家及编辑同志的指教。

11 月 到北京、天津等地图书馆查阅资料，住北京半个月。

（王步高致陈莲生信函）

是年 外语考试获西语第一，因而获得免修资格。

1983 年（癸亥）37 岁

4 月 30 日 先生写信给陈莲生：

……

去年，我在业务上也有较大进步。《吉林大学社会科学学报》1982 年第 6 期发表了我的论文《稼轩词〈青玉案〉写作年代质疑》。

《吉林大学社会科学学报丛刊》将发表我的另一篇两万字的长篇论文《论史达祖和他的〈梅溪词〉》。

我校注的一本书《梅溪词校注》（约15万字），已被列为科研计划上报国务院古籍规划小组。目前已完成大部，估计9月底可以基本完成。教育部已同意我们明年暑假毕业，我们已填了毕业生登记表，填报了分配志愿。详情暑假中再跟您面谈。

今年5月中旬起，我们将外出进行一次学术考察，将先后到北京、洛阳、西安、开封、南京、扬州、苏州、上海、杭州等地，为期一个月。结束后，回家度暑假。我们的动身日期大约在5月15日前后。

今年暑假，我将集中精力整理《梅溪词校注》的注释和辑评两部分，并准备将两三篇关于李白的论文发表出去。因此，这次可能没有机会去贵府拜望您。您常来三茅，希望您常弯我这里。我衷心欢迎您。

千山万水隔不断我们的友情。患难之交不会因时间的久远而褪色的。

是年　暑假，约黄寿年和顾新生，一道看望在家休养的吴俊禄校长。

（黄寿年：《追思王步高教授》）

10月　吉林郊区松花湖畔，吉林大学发起召开中国文学史讨论会，全国有十三所院校参加。先生即席发言，并陪与会代表两次游湖，多次登山。

【链接】

（一）

当时喻老师家境并不富裕，只有一台十四英寸黑白电视机，住房条件较差，对学生却特别大方，经常邀我们到他家吃饭。我是班长，我的论文又是由喻老师指导，找喻老师联系工作的机会更多，在他家蹭饭也最多。我爱人来长春看我，喻老师也设家宴招待。1983年在松花湖召开十三院校文学史研讨会，会议结束那天，我去吉林城里给大家买回长春的火车票，天黑了，我还没回来，有十几里山间公路，他不放心。晚上会餐，他让客人先喝酒，却带两位同学顺山间公路去接我。

（王步高：《终生的导师——深切怀念喻朝刚教授》）

（二）

喻朝刚，四川省秀山县（今属重庆市）人，中共党员，1957年毕业于东北人民大学（今吉林大学）中文系，后留校任教，教授。曾任吉林大学中文系古典文学教研室主任，中文系系主任兼中国文化研究所所长，曾任社会兼职有：中国古代文学学会理事，中国词学研究会理事，中国韵文学会理事，中国水浒学会理事，中国旅游文学研究会副会长，吉林省文学学会副会长，青岛大学、山东大学威海分校兼职教授，《中华词学》主编，开封市宋代文化中心顾问，等等。

是年　先生填词三首。《临江仙·忆松花湖》：

其一

斑斓霜林幽处，倚藤懒听松风。劈波荡桨空明中。一泓沧溟水，四野落丹枫。　谈古论今知己，推心置腹高朋。星移物换苦匆匆。纵成千里别，长忆映山红。

其二

千顷碧波如縠，群峰百里流丹。青松霜叶色相间。信知秋色美，夜雨莫添寒。　几度观鱼江干，喜尝野果层峦。别离席上举杯盏。他年游故地，相约赋新篇。

其三

树若彩霞繁丽，水波澄澈微澜。晚花野果遍林间。群峦峰顶上，举手接云端。　不忍南天遥望，故乡几度关山。新伤旧创泪斑斑。海天何处路，荆棘遍人间。

（戴正春等主编：《大江清韵》第二集）

12月5日　先生致信陈莲生：

本学期我主要忙于两件事：一是以九、十两个月稍多的时间，继续完成《梅溪词校注》的初稿，此事到上月初已基本完成，全书约二十多万字。赵老师通读了全稿，提了不少意见。准备明年上半年修改，争取毕业前定稿。导师们建议在吉大出版社出版，我已跟出版社长谈过一次，他说可以。二是准备毕业论文，从上月开始，至今准备了一个月，最近可以动笔，元旦前可以完成初稿，然后再作修改，三月份交付打印。

家庭的牵累越来越大，队里分了地，淑贞无力耕种。孩子学习成绩也明显下降。这些事搅得我经常心绪不宁。我离开扬中以后，不像展翅长空的雄鹰，倒像是一个风筝，有绳子紧紧牵着。这对我的分配也会有影响，我时时考虑着家庭生活的安排。人到中年，烦恼的事真多。

12 月　先生著论文《史达祖和他的〈梅溪词〉》刊于吉林大学社会科学丛刊第六期《中国古典诗歌论文集》。

【链接】

> 我对此研究了半年左右，写出一万六千字的《论史达祖和他的〈梅溪词〉》，发表在吉林大学《古代文学研究丛刊》上，再深入就感力不从心。喻老师又建议我从校注《梅溪词》入手，并且提供经费，让我到北京图书馆、天津图书馆查资料，这在当时是很破格的。
>
> （王步高：《终生的导师——深切怀念喻朝刚教授》）

1984 年（甲子）38 岁

5 月 2 日　先生致函陈莲生：

毕业论文已完成，并已打印完毕，全文 38000 字。同时我已完成《梅溪词校注》一书，全书 25 万字。导师阅后同意推荐出版。现尚在联系中，尽量争取列入明年出版计划。

论文答辩定于六月中旬，月底可以离校。分配去向还未最后落实，估计可以同时解决家属问题。

毕业论文已交一家刊物，争取全文发表。今年 2 月底，我在《人民政协报》发表一篇小文章，纪念全国政协副主席周叔弢先生，周老 94 岁。他去世前两个月还给我来过信，周老给我的信是他逝世前亲笔写的最后几封信之一。最近他的儿子又连续给我来信，要把原信借回拍照。政协等部门还将出版《纪念周叔弢先生文选》，拙作也将收入。去年的一篇两万字文章，也已出版，近日内可以到手。

【链接】

（一）

周叔弢，1891年生于安徽建德（今安徽池州东至），1984年2月14日卒于天津。曾任唐山华新纱厂、天津华新纱厂经理，启新洋灰公司总经理。1936年拒绝与日本人合作，愤然离职。是中国北方民族工商业代表人物。曾出席中国人民政治协商会议第一届全体会议。1954年率先将所经营的企业实行公私合营，任公私合营启新洋灰公司董事长。历任中央人民政府政务院财经委员会委员、天津市副市长、天津市人大常委会副主任、天津市工商联主任委员、中国佛教协会常务理事、天津市国际信托投资公司董事长、全国人大常委会委员、全国工商联副主席、全国政协副主席等职。

（二）

周叔弢先生给王步高回信如下：

步高同志：

来信收到。仆自解放以后久疏文史，校本《梅溪集》已不复记忆矣。近代词集《彊村丛书》汇集多本，择善而从。《双照楼景刊宋元明词》，刻印精美，可称艺术品。两书中皆无《梅溪词》。《汲古阁六十一家词》，多舛误，不可依据。《梅溪词》仆意当以天津图书馆藏的吴讷抄本为最早。此书有商务印书馆铅印本，想不难得。《紫兰漫抄》只见过一次，今不知归何处，有无《梅溪词》亦不可知。陆敕先校本见《北京图书馆善本书目》《宋名家词六十一种》目下卷八第六十一页，不知是朱氏所见之本否？仆学殖荒落，所知无多。谨以奉阁，深愧浅陋问复。

顺颂大安

周叔弢上言（一九八三年）十一月廿八日（印鉴）

（三）

1994年4月，北京师范大学出版社《周叔弢传》第130页载："还有一个学生，向他请教《梅溪词》版本源流的几个问题。他满腔热情地即时亲笔写了回信，一一作了答复。这是他因腿脚肿住进医院的前两个月的事，那时他的右手执笔已不大灵便了。"

7月30日　先生正式获得吉林大学研究生"毕业文凭"（文凭登记第843001号）：

研究生王步高系江苏扬中县人，现年三十七岁，于一九八二年二月十五日入本校中国古典文学专业唐宋文学研究方向，学习两年半，按教学计划完成全部学业，成绩及格，准予毕业。

吉林大学（公章）

校长　唐敖庆（红印）

【附】

吉林大学硕士研究生成绩登记表

姓名：王步高　　　　　专业：唐宋文学　　　　　1981年级

序号	课程名称	学期	周学时	总学时	课程类别	成绩	学分	任课教师
1	马列主义理论	1	4	72	必修	92	3	白东明
2	德语	2	6	220	必修	79	4	刘清水
3	唐诗	1	3	108	必修	90	6	郭石山
4	唐宋作家作品研究	1	3	54	必修	90	3	赵西陆
5	宋诗	2	6	108	必修	90	5	王士博
6	音韵学	3	3	54	必修	94	3	许绍
7	唐宋文学专题	3	3	54	选修	85	3	王士博
8	校勘学	3	3	54	选修	90	3	赵西陆
9	宋词	3	4	108	必修	94	5	喻朝刚

吉林大学研究生业务管理处（公章）

9月　中旬，先生到江苏古籍出版社上班，任古典文学编辑。

9月24日　先生从南京致函陈莲生：

我已分配到南京工作，省里让我在苏州大学等五个单位中自己选择一个（这都是朋友们为我联系的），我从孩子和照顾家庭出发，选择了到出版社工作。十天前我已到这里上班。

我分在出版局下属的古籍出版社工作。全出版局有七个出版社，除一个在扬州外，其余六个出版社共有工作人员四百多，目前人数最少的是古籍出版社，仅二十人左右，但没有一个闲人。目前七个出版社统一管理，统一核算，没有分家。我在古典文学编辑室，全出版局仅三名研究生，有两名在我们编辑室。

我暂时还住在招待所，估计年底可分到一间房子。以后您要来南京也就可以在我这儿落脚了。这里离玄武湖很近，每天早晨我都到玄武湖公园内去跑步，读外语。我托人买了一张季度票。这几年玄武湖建设得不错，这是最令人高兴的。

10 月 5 日　先生致函陈莲生：

裴局长也动员我到镇江工作，我说等我在出版社干一段时间再说。我们谈了约半个多小时，因急于要赶火车，我就告辞了。

12 月 7 日　先生致函陈老师：

您的来信早已收到，祝贺您转为公办教师！您是一个正直的人，光明磊落的人，善有善报，您这样的人应当有更好的命运。听淑贞来信说，县里开始搞临时工转正，其中包括 1971 年以前进厂的国营厂合同工。她现在国营厂，是 1970 年进厂的。本来 1971 年初已办好全部转正手续，只是因为县里有派性，硬以所谓的"5.16"加在我的头上，而株连她未能批准。后来落实政策又因派性干扰未能落实。为此，县落办，工业局，文教局有关落办同志，都调查认定我们反映的情况完全属实。这次转正，机会难得，但也有个小问题，即 1974 年以前，淑贞在轧钢厂，该厂是大集体厂。1974 年才来电子仪器厂（后分家到标准件厂）。不知在这个问题上是否会遇到障碍。

**12 月 14—28 日　14 日，填写"中国共产党党员登记表"；24 日，支部大会一致通过同意其党员登记；28 日，江苏古籍出版社党支部书记签字并加盖公章确认。

（据王步高档案）

1985 年（乙丑）39 岁

3 月 9 日　吉林大学颁发"硕士学位证书"（编号 843001），授予先生文学硕士学位。

是年　先生着重开展《唐宋词鉴赏辞典》编纂工作。主编：唐圭璋。责任编辑：陆国斌　王步高。

【链接】

（一）

唐圭璋（1901—1990），字季特，满族人，生于南京。终其一生，专治词学。1949 年前曾任中央大学、金陵大学中文系教授。1949 年后历任南京大学、东北师范大学中文系教授，南京师范大学中文系教授。编著有《全宋词》《全金元词》《词话丛编》《宋词鉴赏辞典》等，著有《宋词三百首笺注》《南唐二主词汇笺》《宋词四考》《元人小令格律》《词苑丛谈校注》《宋词纪事》《词学论丛》等。

（二）

我于 1984 年 9 月到出版社工作，两个多月后，就正式接受了编辑《唐宋词鉴赏辞典》的任务。当时，上海辞书出版社与此同名的辞典已搞了 4 年多，他们的大部分稿件已在请专家定稿。

我们不仅起步晚，而且缺乏经验。但是，我们也不是什么都比不上人家。据我们所知，南京师大、华东师大、杭州大学三所学府是词学家荟萃之地，如果我们依靠这三所大学为基本力量，并请出当代著名的词学大师唐圭璋教授为主编，在作者阵容上我们完全可以超过上海。同时，我与全国词学界的许多专家、学者有一定交往，再通过我的导师、同学等多方面的关系，可以联系较多的作者。更重要的，我们充分发挥唐圭璋教授作为主编的巨大号召力，对一些德高望重的老学者，可以借重唐老的名义去组稿。此外，还请金启华、程千帆教授等为我们写信向海外一些专家组稿。

（王步高：《在激烈竞争中夺取胜利——〈唐宋词鉴赏辞典〉编辑手记》）

（三）

1985 年这一年，为完成本书约稿，我与作者往来信件达三千封，最多一天发信114封。我当时不分昼夜地工作，不歇星期天，不休探亲假，使这样150多万字，有一定学术价值的长篇巨著基本上做到当年组稿、当年审稿、当年发排。

在审稿中，我既做到严细认真，从微观上消灭各种知识性、科学性错误，也注意从宏观上做到体例一致，分析能相互照应，具有辞书的严格性。如有人把"下片"与"过片"混为一谈，竟说"过片十句""过片分三个层次"；还有人把"幺弦"（琵琶第四弦）解释为"细而长的弦"；还有人竟说北宋魏夫人词"墙头红杏花"一句是化用南宋叶适诗"春色满园关不住，一枝红杏出墙来"，既张冠李戴，时间上也颠倒了二百年。对大量这样的错误我均认真加以纠正。有些对时代背景分析不准确，对词意分析错误的，我都在与作者面谈或通信联系后由我重新改写，有时甚至得改写三四百字，占全文的三四分之一。有时为补正作者的一个疏漏，我不惜花大量时间，查证资料。如有人引《礼记·月令》，需补注出该书所用的历法。为了补写不足十个字的注释，我却花了整整一晚，才弄清《礼记》所用为商历而非夏历。因此，当编辑也得有"吟安一个字，拈断数茎须"的精神。但仅仅字斟句酌还不够，还得有统观全书的能力。不仅全书的体例要统一，还有许多文章，就本身看是能自圆其说的，但与另一篇文章的提法相矛盾，使细心的读者无所适从，对这样的问题审稿中必须解决。

（王步高：《专业技术职务任职资格申报表·本人总结》）

（四）

早年被分配到江苏古籍出版社工作时，他就每天在办公室打地铺，睡沙发。在这样的境况下，王步高组织编纂了我国最早的《唐宋词鉴赏辞典》。这本书在当年全国销量排名第四，为出版社带来了上百万元的利润。

出版社给他的回报是一间不到30平方米、要和别家共享厨房的屋子，还有另一处朝北、面积8平方米的书房。直到那时他才把家人从扬中老家接到身边生活。书房堆满了书，连转身都困难。

南京的夏天极其闷热，书房跟蒸笼似的，冬天又变得阴冷潮湿，他常年在里面看书写作。

他是业内出了名的拼命三郎。前几年，他和上海古籍出版社组建的四人团队同时做唐宋词选编，却比对方更早完成。后来那边打来电话说，"王老师以后要出什么书通报一声，我们就不做了。"

（王嘉兴：《追忆王步高：我的学术生涯才刚刚开始》）

是年　《论梅溪咏物词》刊于《贵州文史丛刊》本年第 3 期第 119 页。

是年　加入中国韵文学会。

12 月　与吴伟斌一起担任《广陵潮》责任编辑。全书上、下册，共计 97 万字，印量 12700 册。

【链接】

为了编辑《广陵潮》，我阅读了大量鸳鸯蝴蝶派的资料。《广陵潮》一书由我与吴伟斌同志合作编辑，我们既是编辑者，也是校点者。全书近百万字，我们以两个多月的时间就完成了任务。在校点中仅辑录佚文就达两万字左右，根据多种版本校改了底本中的大量错讹。

（王步高：《专业技术职务任职资格申报表·本人总结》）

12 月 30 日　江苏省出版总社人事处批复，同意将其工资从原来 76.80 元改革为结构工资 95.50 元，工龄津贴 6.50 元，月增资 15 元，1985 年 7 月起工资额 102 元。

是年　《梅溪琢句炼字琐议》刊于《镇江师专学报（社会科学版）》本年第 3 期。

1986 年（丙寅）40 岁

是年　先生继续从事《唐宋词鉴赏辞典》编撰工作。

【链接】

毕业离校后我到江苏古籍出版社任编辑，不久即担任唐圭璋先生主编的《唐宋词鉴赏辞典》的责任编辑，当时唐老已年近九十，许多该主编做的事情常常要由我来完成，在组稿中，像一些夏承焘的门生，如吴熊和、蔡义江、陆坚、吴战垒约稿等都利用喻老师的关系。

（王步高：《终生的导师——深切怀念喻朝刚教授》）

4月16日　《江苏教育》本年第4期（总第194期）"心理学漫话"栏目，刊登先生《变机械识记为意义识记——一谈学生记忆能力的培养与提高》文曰：

记忆与感知、思维、想象等概念一样，属于心理学的范畴，也是大脑对客观事物的反映。记忆过程是人的全部心理活动的总合过程，它大致包括识记、保持、再认和回忆这样几个阶段。应该承认，记忆力是一种重要的能力，又是构成智力的重要因素。

那么，中小学生的记忆有些什么特点？在教学实践中，我们应采用哪些措施才能有利于学生记忆力的培养与提高？

对于这些课题，必须加以研究。否则，"加强双基，培养能力，发展智力"也就难以做到……

6月　先生担任《明清诗文论文集》责任编辑，该书19.5万字，由苏州大学明清诗文研究室组编，首印2700册。

【链接】

《明清诗文论文集》的作者大都是对此有专门研究的学者，但我仍纠正了原稿中许多知识性、科学性错误。对《别才非学最难凭》一文，就纠正这方面错讹达37处，从而大大提高了书稿质量。

（王步高：《专业技术职务任职资格申报表·本人总结》）

6月16日　《江苏教育》本年第6期（总第196期）"心理学漫话"栏目，刊登其《变无意识记为有意识记——二谈学生记忆能力的培养与提高》[①]：

怎样帮助学生变无意识记为有意识记，提高他们的记忆力呢？一个有效措施，就是针对青少年学生的特点，提高知识的趣味性：

为了提高学生的记忆力，还需要对教学内容加以强调，使之突出，以便引起学生的有意识记。

7月16日　《江苏教育》本年第7期（总第197期）"心理学漫

---

① 校记：原刊题目为"三谈"，错。《三谈》刊于第7期14页。

话"栏目，刊登其《要会记，也要能忘——三谈学生记忆能力的培养与提高》：

记忆力强，能够博闻强记，这总是好的。难道遗忘也好吗？要的。心理学认为：遗忘像一面心灵的筛子，把对人的生活和实践活动有用的知识、经验筛选出来，积累起来；把那些没有用的或没有长久保留价值的，逐步漏下去、丢弃掉。这种遗忘，并不可惜，反而可以减轻大脑的负担，可以使大脑里所记的东西避免杂乱，更有条理。

8 月 16 日　《江苏教育》本年第 8 期（总第 198 期）"心理学漫话"栏目，刊登先生：《介绍几种提高记忆效率的方法——四谈如何提高学生的记忆能力》：

为了增强记忆，就需要跟遗忘做斗争。

分散记忆是跟遗忘做斗争的办法之一。

反复感知和尝试背诵相结合，也是提高记忆效率、跟遗忘做斗争的好办法。

10 月 16 日　《江苏教育》本年第 10 期（总第 200 期），刊登其《增进记忆品质和大脑机能——五谈如何提高学生的记忆能力》：

记忆分为以下三种类型：第一种对识记物体、图画、颜色、声音等具体形象的材料有较好的效果，称为直观形象的记忆类型；第二种类型的人能较好地识记词的材料、概念、数字等，从事理论工作的人最需要的就是这种记忆，这称之为词的抽象记忆类型；第三种类型的人对直观形象材料和抽象材料的记忆没有明显差别，多数人都属于这种类型，这叫中间记忆类型。

记忆的品质是包括四个方面的内容：一是记忆的敏捷性，二是记忆的持久性，三是记忆的正确性，再就是前面已提到过的记忆的准备性。

研究记忆的类型和记忆的品质，对于增进大脑的机能，开发学生的智力，有重要的意义。

【链接】

综观四篇文章，更有价值的还在于王老站在学习策略的高度探讨学习心理问题，与其说是研究记忆方法，不如说是研究记忆的方法论或策略论，这在倡导学会学习、终身学习的今天无疑具有很强的现实指导意义。

（据南京师范大学王淳教授述评）

12 月 11 日　经单位同意，上级审批，其基础工资、职务工资之和 95.5 元调整为 97 元。

本月　先生参加"上海·国际诗词学术研讨会"。会后，游览淀山湖景区，填《鹊桥仙·淀山湖大观园留题潇湘馆》一词：

竹窗映水，松枝卧雪。虚对疏梅几树。怎禁千顷碧波寒，况冷屋、孤衾夜雨。　姑苏未远，乡情萦系，何恋淀山青浦？无猜豆蔻伴知音，已不亏、人生一度。

（戴正春等主编：《大江清韵》第二集）

【链接】

作者自注：

宝黛的爱情是"悲剧"，还是"喜剧"，我觉得关键看你如何为参照物。他们最终未能成婚，而且一个殉情而死，一个做和尚，是常人眼里典型的"悲剧"。宝、黛让不少多情的男女为他们洒下同情之泪，然而，这些洒泪者中，又有几人曾得到过他们那样真挚的爱情呢？

如果自己与相爱的人不能成为眷属，有谁会为我们出家做和尚呢？如同金无足赤，人无完人一样，绝对美满的事情是不多的，甚至是没有的。

1986 年我首次参观上海青浦大观园内的潇湘馆，就题过一首《鹊桥仙》词，其下阕曰："姑苏未远，乡情萦系。何恋青浦一隅？无猜豆蔻伴知音，已不亏、人生一度。"姑苏（苏州）是林黛玉的家乡，如果爱情不成，不如回故乡去。她从两小无猜的豆蔻年华已与知音相伴，"已不亏，人生一度"。与世间绝大多数人比起来，她已是非常幸福的了。世上的夫妻美满者有之，较美满者亦有之，和睦者有之，较和睦者亦有之，此外，尚有许多不太和睦的夫妻、濒于破裂的夫妻、同床异梦的夫妻、异床异梦的夫妻。大多数人都不可能有完美的夫妻感情。人们同情宝玉、黛玉，殊不知更应该同情的常常是洒泪者自己。天下人，大多得到的是残缺的美，失恋只是人生中的一次小失败，是绝不值得为之自杀的。

秦观《鹊桥仙》中说："金风玉露一相逢，便胜却、人间无数。"又说："两情若是久长时，又岂在朝朝暮暮。"这些道理，是人生的金科玉律。……心理素质提高以后，我们便能做到"不以物喜，不以己悲"（《岳阳楼记》）。

本月　《唐宋词鉴赏辞典》由江苏古籍出版社正式出版，146.3万字，首印达20万册。

【链接】

我的导师唐圭璋老师，他三十几岁妻子就去世了，他自己活到90岁，没有再婚，每遇到伤心的事情，他就带一个笛子到妻子的坟上，往坟头一坐就吹笛子①，吹给妻子听，吹着眼泪就下来了。一直到90岁啊！他去世之后，他的女儿、女婿又把他跟他的妻子合葬在普觉寺公墓。前两年我也去祭扫过，还陪日本的朋友去祭扫过。

（王步高：《探寻词苑的艺术与人生·苏轼黄州词外词》）

是年　先生填《菩萨蛮》词一首，有小序：余生长农家，少时亦多习农事，半生颠沛，终未以农为业，然乡情耿耿。时值农忙，兹赋一阕，以慰乡思。

声声布谷梅初熟。麦香千里蚕上蔟。稚子馌东田，莳秧微雨天。　　柳摇溪水绿，众鸭溪中浴。飔净卖余粮，经商侯整装。

（李名方等主编：《大江清韵——扬中百年诗词选》）

【链接】

纵观全词，无论是叙事还是绘景，词人都是用朴实的语言平铺直叙，

---

① 注：据唐老女儿唐棣棣回忆文章《梦桐情——记爸爸唐圭璋和妈妈尹孝曾》，笛子应为箫。

没有什么夸饰的词语，很少使用形容的词汇，全无恃才造作的痕迹，但我们读来却分明感到形象生动逼真，让人有身临其境的感觉。如"稚子馌东田"一句，意思简洁明了，是说小孩送饭到田里去，今天我们读来，思维也一下子跟着回到了孩提时代，那光着脚丫去田里送饭的小孩不就是我吗？整个词中所采用的意象不可谓不多，有布谷、梅子、麦子、蚕等等，对它们的勾画全属于粗线条式的，但整个画面形象却又是那样的丰满，给人所造成的感官体验也是全方位的：有听觉上的声，有视觉上的形，有嗅觉上的味，更有意觉上的心理感受。如"经商俟整装"（"整装俟经商"的倒装句）一句中的一个"俟"字，就传神地表现出勤劳惯了的农人闲不得的特点，他们早早做好了外出的准备，因等待而内心焦急，他们期盼着早日成行，好多挣钱养家糊口。本词语言虽说朴素、平实，但清新、自然的文气却让人如沐春风，那从字里行间自然流淌出的缠绵乡情令我们的心旌不住地摇荡。所以这阕词可称得上是白描中的佳品，很值得我们用心学习。

最后，让我们记住：白描就是无夸饰，少形容，多直叙，避曲笔，去渲染，不用典。

（朱圣福：《扬中诗词》总 55 期）

是年 先生在《古典文学知识》第 3 期上，发表《辛弃疾〈贺新郎〉"青山"句假说》一文。

是年冬 出席全国第二届词学研讨会。

【链接】

和喻朝刚老师一起出席全国第二届词学研讨会，经喻介绍认识张璋、唐玲玲等，很快在全国词学界立足，工作也顺利得多。

（王步高：《终生的导师——深切怀念喻朝刚教授》）

1987 年（丁卯）41 岁

是年 作诗一首赠江苏古籍出版社同事。《为瞿世云等同志入党感赋》：

经霜梅萼喜逢春，镰斧红旗意义深。

鬓角斑斑存浩气，丹心耿耿见胸襟。

伏槽老骥思千里，历劫黄珠值万金。

奏凯尚须骠骑力，暮钟可响九州音。

（李名方等主编：《大江清韵——扬中百年诗词选》

2月26日　致函莲生：

目前我住在南京空军干休所，是以每天租金30元租来的一个特大套，我仅住其一间，房间号码为5－303。从玄武门口向南走150米左右即到。如您有便来宁请到我这里来玩。

3月18日　**作诗《悼恩师郭石山先生》**：

霹雳晴空动海寰，恩师羽化赴神山。

潇湘洪潾皆清泪，长白峰峦尽祭坛。

德劭功高昭日月，海涵地负灌痴顽。

年年桃李春风后，一瓣心香报紫关。

（戴正春等主编：《大江清韵》第二集）

【链接】

郭石山教授是"五四"时期的诗人，他给77级讲唐诗，一口湘潭方言，同学们都基本上听不懂，而先生则微微摇动着下颌，讲得非常投入。我因为钟情于古代文学，所以对先生的讲课大致都能听懂，而且常常接老师的话茬。先生对我非常留意，不断地在课堂上提问我。

（据张晶记述）

3月　意犹未尽，又作一首《再悼恩师郭石山先生》：

安居欲践邀师愿，今夕忽闻作古人。

三载虚怀奉明德，千宵放眼望长春。

金焦古刹余香火，宛洛遗踪挂泪痕。

水远山迢魂欲度，肝肠寸断入寝门。

（王步高主编：《春华秋实——春华诗社二十年诗词选》）

3月中旬　先生收到吉林大学研究生院王素贤先生3月14日信：来信今日上午收到。从信中得知你的近况，特别是要继续攻读博士学位，我很高兴。祝你成功！

收到信后，我立即去档案室给你复印了一份研究生毕业审核表，并复印了一份随信寄去。请查收。（其中有各科成绩）。

3月20日先生致陈连生：

大札奉悉，甚感欣慰。欢迎您偕嫂夫人来宁。到我这里请按上封信说的地址。

我社将于29日在上海举办《唐宋词鉴赏辞典》的首次发行仪式，将邀集十多家新闻单位及出版界、学术界及本书部分作者参加此项仪式并举行盛大宴会。我因要准备6月下旬（25—29日）的博士生考试，想不去，但估计不可能。学术界的许多人别人不熟悉。因此我几次提出，领导也都不同意。故兄来宁最好是4月3日以后。

我是报考唐圭璋教授（他是全国首屈一指的词学大师）的博士生，专攻词学。

3月21日　吉林大学中文系出具公函：

先生在我校取得唐宋文学专业硕士学位。他治学勤奋，功底扎实，对宋词的学习和研究尤为着力。所写的一些论文，有独立见解，达到相当的水准，有深造的条件和培养前途。

导师　王士博

1987－3－21于吉林大学中文系（加盖公章）

3月24日　时任吉大中文系教研室主任喻朝刚教授，为先生读博问题特地发函推荐，并加盖中文系公章，以示郑重：

王步高同志于一九八一年至一九八四年在我校研究生院攻读唐宋文学专业硕士学位。曾担任研究生班长，学习刻苦努力，成绩优秀，所撰学位论文《史达祖和他的梅溪词》，颇多新见，能发前人之所未发，被答辩委员会一致通过，并授予硕士学位。该文已在吉林大学学报丛刊《中国古典诗歌论文集》发表，功力亦深，资料丰富，治学严谨。该同志中国古典文学基础比较深厚，亦且勤奋好学，理论修养亦好，有发展前途。学习期间坚持四项基本原则，政治方向明确，能团结同志，待人诚恳热情，特此推荐报考宋词博士研究生。

3月29日　先生作为江苏古籍出版社代表之一出席《唐宋词鉴赏辞典》上海首发仪式，赴沪途中，半路返家，没有参加。

【链接】

（一）

当古籍出版社一班人马兴冲冲地驱车赶往沪上时，他却心事重重，车到丹阳，突然大呼"停车！停车！"随后不顾众人劝阻，下车扬长而去。待其回到扬中家里时，夫人大吃一惊。

（据刘淑贞忆述）

（二）

1987年，他（唐圭璋）任主编的《唐宋词鉴赏辞典》问世后，引起轰动，一年内重印达55万册。上海首发式出现排400米长队购买的空前盛况。上海《新民晚报》约他写文章记述该书的编纂经过。他对我说："你最了解情况，就由你写吧！"他谆谆嘱咐，一定要把一些大力支持本书编写的先生写进去。我模仿唐先生的口气，以浅近的文言文将文章写成以后，唐先生又把我漏掉的几位先生的名字补进去，也把我的名字补进去。文章是以唐先生的名义发表的。事后，他一再叮嘱他的女婿卢德宏老师一定要把稿费送给我。先生一生总是为别人着想，生怕亏待了任何一个人。

（王步高：《唐门立雪二三事》）

4月　《唐宋词鉴赏辞典》荣获"江苏省优秀图书奖"。

6月15日　先生著《〈梅溪词〉语言艺术初探》发表于《徐州师范学院学报（哲学社会科学版）》本年第二期。

7月　江苏古籍出版社评定专业技术职称，先生评为编辑。

8月1日　先生致函陈莲生，就妻子刘淑贞工作转正手续事情，作情况介绍，请陈代为沟通协调。

是年　报考南京师范大学中文系词学研究专业博士生。中间需政审，多有曲折。

8月30日　填词一首。《鹊桥仙》：

青云梦杳，世途多舛，长苦狼猜狐妒。播迁南北饱酸

辛，万斛泪、当抛何处？　　孤身羁旅，吞声如堵，总被乖
张相误。凄风苦雨复经秋，怎捱得、霜朝雪暮？

（戴正春等主编：《大江清韵》第二集）

10 月 5 日　春华诗社顾问、著名诗人丁芒先生推荐，先生参加
春华诗社成立大会，并当选诗社理事。会议地址：南京西康路 33 号
人防会议室。

【链接】

丁芒，1925 年 9 月生于江苏南通。当代著名老诗人、作家、文艺评
论家、散文家、书法家。中共党员。现居住于江苏南京。2012 年 5 月被
推举为中华诗学研究会名誉会长。曾用笔名：轶明、田复离、艾洛莱、
岑中逸等。

10 月　先生被江苏省出版总社评定为中级技术职务任职资格：
编辑。

10 月 30 日　中共扬中县委组织部，将先生当年受审查期间被迫
写下的所有书面材料全部退还。移交人：祝明义，监交人：王灿生
（副部长）。

11 月 22 日　先生为自己主编之《历代田园诗词选》写下前言。

11 月　先生任春华诗社社长。

11 月　先生任江苏省诗词协会副会长兼青年部部长。

是年　全国优秀畅销书评选委员会，颁发奖状：

王步高同志：由您编辑的《唐宋词鉴赏辞典》荣获一九八七年
全国优秀畅销书奖，特发此证书。

是年　先生所撰《宋代堂吏、省吏小考》刊于《徐州师范学院
学报（哲学社会科学版）》第二期。

1988 年（戊辰）42 岁

1 月 30 日　收到南京师范大学"一九八七年攻读博士学位研究
生入学通知书"，并于次日到校报到，博士生导师为唐圭璋。

【链接】

　　《词话丛编》出版以后，我有一次问起唐先生为什么不收《清词玉屑》等几部词话，唐先生说："《清词玉屑》等几部词话我未见过。《词话丛编》遗漏的词话可能还有不少，你以后有机会可搞个《补编》。"他还说："我年纪大了，多年不能到外地图书馆查书了。"先生的坦诚令我吃惊，这样博学的大师竟坦然承认"这些书我没见过"，而不像其他人那样设法掩饰，我的心灵被震撼了。我曾多次向先生请教过学问上的许多问题，我惊叹先生的学识渊博，然而我更惊叹先生这种坦诚。这才是"常人"与"圣人"的分水岭。

（王步高：《唐门立雪二三事》）

　　2月　江苏省出版总社图书管理处、江苏省出版工作者协会编辑工作委员会编印、江苏人民出版社出版《编辑纵横谈》。在该书《编辑札记》栏中，收录了先生《在激烈竞争中夺取胜利——〈唐宋词鉴赏辞典〉编辑手记》一文。

　　3—4月　先生多次盛邀好友陈莲生来宁游玩，终于成行。一起游览了玄武湖等南京风景名胜，并摄影留念。

　　4月17日　由副社长姚效群带队，先生与春华诗社20多位诗友一起，去滁州琅琊山、吴敬梓纪念馆春游采风。

　　7月　先生因古籍出版社不同意其在职读博，被迫退学。

【链接】

　　后来我硕士研究生毕业到江苏某出版社工作，设法把她调到母校南京大学的出版社工作。当时我正在读唐圭璋教授的博士生，我所在的出版社领导迫使我或脱产读完博士生，或中途退学，还以停发了我五个月工资，扣发七个月奖金来要挟。为了妻子的工作和两个女儿的学业，我选择中断博士生的学习。虽未能取得博士学位，第一次能以自己的辍学回报妻子女儿，我感到由衷的欣慰。是妻子身体力行，为我们树起事事为他人着想，为别人愿意牺牲自己的家风。

（王步高：《回眸》）

　　11月26日　《扬子晚报》以报眼之《令人惋惜　发人深思　南

京三个博士生退学》一文，报道其遭遇。陈莲生闻讯汇 200 元支持，余清逸则每月支持 100 元。

【链接】

（一）

本报讯　不久前，南京中医学院、南京师范大学 3 位博士研究生退学，给人们留下深深的思索。从南师退学的王步高是词学泰斗唐圭璋先生最后一批博士生之一，他说："退学是我迫不得已的选择。"现年 42 岁的王步高是去年全国十大畅销书之一《唐宋词鉴赏辞典》的执行编辑。去年，他通过考试又经过 7 个月反复这才于今年得到入学通知单，他向所在单位申请在职就读，得到的回答是"不行"，随后单位停发了在读期 5 个月工资。他为了两个孩子能顺利读完大学和维持四口之家的生活，忍痛放弃了学业。他在接受采访时强笑着说："民以食为天。"……

博士生退学人数虽少，留给人们思索的问号却是巨大的。南中医教务处黄耀洲副教授说："具有民族责任心的他们就读博士学位，是想弥补 40 岁左右这一高级知识分子断层代，他们的退学关键在于有关具体政策不合理、不完善。这种情况再不能等闲视之了。"

（本报记者　刘维扬　新华日报记者　沈志强）

（二）

我本人受唐老教益良多。由于原工作单位不同意我在职攻读博士学位，我未能完成博士学业便中途退学了。唐先生知道我很难过，多次举本校郁贤皓、陈美林二位老师作例子，说他们连硕士生也没有读，不是照样成才了，而且都成了国内著名的学者。鼓励我不要气馁，没读完博士照样可以有所作为。其实，他对我的退学是很痛心的，直到去世前不久，还对曹济平老师谈起关于我读博前后一些不为外界所知的事，让曹老师在适当的时候告诉我。

（王步高：《唐门立雪二三事》）

是年　《唐宋词鉴赏辞典》获全国优秀古籍图书二等奖。

是年　同名《唐宋词鉴赏辞典》由上海辞书出版社出版，先生承担 3 篇鉴赏文章撰写工作。

是年　《历代田园诗略论》刊于《温州师范学院学报（哲学社会科学版）》当年第 4 期，为《历代田园诗词选·前言》之前三段文字。

是年　《史达祖对词坛的影响》刊于《衡阳师专学报（社会科学）》第 2 期。

是年　填词一首：《满庭芳·代东瑜兄为南京金陵中学建校百周年作》

燕雁同归，辽东丁令，不远飞度重关。雪融冰解，霞彩满长天。墙角疏梅蕊绽，香细细、沁客心田。诚难忘，门前立雪，又几度冬寒？　拳拳。珍重意，金针度我，雨露甘泉。且移晷焚膏，常伴无眠。皓首恩师记否，一度度、桃李翩跹？鸡窗下，依依垂柳，夜夜梦魂牵。

（王步高主编：《春华秋实——春华诗社二十年诗词选》）

【链接】

陈东瑜，1942 年 10 月生，江苏海门人。中共党员。副研究员。毕业于南京大学。曾任江苏省教育科学研究所办公室主任、教育科学规划办公室副主任、省 OEH 网络多媒体开放实验室副主任、系省成人教育协会常务理事、中国教育情报研究会理事、中国教育学会教育实验研究会理事。

陈东瑜高中就读于南京十中（金陵中学），是王步高在南京大学德文班读书时同学、大班班长。

是年　先生开始为南京大学出版社主编《金元明清词鉴赏辞典》，多次向唐圭璋先生请教。唐先生十分重视"名节"，尤重民族气节，对他说："你读过夏老（承焘）主编的《金元明清词选》吗？那本书最好的就是没有收钱谦益等降清的变节分子，你编《金元明清词鉴赏辞典》也决不可收钱谦益。"王完全照办，并"透过唐先生那弱不禁风的身躯，看到了中华民族的精神和气节"。

（王步高：《唐门立雪二三事》）

1989 年（己巳）43 岁

1 月 6 日　先生致函陈莲生。谈及退学事与近期生活状况。信曰：

经济上我是一直比较拮据的，但这不是主要困难。至少明年后，我可以得到很多稿费，生活还是可以过得去的。燕子、岚岚已将毕业，燕子已报考了北京大学研究生。淑贞已调至南京大学出版社工作……《扬子晚报》的报道，很有分寸，但也易产生误会，似乎我过得很可怜，实际情况要好得多。目前与我为敌最烈的副总编已被调离，社领导班子也将改组，情况会好起来。

2 月　先生《〈唐宋词鉴赏辞典〉编辑手记》，载江苏教育出版社《语言研究集刊》第三集，署名：王步高　陆国斌。

2 月　先生《论史达祖在中国词史上的地位》刊于《词学》第 7 辑。

3 月 5 日　先生《师范院校的研究生教育要面向中学》刊于《江苏高教》当年第 2 期：

师范院校主要是为中学培养合格的师资，这一总任务是谁也不怀疑的。但师范院校的研究生教育，情况就不一样了。从招生、教学到分配都看不出与其他综合大学、理工院校的相关学科有何本质的区别。师范院校的研究生不论其入学前从事何种工作（或应届毕业生），大概是没有人愿意学成后回中学当教师的（其研究方向也大都与中学教育不一致），师范院校的研究生教育完全与中等教育脱钩了，这也是毋庸置疑的事实。

笔者认为，师范院校的研究生教育仍应主要面向中学，应为中学、中等师范和职业学校培养高水平的师资。

3 月 6 日　在春华诗社第二届理事会上，先生被推选为春华诗社社长。会议地点：南京西康路 33 号。

4 月　先生撰《史达祖的人品应否受指斥？》一文，收入 1998 年 4 月江苏教育出版社《中国文学史疑案录》。有曰：

"梅溪（史达祖之号）是南宋后期词坛上从白石到梦窗间最重要

的词人"（唐圭璋语），也是南宋格律词派的代表作家，与姜夔齐名，并称姜史，对清代词坛有着较深远的影响。其词题材较广阔，多有抒发家国之恨的爱国之作，尤长于咏物，词风清空骚雅，却又沉郁铿锵，极受同时代词人及后世词评家推崇。然而，因为他生前曾任中书省堂吏，颇受太师韩侂胄赏识。因韩反道学，被列入《宋史·奸臣传》。史达祖的人品也颇遭非议，谴责鄙视者有之，惋惜维护者有之，也有极少数推崇其词而不及其人品者。

　　近年来对史达祖的评价已比过去公允得多。缪钺在《灵溪词说·论史达祖词》中说："韩侂胄是粗人，需要一个能帮他起草文书之士，大概因为赏识史达祖的才能而予以重用；史达祖也不免借以弄权，遂致'士大夫无廉耻者皆趋其门'。韩败以后史遂牵连得罪，这也是不足怪的。不过史达祖之为人，也并非全无足取，他也曾伤痛南宋的偏安，有卫国抗金的想法，并表现于词作中。"

　　对史达祖人品的进一步辨明取决于以下两点：其一是对韩侂胄其人及其发动的开禧北伐重新评价的进一步深入，其二是对宋明理学影响的彻底清除。可以相信，这一千年的公案彻底了结当为期不远了。

　　4月9日　先生偕丁芒等40多人，参与春华诗社和省青年书法家协会联合组织之春游采风，去六合石林等处参观游览、采风创作。

　　4月30日　先生致函陈莲生：

　　去岁收到吾兄来信，因信中提及您可能会出差弯南京，我就迟迟未写信。后来见您一直未来，就又给您回了一信，想已收到。

　　日前弟又收到您寄来的钱，似乎您并未收到我的信。因为我信中曾言明目下经济上尚算可以，并不困难。但吾兄厚意，弟衷心感激！我们相识于患难之中，弟受兄恩惠已多，一直未能图报，于心已属不安，收到此款，更为惭愧。淑贞出差在外，待她回来后再商定如何回报。

　　我主编的《金元明清词鉴赏辞典》近期即将问世。今年春节前后，有近一个月时间我全在扬中印刷厂组织何幸若、韩秀亭、朱务清、于邦元、孙德培等先生搞校对，除正月初一、初三（弟弟结婚）

各休息半天外，一直忙得不可开交。节后又两去扬中，每次都待了不足 24 小时（其中有一次仅 8 个小时），更未能去看您。欢迎您有便来宁一游，欢迎您偕夫人来寒舍作客。

我已迁居新房，地址是：马台街 40 号 402 室，三小间，尚可将就住下，来人也有安身之处。来信仍寄原址。

4 月　《金元明清词鉴赏辞典》由南京大学出版社出版，180 万字，首印为 5 万册。该书责任编辑"纪庚"即其笔名，还有其亲撰的 8 篇《赏析文章》。

其《金缕曲·代序》词云：

四代千年曲。怅多少、孤臣孽子，九州歌哭。雪月风花兴物感，吐尽骚愁万斛。笔底见、国殇民瘼：兵燹流离黔首怨，更瓜分豆剖群夷辱。满纸泪，化醽醁。　　纷呈异彩凝词幅。逞英才，绍唐追宋，雄奇芳郁。丽句清辞淳雅竞，比兴深微敦笃。作变徵、声堪裂竹。[①] 剖璞披沙咀宫角，探骊珠涵泳沧波渌。兰畹萃，饷君读。

【链接】

（一）

当初为校阅该书事，南京大学出版社时惠荣社长专程来扬中县，宴请韩秀亭、朱务清两先生，委托他俩负责校阅到底。两人历时三个月，先后校阅全书两遍。

（据朱务清记述）

（二）

特别是《金元明清词鉴赏辞典》，最初我是打算给江苏古籍出版社出版的，后来社领导决定不出版，而且在大会上宣布。然而，当我决定将此书交南京大学出版社出版时，他们又决定与我竞争，由唐圭璋老师的另一个博士生具体负责，组织全社之力与我较量。当时南京大学出版

---

① 校记："作变徵、声堪裂竹。"此两句一印时缺失。当年 6 月第二次印刷 25000 册时所补。

社已同意接受我爱人去该社工作，我没有退路。喻老师得知这一情况，坚决支持我，并派吉林大学中文系王士博、徐翰逢老师来南京帮助审稿。唐圭璋先生、程千帆先生均为我题写书名，金启华教授及唐门弟子曹济平、常国武、潘君昭、钟陵、顾复生教授等均参加审稿。南京师范大学程杰等几位青年教师甚至为我下印刷厂校对。叶嘉莹等学者帮我撰稿。我们比他们迟两个月开始，却早半年出书。全书达 180 万字，作者阵容更强大。喻老师在这次正义之争中大力支持了我，让我在权势面前没有低头。

（王步高：《终生的导师——深切怀念喻朝刚教授》，2014 年 12 月）

5 月 7 日　先生与春华诗社 26 名成员一起，在南京小九华山公园举办了纪念"五四运动"70 周年座谈会。

6 月 23 日　先生致函陈莲生：

我主编的《金元明清词鉴赏辞典》已出版，在扬中印刷，我已签好字送给您一册，望您得信后有便去三茅时，去县印刷厂找奚厂长或生产科朱科长取。

7 月　《在激烈竞争中夺取胜利——〈唐宋词鉴赏辞典〉编辑手记》载于江苏人民出版社《编辑纵横谈》。此文为先生单独署名，内容与以前也略有变动。

9 月　负责编辑"分类唐宋词选丛书"之《唐宋咏怀词选》（周念先编著）由江苏古籍出版社出版，12.6 万字，首印 3000 册。

10 月　《史达祖身世考辨》发表于《中国古典文学论丛》第 7 辑。

10 月 8 日　重阳节，春华诗社组织社员诗友去采石矶秋游、凭吊李白衣冠冢和太白楼，同时纪念诗社成立两周年。

11 月 14 日　春华诗社与省青年书法家协会联合在鼓楼公园举办"金陵风光楹联书法展"，展出 120 多件作品。江苏电视台、《新华日报》、南京电台和《南京日报》等媒体作了宣传报道。

是年　《唐宋词鉴赏辞典》获江苏出版总社优秀青年读物奖。

其《金元明清词鉴赏辞典》编后云：

杨柳碧如丝，杏花春雨时。江南三月，莺飞草长。值此春花怒放之际，《金元明清词鉴赏辞典》历经艰难终已问世。本辞典的撰稿人、审稿人首先应当受到感谢，另外为本书而默默奉献之人也功不可灭！如韩秀亭、朱务清、何幸若、孙德培、余邦元等先生校阅本书时，曾提出不少中肯的意见，且补苴罅漏。对此，我们表示衷心的感谢！

本书之《代序》曾经唐圭璋、缪钺、钱仲联、施蛰存、金启华、马兴荣、常国武、吴白匋、曹济平、喻朝刚、彭靖、徐培均、徐翰逢、黄墨谷、李廷先等先生审阅修改；南京大学时惠荣、张雨森先生躬亲本书编纂出版的领导、组织工作，并拨冗审阅，使本书能如期问世，完成《唐宋词鉴赏辞典》赓续使命，在此一并致谢！

学界泰斗的垂青，审校诸公的努力，自使本书大为生色。但终因编者自身的学识经验所限，加之时间仓促，书中错讹诚不可免，敬请海内外精于词学之专家及广大读者批评指教！

编者
1989.4 南京

1990 年（庚午）44 岁

1 月 13 日　下午，先生在南京西康路 33 号晚晴诗社召集袁裕陵、赵怀民①等七人，举行办公会，增选勒中煜②为常务副社长。

2 月　王思宇主编、巴蜀书社出版之《苏轼词赏析集》，收录其《江城子·东武雪中送客》赏析文章。该书 25.7 万字，首印 2810 册。

3 月 1 日　经江苏省出版总社审批，同意先生工资升一级，从 105 元变为 113 元；加上工龄津贴 10 元，实发 123 元。

---

①　赵怀民，北洋海军提督丁汝昌玄外孙，全球汉诗总会会员、中华诗词学会、中国楹联学会会员，江苏省诗词协会春华诗社执行社长。出版诗集《虎帐龙吟》等，发表作品一千多首（篇），多次获奖；首届江苏省十佳青年诗人。

②　勒中煜（1943—1996），江苏江浦（今属南京）人，江浦诗词协会会长。

5 月　冯其庸、叶君远主编《吴梅村年谱》由江苏古籍出版社出版，43 万字，首印 1500 册。先生为责任编辑。

5 月 27 日　由春华诗社和省青年书协联合主办"秦淮风光诗词楹联书法展"在夫子庙大成殿举行，展出春华诗社社员创作、省青年书协会员书写之诗词楹联作品 70 多件，展期一月，受到好评。江苏电视台、江苏省暨南京人民广播电台和《南京日报》等媒体作了报道。

6 月 28 日　先生在"中国共产党党员登记表"之"个人总结"中，回顾自己六年来"风波迭起，历尽坎坷"的经历和真实思想：

六年前，我满怀希望来到江苏古籍出版社工作。虽然没有住房，以办公室为家，夫妻分居，家庭人均收入居全社倒数第一，生活十分艰难，但我含辛茹苦，自强不息。每天工作十几小时，连续两年放弃探亲假，也从不休星期日和假日。

为了在《唐宋词鉴赏辞典》的出版竞争中取胜，我在唐圭璋师指导下，一人挑起主编和责任编辑两份工作，在经验不足、资料缺乏的情况下，两年零三个月就完成了上海辞书出版社同仁六七年未能完成的工作。此书为本社取得了较多的荣誉和极好的经济效益。我还勇挑重担，承担了《南北词简谱》等繁难书稿的编辑工作。

我还利用业余时间，钻研出版规律，研究古籍选题。我先后向社领导提出搞《金元明清词鉴赏辞典》《中国文学史百题》《宋人选宋词十种》等众多很有价值的选题，但由于人事上的原因，这些选题均未能为社领导采纳。

由于工作上多次受挫，我深感在人事关系复杂的情况下，工作上难于取得进展。故《唐宋词鉴赏辞典》在沪举行首发式，我却逃避参加，也不去北京领奖。在此书取得轰动效应时，我却试图寻觅一条远离人际纠纷的途径——在职报考唐圭璋师的博士生。谁知却因此被卷入更深的人际纠纷。我在录取政审、争取在职读博等问题上遇到一系列麻烦，先后折腾一年多，最后被迫中途退学，嗣后又三年不安排任何工作。

当然，少数领导妒贤嫉能、排斥异己是导致我受这一系列打击的主要原因。其间，我也有一些问题措置失当。例如：申请在职读博时，没有做好深入细致的工作，使大多数领导能同情我的正当要求，支持我的求知与深造。同时我的某些言论也得罪了一些不应得罪的人。如在我每天照常上班，并已超额完成全年发稿任务的情况下，编委会决定停发我的工资、奖金和一切待遇，我当时生活十分困难，月月入不敷出，一旦停发工资，顿时陷入绝境，我愤怒地喊出："你们编委会不是共产党的编委会，而是'四人帮'的编委会。"这种说法失之偏颇，以偏概全，也伤害了编委会中某些有正义感的同志，伤害了少数一直同情我、关心我的领导同志。

自从博士生退学后，我长期没有发稿任务。我只能一方面加强学习，一方面从事出版研究。这期间我通读了《全唐诗》《全宋词》《全金元词》《词话丛编》《宋诗钞》《元诗选》《全清词钞》《清名家词》及历代的全部诗话，学业基础更加扎实，在古典文学研究方面也取得了较丰硕的成果。同时，我系统研究出版规律，去年底还写出一本包括十二篇系列出版论文的专著《出版业现状及其对策研究》，把自己对当前出版工作的看法向有关决策部门提出建议，算是我作为党的出版工作者在身处逆境时向党交的一份答卷。

这几年，我身处逆境，常常也懒得与同志们接近。对整过自己的人固然敬而远之，对其他一些不同程度伤害过自己的人也心存戒备。尽管这几年我未与任何人发生过大的冲突，但与某些同志的关系相当冷漠，不能尽如人意。这一点，我也应承担很大责任。

（据王步高档案）

7月　李文禄、宋绪连主编《古代爱情诗词鉴赏辞典》由辽宁大学出版社出版，该书152万字，首印1万册。先生为该书撰写4篇赏析文章。分别为：史达祖《寿楼春·寻春服感念》，史达祖《三姝媚·烟光摇缥瓦》，黄燮清《浪淘沙·秋意入芭蕉》，纳兰性德《金缕曲·此恨何时已》。

10 月　先生任江苏诗词协会副会长、常务理事。

10 月　春华诗社和省青年书协联合主办的"扬州风光诗词楹联书法展"在扬州市博物馆举行，展出 120 多件作品。同时举办名胜诗联创作研讨会。

11 月 4 日　先生填词《鹧鸪天》，其序云：庚午中秋，为调动事夜访东南大学文学院长刘君。予致力古籍出版七年矣，一朝调离，感慨系之：

> 七载春秋转瞬间，任凭青鬓竟成斑。不堪回首崎岖路，且任沾巾涕泪潸。　休戚戚，应开颜，云烟往事属当年。驱车大道通衢地，举首高天月正圆。

（王步高主编：《春华秋实——春华诗社二十年诗词选》）

【链接】

（一）

刘君，即刘道镛先生，江苏南京江宁人。刘先生早年就读于南开大学经济系，后成中国人民大学哲学系研究生。毕业后被分配至天津财经大学任教，后去市教育局工作。1972 年调至南京工学院任职。

刘先生时任东南大学校党委常委、文学院院长。他学有专长，曾任历史系教授，著有《西方社会与西方思潮》等著作。

（二）

东南大学文学院郑云波教授，受其好友、吉林大学喻朝刚教授之托，将王步高介绍给刘道镛。王步高犹豫不决之际，得恩师喻朝刚和郑云波教授帮助，爱妻鼎力支持，终于下定"良禽择木而栖"决心，携妻拜访刘道镛院长。

是年　王洪主编《唐宋词百科大辞典》由学苑出版社出版。先生承担词学家小传及古代文化部分撰稿任务。

是年　先生著《李白乐府诗〈白头吟〉考索》刊于《文学遗产》当年第 3 期。

1991 年（辛未）45 岁

1 月 6 日　南京，春华诗社第三次理事会暨会员代表大会上，先生被继续推选为社长。

1 月　先生编选《历代田园诗词选》由江苏文艺出版社出版，该书 27.5 万字，首印 2000 册。

2 月　先生加入江苏省作家协会、中华诗词学会。

3 月　先生选注《史达祖词二十首》，刊载于《中华活页文选》十五辑，由上海古籍出版社出版。

4 月　夏传才主编之《中国古典诗词名篇分类鉴赏辞典》由中国矿业大学出版社出版，188.9 万字，首印 16200 册。先生撰写 5 篇赏析文章：陈亮《念奴娇·危楼还望》《贺新郎·老去凭谁说》《水调歌头·不见南师久》；刘过《沁园春·万马不嘶》《贺新郎·弹铗西来路》。

【链接】

夏传才（1924—2017），安徽亳州人，现代著名学者。1945 年毕业于北京师范大学中文系。历任晋察冀边区民政处、军区民运部干事，北京师范大学教师，天津师范学院讲师，河北师范学院学报主编，河北师范学院教授、研究生导师，中国诗经学会会长，全球汉诗总会名誉理事，教授。

4 月　经教育部批准，先生被调至东南大学哲学社科系，从此走上大学讲堂。

【链接】

我是因受到不公正的待遇而投奔东大的。我深深感激刘道铺等领导。东大以博大的胸怀接纳了我。我在没有高校教龄的情况下，当年评为副教授，三年晋升为教授。第五年任文学院副院长，并成为中文学科的带头人。

（王步高：《我在东大的十九年》）

4 月 20 日　先生与江苏古籍出版社签署《关于暂时住房的协议

书》，约定：先生可暂住原宿舍，待其或夫人单位分配一间半房，应在 60 天内搬离；暂住期间房租照旧。

4 月 30 日　先生填词一首《临江仙·春雨》：

曾送报春新暖，也随醉意熏风。妆红着绿应时功。黄莺烟树里，青杏落花中。　　点滴故园情结，河豚煮笋香浓。秧针想已绿茸茸。长天抬望眼，千里尽蒙蒙。

（王步高主编：《春华秋实——春华诗社二十年诗词选》）

【链接】

纵观全词，词人因雨而得闲，独自凭栏凝伫，神驰时空；又因雨中情景，唤起温馨回忆，触动思乡情结；最后也因雨遮断望眼，不免平添惆怅，落寞寡欢。所以"春雨"是贯穿全词的一条线索，词作以"春雨"作题，可谓起到了提纲挈领的作用。

本词景中有情，情中含景，情与景偕，景与情共，达到了水乳交融的地步。

本词词风朴实，没有华丽的辞藻，没有运用典故，但表达的情和意却是很浓很浓的。

（朱圣福：《扬中诗词》总 56 期）

6 月　南京师范大学《文教资料》1991 年第 3 期刊发《〈全宋词〉辑佚四首》。先生辑得马晋、孟昭二首词：

其一　《满庭芳》

雪渍水须，霜侵蓬鬓，去年犹胜今年。一回老矣，堪叹又堪怜。　　思昔青春美景，除非是，月下花前。谁知道、金章紫绶，多少事忧二煎？

其二

侵晨骑马出，风初暴横，雨又凄然。想山翁野叟，飞尔高眠。　　更有红尘赤日，也不到、松下林边。如何好，吴淞江上，闲了钓鱼船。

7 月　先生于东南大学文学院撰《论爱国主义与爱国诗词》一文，后附录于 1992 年出版之《爱国诗词鉴赏辞典》。

7月23日　先生填词《浪淘沙》，述其"见居室对面为一办公楼，装饰华贵。楼顶水箱大量漏水，而排水管长期损坏，漏水顺墙面及空调机流下，通宵达旦。大楼倾圮当为期不远，感慨系之。"

　　墙面水潺潺，彻夜难安。经年屋漏等闲观。唯见轿车歌舞闹，逐乐追欢。　　不忍去凭栏，对景心寒。兴家创业几多难。先辈冥中如见此，泣涕涟涟。

　　（王步高主编：《春华秋实——春华诗社二十年诗词选》）

8月1日　因赴韩国学术交流，填写、上报"因公出国人员审查表"。

8月3日　先生致函陈连生：

我和淑贞时常念叨着您，想着您对我的帮助，并考虑如何才能报答你们。这两年我的生活渐渐好起来。前年夏天，我们搬了家，房子不很宽敞，但现阶段尚可安身。好的是我有了一间书房，学习条件大为改观。这几年又买了不少书，在家工作方便多了。

去年搞整党，出版局党组及社领导也曾试图让我出来担任点细官，我由于在攻读博士生时寒了心，实在提不起积极性来。去年东南大学（原名南京工学院）有关领导动员我去该校工作。学校已成立文学院，学校改名后，实行"巩固工科，加强理科，发展文科"的方针。我是今年春节后，经国家教委批准调到东南大学的，目前在社会科学系工作。

由于已出的几本书在社会上影响较大，这几年约稿越来越多，因而非常忙。我手头正在主编一本《爱国诗词鉴赏辞典》，约160万字，作者有二百多人，其中正教授以上专家便达100多人，其中有博士生导师三十多人……大约十一月至年底前可以出版，目前正在校对中。未来几年还有好几部书的约稿，加上一些国家科研项目，共达1300万字，都得在五年内完成，所以未来几年将是非常艰苦的。

淑贞调来几年，已熟悉了工作，目前工作特别忙。她管的事很多很杂，很受领导的信任。燕子到研究所工作两年多，不仅已能独立工作，从去年开始，所里还分派一个研究生当她的助手，今年还将增加两名，这在全所前后三届 100 多名大学生中是最突出的。岚岚在学校也干得很好，她与学生老师的关系都很好。这两年是我们生活安定、幸福的时期。当然，越是这样越忘不了逆境中帮助过我的老朋友。

今年初我又出版过一本近 30 万字的书《历代田园诗词选》，方便时送给您。

……未来几年，我希望潜心于学术研究，不担任任何行政职务。我已到了最出成果的年代。

7 月　先生在其中学老师、出版社同事兼好友余清逸编审主编的《大学语文辞典》中，担任编委，并承担古代文学部分。该书由南京大学出版社出版，首印 6000 册。

8 月　"分类唐宋词选丛书"中的两种图书：施议对选注《唐宋咏怀词选》，8.4 万字；曹济平选注《唐宋风情词选》，7.8 万字，同期由江苏古籍出版社出版，首印各 3000 册。先生为责任编辑。

10 月 20 日　先生致函陈莲生，谈陈 11 月上旬来南京事。

10 月　先生申报副教授。

11 月 27 日　东南大学同意晋升先生为副教授。评审专家为南京大学中文系教授卞孝萱、南京师范大学教授常国武。

12 月　江苏诗词协会机关刊物《江海诗词》（季刊）创刊前夕，先生被聘为副主编。

1992 年（壬申）46 岁

3 月 13 日　经东南大学社会科学系上报，东南大学人事处劳资科批复，先生实得工资 146 元。

5 月　匡亚明任顾问、先生任主编的《爱国诗词鉴赏辞典》由南京大学出版社出版，163.8 万字，首印 10000 册。书中有其撰写赏析文章 11 篇：杨素《出塞二首》，王维《老将行》，西鄙人《哥舒歌》，张籍《将军行》《征西将》《没蕃故人》《老将》《凉州词》，杜牧《泊秦淮》，李若水《衣襟中诗》，朱熹《伏读二刘公瑞岩留题感事兴怀》。先生自作《代序》词《永遇乐·用稼轩北固亭词韵》：

> 泱泱神州，扶危纾难，英杰何处？泽畔行吟，中流击楫，总为苍生去。睢阳折齿，文山授命，正气凛然长住。有千椽、凌云健笔，尽诛世间豺虎。　马关蒙耻，圆明烟烬，百载伤心回顾。戊戌维新，辛亥首义，苦觅图强路。浩歌忧患，诗心词魄，都作振兴鼙鼓。何须问、雄篇再谱，子能继否？

【链接】

（一）

《爱国诗词鉴赏辞典》出版后，在国内外引起巨大反响。《光明日报》《人民日报》（海外版）纷纷著文评介，江苏电台为此编发了专题节目。江总书记还将他手书的辛弃疾一首《菩萨蛮》词交该书首次发表，并让中央办公厅的同志向出版社洽购此书。该书获得国家首届图书金奖，被团中央、文化部、广电部评为"建国后100本优秀图书"之一。

（二）

多年后，先生在东南大学讲坛上，曾作如是说：

早些年，我编《爱国诗词鉴赏辞典》，我要写一首词为这本书作序言，就是和辛弃疾《永遇乐》这首词，大家在中学里都学过："千古江山，英雄无觅，孙仲谋处，舞榭歌台，风流总被雨打风吹去"。我就步辛弃疾的韵，我过去没有这样和作过，那一次苦不堪言，越写到后来越后悔，我干吗这么自讨苦吃，吃力不讨好。那首词就比我以前写类似的作品难了不知多少倍，当然了应该说最后我那首词是写得很成功的。今后朋友们有机会到我家去，我家正面的墙上就请书法家写在那个地方，挂在镜框子里。那位先生（常国武）也是大诗人，后来就说："你这首词很有辛稼轩的遗风。"但是说实话，我花了多大力，吃了多大苦，把它写成，非常困难。

（王步高：《探寻词苑的艺术与人生》）

5月23日　先生填词《金缕曲·九二年南大校庆同学重会有感》：

四海归飞燕。喜翩翩，欢声笑语，昔时庭院。草地芳径寻旧迹，花落红稀堪叹。情切切，黉宫学馆。师友同窗话往事，更温馨软语依依恋。珍重意，涕汍澜。　　风霜岁月容颜变。鬓斑斑，垂垂老矣，儿时同伴。二十光阴岂谓久，难料星移物换。壮志当今何在，惦儿婚女嫁粗茶饭。人事改，梦成幻。

（王步高主编：《春华秋实——春华诗社十年诗词选》）

9月29日　东南大学中华词学研究所成立，先生任研究所所长。

10月13日　先生致函陈莲生：

这两年到东南大学工作，满以为时间多一点，可是因约稿比时间增加很多，反而更忙了。我几乎没有一天时间可以自由支配，连37度高温，挥汗如雨，也得赤着膊写个不停。约稿没有完全写完的时候，一个接一个，一来就是几十万、百多万、数百万字。社会工作也越来越多，每年都得加一两个。只有外地朋友来访，我可以自动放假，陪友人谈谈。

您一直打算来南京玩。近日可成行吗？农村正在过忙，忙后能否来一趟？南京玄武湖正办艺术灯会，值得一看。灯会到十月三十一日结束，倘有可能，望能来一趟。请住到我家，我们好好聊聊。

11月19日　先生致函莲生：

最近我们又忙于学科建设，发展新专业，筹建中国文学系，说不定以后行政事务更多。我给朋友主动写信也少得多了。今年给小弟弟一封信，给父母也只写过一封信！

忙，也感到寂寞，每天一个人关在书房里，希望有朋友聊聊，而又没时间出去。去年下半年收到十六个全国性学术会议邀请，一个也未能参加。

最近，学校忙于学科发展，可能会筹建一个新系，我们的事可能会更多一些。我们建了个词学研究所，还将创办《中华词学》杂志，大部分工作也将落在我头上。

11月26日　先生致函莲生：

来信收到，能见到兄的照片，更感高兴！

我过得很苦，其紧张的程度与报考研究生那时差不多。除教学、研究外，请审稿、题诗的，邀请参加学术及文艺类会议的，均多得很，我也深感难以应付。学生又经常让我开些讲座。即便南京的老师、朋友处，也是无事不登三宝殿，连信也很少写。特别扬中方面。望兄有便请代我向老朋友们解释解释。

我任何时候均欢迎兄嫂们光临，能事前通知一下（写信、打电话）更好。打电话最好是中午 11：30—12：30，（本学期星期一除外，下学期星期三除外，这两个时间我上午有课，中午不在家）平时我均在家，白天都在 701 室。

是年　与喻学才一起全力协助郑云波教授筹建东南大学中文系。

【链接】

王步高刚到东南大学时，中文系是社会科学系文史教研室的一部分，只有三四名教师。东南大学中国语言文学系何平副教授还记得，时任校长在一次活动中回答称学校并无中文系，在座中文系教师愕然，备受刺激。

为了让被边缘化的中文系在这所当时以工科著称的大学立足，王步高牵头设计课程体系、培养大纲，引进教师，为了申请硕士点，他常常冒着酷暑挤公交。系里没有打印机，他和何平就整天待在打印店里，直到关门。

（王嘉兴：《追忆王步高：我的学术生涯才刚刚开始》）

是年　参加"南京·国际诗词学术讨论会"。

（南京师范大学与中华书局联合主办的中国首届唐诗宋词国际学术讨论会，于 1991 年 5 月 25 日至 29 日在南京召开。参加这次大会的有中国、美国、法国、日本、韩国的八十余名专家学者。）

1993 年（癸酉）47 岁

3 月 10 日　先生致函陈莲生：

今年如去年相似，约稿增多，仅正月一个月即来了二百万字的约稿。我们又创办了《中华词学》（半年刊），编委、顾问中仅海外学者即有 11 人，博士研究生导师 19 人，其余皆为著名教授、专家。书信陡增。今年更忙一些了。又快到南京最好的季节了，望兄得便与嫂夫人一起来宁走一趟，吃住均好安排。本学期我仅周一上午、周三晚上、周六下午三个时间要去学校上课或开会，其余时间均在家。只是我多半在七楼 701（也是同一楼梯）。

我一切均好！去年底又出版了《爱国诗词鉴赏辞典》（165 万字），得便时再赠给您！

3 月　《大学图书馆学报》刊载其《我怎样主编〈爱国诗词鉴赏辞典〉》文：

我的一位老师说过："著作家应爱惜自己的羽毛，自己的著作应力求后来者居上。"我便是本着这样的想法开始《爱国诗词鉴赏辞典》的编纂的。虽然此书未必能如我以前在唐圭璋老师指导下主持编纂的《唐宋词鉴赏辞典》《金元明清词鉴赏辞典》那样畅销、那样轰动，而我却敝帚自珍，因为较之前者，我为之倾注了更多的心血……

4 月　《江海诗词》刊登其《博观约取　点铁成金——毛泽东诗词运用语典刍议》：

毛泽东的诗词，其思想性自不待言，其语言艺术也是前无古人的。适当用典，尤其是化用前人有生命力的文学语言，也是其取得成功的原因之一。

毛泽东为余江县消灭血吸虫而作的《送瘟神二首》中"春风杨柳万千条"一句，常为注释者所忽略，未曾想到它亦有出处。近读王荆公诗，其《壬辰寒食》诗云："客思似杨柳，春风万千条。"这不明明白白道出"春风杨柳万千条"吗？王安石是毛泽东崇敬的政治家，也是北宋著名文学家，化用其诗也在情理之中。

毛泽东的《卜算子·咏梅》词题云："读陆游咏梅词，反其意而用之"，如这首词中最著名的两句为"俏也不争春，只把春来报"二句显系从陆游词"无意苦争春，一任群芳妒"句化来，所谓"反其意而用之"亦缘于此。然而毛泽东词中"俏亦不争春"句还另有所本。苏轼《杜沂游武昌以荼蘼花菩萨泉见饷》诗云:"荼蘼不争春,寂寞开最晚。"

7月　先生任东南大学中国文化系文学教研室主任。

7月18日　先生给陈莲生的信:

我11日自上海回来,就听女儿说兄13日要来,这天我全天未出门,即使到七楼书房看书,也在门前门铃旁贴了张纸条,说明我在本楼洞701室。但兄并未来。今年夏天南京气温不高,迄今尚未有36℃以上的高温,昨天才28℃。兄若近期来宁,估计气温仍不会太高。

8月10日后,日本有一位教授来我校访问,他是应我的邀请来南京的。有几天我得陪他。兄来宁的时间,避开8月10—19号即可。其他时间均可。今年暑假我基本不会离开南京。9月我得交一部书稿,9月份将去北京送稿。

9月22日　先生著《庚辰读词札记(八则)》刊于本年第五期《吉林大学社会科学学报》。择要如下:

庚辰冬恩师唐圭璋教授仙逝。老师平生治学勤谨,尤长于考订。我承老师耳提面命多年,揣摩切磋,虽天资愚钝,亦颇有所得。今录庚辰年学词札记数则,多属考订文字。公开发表,以求教于方家,也作为对导师的祭奠。

一、秦观何以号淮海

二、温飞卿"小山重叠"句新解

三、李易安《声声慢》质疑

四、东坡《浣溪沙》词校正

五、戴复古《贺新郎》所寄丰真州为何人

六、王鹏运所欲得之《樵歌》非独朱希真词

七、醉翁词多用唐人诗句

八、用典一法——意在言外

10月8日　先生填词《台城路·贺东大中文系重建》:

台城千载诗书路,后湖细陈今古。萧统华章,明成大典，长执文坛机杼。人才济楚。数中大东南，九州谁与？人世沧桑，只松桧郁勃如许。　　丹枫征雁玉露，喜橙黄橘绿，高帜重树。潜社风骚，梅庵懿范，砥砺新人无数。和衷共处，会裕后光前，文雄苏沪。剪水青溪，磨金针铁杵。

　　　　　　　（王步高主编：《春华秋实——春华诗社二十年诗词选》）

11 月 1 日　浙江师范大学地方文学与区域文化研究所特发《聘书》：

兹聘请王步高先生任浙江古代地方文学研究丛书编委

12 月 12 日　南京，春华诗社第四次理事会，先生仍被推选为社长。会议同时产生省诗词协会青年部第一届委员会，先生被选为部长。

是年　填词一首：《乳燕飞·代友人赠别》：

独向空街立，奈匆匆，片时欢会，又成长别。软语莺声犹在耳，倩影轻车已没。何处觅、隋柳相折？湛湛长天阴云黑，恐天公亦伴余悲咽。风似吼，雪为割。　　十年难解松花结。忆与君，泛舟秋水，看山红叶。鸿雁双鱼传彩笺，谁会登临眦裂？任岁岁，鬓添华发。地久天长魂飞苦，况千山万水相悬绝。剩夜夜，盼星月。

是年　《江海诗词》第 3 期刊载先生著《时代的血泪　壮士的悲歌——略论〈梅溪词〉的思想价值》一文：

众所周知，梅溪亲自参加了以收复失地、统一祖国为目的之开禧北伐，并最终为此而献身。他有着非常悲惨的身世，这样的社会经历和身世遭遇，在他的词作中都有所反映。《梅溪词》中有不少抒发家国之恨、黍离之悲和身世之感的作品。

《梅溪词》中也有大量描写春景、春光的作品。薛砺若甚至称他是"古今一个最大的咏春诗人"。他描画了江南的大好河山，但他并不陶醉于自然景物，而能从一派明媚的水光山色中透露出一种危机感；他描绘了各种物态和自然节序，也能从字里行间流露出对投降卖国者的讽刺；他抒写的虽是个人的不幸遭遇，但这不幸是由时代造成的，故有一定的认识意义，能做到"为一室之悲歌，下千年之血泪"，而并非"只着眼于个人的离愁别恨，发泄无可奈何的感伤情绪"。

1994 年（甲戌）48 岁

3 月 25 日　经党支部全体党员选举并报上级党总支批准，先生正式当选为中共东南大学第十一次代表大会代表。

5 月 1 日　先生组织春华诗社社员诗友乘船到南通与紫琅吟社诗友采风、联谊，并现场举办了庆"五一"诗书画联欢会。同时发布举办"舒而美"杯首届江苏中青年诗词大赛消息。

5 月 10 日　南京，由春华诗社发起、省诗词协会主办之"舒而美"杯首届江苏中青年诗词大赛上，先生任评委会副主任。主任为吴奔星教授，另一副主任为常国武教授；评出刘梦芙、冯亦同、孙友田、邓健南、王蓥五名一等奖，黄东成、沈源生、李慧明等 10 名二等奖，王德安、王庆农、荀德麟等 26 名三等奖；另有 39 名佳作奖和20 名荣誉奖。

5 月 20 日　中国人民大学书报资料社主办《中国古代、近代文学研究》（月刊）第 4 期刊发先生论文《斫雕为朴及隋代南北诗风的融合》：

隋代是扭转齐梁诗风、拓宽诗的题材、进一步推进诗歌格律化进程并使六朝诗向唐诗过渡中的一个重要转折点。"起衰中立"一语本为清人沈德潜用以评论杨广（隋炀帝）、杨素边塞诗历史作用的（见《说诗晬语》），以之来说明隋诗的历史地位倒颇为恰当。

频繁的战争，使边塞战争成为隋一大突出的题材。杨广、卢思道、何妥、杨素、薛道衡、王胄、陈子良等均有边塞之作。在隋代诗坛上，形成了一个以杨广、杨素为中心的边塞诗人群。

隋诗数量虽少，题材却甚广泛。举凡怀古、咏物、思乡怀归、游子思妇、友情赠别，均在诗中有所表现。这是对北朝诗的继承，也是对南朝诗的拓展。

隋诗不尚雕琢，有许多优秀诗作都继承了北朝诗"词义贞刚，重乎气质"的特点。

隋诗斫雕为朴、咸去浮华是否符合文学发展的规律，这是有争议的。显然它是矫枉过正、有利有弊的。但如此一个短命王朝，诗坛能取得如此成就，其价值是显而易见的。再者，隋诗使走入绝境的齐梁诗有了生机，使唐诗的繁荣有了一个好的基础，这一历史功绩尤应大书一笔。

5月　《吉林大学社会科学学报》第5期刊发先生论文《略论隋诗对唐宋诗词的影响》。

7月　《中华词学》创刊，先生发表主编寄语《鸡笼山，六朝松与中华词学》：

烟波浩渺的玄武湖南，覆舟山西，有一座高不足百米的鸡笼山。与五岳三山相比，此山委实微不足道。山以"鸡笼"而名，据说乃因山势浑圆，形若鸡笼，其实又何尝不是因为其小而然。由此我突发奇想，若将众多的学术报刊比作崇山峻岭，我们的《中华词学》不就是一座小小鸡笼山么？作为主编之一，创办伊始，不欲其为岱岳、昆仑，岂非其志不宏而令人齿冷？其实不然。刘禹锡曾云："山不在高，有仙则名。"鸡笼山六朝时曾为皇家内苑和佛教圣地，是大儒雷次宗开馆之处，又为竟陵王萧子良集四方学士之所。山上的鸡鸣寺、观象台、胭脂井，均属名闻遐迩的古迹，也是怀古词中不时道及的题材。诚如此，以鸡笼山喻本刊，似乎并无辱没之意。

与鸡笼山隔街相对的一株六朝古松，据说已有千余年树龄。它历经雷击和风霜，却依然枝繁叶茂，郁郁苍苍。植物学家谓它可能植于六朝，也有谓它植于隋代或唐代。无独有偶，词的产生也同样有此三说。松与词竟是同龄者，其历史经历相同，岂不也是一种缘分？鸡笼山、六朝松历览古今，冷静而客观，这对词学研究也可有某种借鉴……

【链接】

　　1991 年，在喻朝刚老师的朋友郑云波副教授的引荐下，我调东南大学工作，很快筹建成立了东南大学中华词学研究所，创办了《中华词学》，请吴熊和、喻朝刚、曹济平三先生和我一起当主编，赵朴初先生为我们题写刊名，叶嘉莹等著名学者为顾问，杨海明等中青年学者为编委。喻老师不但支持，而且写了发刊词。后来因为经费人力，只出了三期就停办了，但还是在海内外产生了一定影响。

　　　　　　（王步高：《终生的导师——深切怀念喻朝刚教授》）

　　7 月 23 日　撰写《梅溪词校注》之后记"于东南大学词学研究所甲戌夏大伏"。

　　10 月　《梅溪词校注》由天津人民出版社正式出版。全书 32 万字。此书酝酿、动笔于八十年代初读研时期，可谓十年磨一剑！

　　10 月　家乡举行盛大庆典，特地填词志贺：

　　　　　　临江仙·贺扬中县改市及长江大桥通车

　　　臂挽青山平野，足分九派惊涛。铮铮铁骨傲狂飙。江表增沃土，天堑架金桥。　　孤岛喜成新市，稻香村里商潮。励精图治展龙韬。齐驱苏锡沪，回首望金焦。

　　10 月 16 日　文学专题《拳拳赤子心　浓浓乡土情》由扬中人民广播电台播出。该节目先后获"一九九四年度镇江市优秀广播节目"二等奖（当年无一等奖），江苏省优秀广播节目三等奖。该节目名称为"文艺天地"，时长 30 分钟，作者：王步高；编辑：耿新民；播录人员：心茗。

　　10 月　陈美林主编《儒林外史辞典》由南京大学出版社出版，全书 110 万字。先生任责任编辑，其中"诗词编"赏析文章三十余篇约 18 万字，系其撰写，概况如下：

　　诗：（1）寄李啸村四首（选一）。（2）登周处台同溯山作。（3）春兴八首（选二）。（4）过丛霄道院。（5）秋病四首（选二）。（6）题王溯山左茅右蒋图。（7）丙辰除夕述怀。（8）贫女行（二首）。（9）伤李秀才并序。（10）左伯桃墓。（11）投金濑。（12）病中忆儿火良。（13）赠真州僧宏明。（14）哭舅氏。（15）挽外舅叶草窗翁。（16）金陵景物图诗·凤凰台。（17）金陵景物图诗·莫愁湖。（18）金陵景物图诗·桃叶渡。（19）金陵景物图诗·乌衣巷。（20）老伶行——赠七十八叟王宁仲。

词：（1）减字木兰花（八首）：一、庚戌除夕客中；二、昔年游冶；三、田庐尽卖；四、学书学剑；五、哀哀吾父；六、闺中人逝；七、文澜学海；八、奴逃仆散。（2）买陂塘（二首）。（3）满江红·雀化虹藏。（4）乳燕飞·甲寅除夕。（5）桂枝香·望九华。（6）内家娇·生日作赋移家赋并序。

12月15日　中国共产主义青年团中央委员会、中华人民共和国文化部、中华人民共和国广播电影电视部、中华人民共和国新闻出版署联合颁发《荣誉证书》：

王步高同志：你编著的《爱国诗词鉴赏辞典》一书在全国青年"三评一展"活动中荣获首届"中国青年优秀图书奖"。

12月31日　经东南大学人文社会科学学科评审组、教师职务评审委员会评审，先生取得教授任职资格。

是年　《辽宁大学学报（哲学社会科学版）》第4期刊登先生著《略论隋代诗体的格律化进程》一文：

在中国诗歌的发展史上，隋代是一个很有成就的时期。在这一时期中，五言近体绝句已基本成熟，五言律诗已近于成熟，七言律诗、七言绝句也已具雏形，甚至类似五言排律的形式也大量出现……

1995年（乙亥）49岁

2月28日　先生论文《论史达祖在南宋词坛的地位》荣获江苏省教育委员会"一九九四年江苏省普通高等学校人文、社会科学优秀成果三等奖"。

3月11日　作诗一首，《题谢稚柳〈荷花〉》：

蘋风水月沁幽香，洛妃凌波试素妆。

濯足沧浪须解语，莫随世态共炎凉。

【链接】

谢稚柳（1910—1997），原名稚，字稚柳，后以字行，晚号壮暮翁，斋名鱼饮溪堂、杜斋、烟江楼、苦篁斋，江苏常州人。擅长书法及古书画的鉴定。初与张珩（张葱玉）齐名，世有"北张南谢"之说。历任上海市文物保护委员会编纂、副主任、上海博物馆顾问、中国美协理事、上海分会副主席、中国书法家协会理事、上海分会副主席、国家文物局全国古代书画鉴定小组组长、国家文物鉴定委员会委员等。

3月15日 东南大学文学院申报变动先生工资，经东南大学人事处劳资科批复，工资自1995年1月起，从603元增至745元。

3月28日 作诗一首《题钱松喦〈岗陵永固图〉》：

壁立千寻矗九天，红霞翠柏绕峰巅。

云霄飚落甘泉水，滋润江山万万年。

【链接】

钱松喦（1899—1985），是20世纪中国传统山水画四大家——黄宾虹、张大千、傅抱石、李可染之后屈指可数的国画大家之一。擅花鸟、指画、书法、兼通诗文，尤以山水画成就最高。

4月28日 农历三月廿九日，先生接受丰裕原营房港学校学生盛情邀请，出席为其五十大寿而举行之宴会。

5月 南京，主持"中华青年诗词学会"成立预备会，后任名誉会长。

8月28日 为洪迈著鲁同群和刘宏起校注《容斋随笔》作序，序文约7000字，全书49.5万字，由中国世界语出版社于10月份出版，首印1万册。序曰：

洪迈的《容斋随笔》七十四卷，是唐宋笔记中规模较大，影响甚巨的一部。《四库全书总目提要》便指出："南宋说部，终当以此为首焉。"此书初笔问世不久，便于淳熙年间传入宫中，孝宗称赞它："煞有好议论"（《容斋续笔·自序》），在士大夫中及民间也产生了深广的影响，以至"人诵其书，家有其（作者）像"（《容斋随笔总序》）。明清时期，此书也一再翻刻，广为流传。

此书也是当代知识分子及广大读者喜爱的读物。一些政治家也从中汲取治国的方略。毛泽东主席战争年代就随身携带此书，经常置之案头，随时取读，据传他谢世前十三天，还让身边的工作人员找来此书阅读，可谓一往情深。

中华文明源远流长，文史古籍更是汗牛充栋，唐宋野史笔记也不下数百种。何以独此书倍受青睐？为什么其魅力历久不衰？此书可以雅俗共赏的奥秘何在？

9月5日　先生致函陈莲生曰：

收到吾兄来信多时，迟复为歉！那次搞得很盛大，气氛很好，我受之有愧。中午是永丰五七学校的同学，晚上是丰中的同学。可惜兄未能参加。当年专案组中有几位参加了……

信末曰：从普通教授到著名的大教授，道路还很艰难。我想再拼他一二十年，希望不辜负故乡的父老，特别是昔日的学生、患难的朋友的希望。①

9月20日　郭廉夫著《王羲之评传》由南京大学出版社出版。作者在其后记中特地致谢：

拙著在写作过程中曾得到东南大学王步高教授，南京艺术学院副教授、书法家黄惇先生，南京大学出版社左健副编审的热情支持。

【链接】

郭廉夫，笔名仲扬，1938年生，江苏扬中人。1963年毕业于南京艺术学院美术系。曾任江苏美术出版社副社长、副总编，职称编审。是中国美术家协会会员，江苏美协艺委会委员，绘画作品曾多次参加全国、省市展览并获奖，在《文艺报》、香港《大公报》《美术》等海内外报刊发表，作专题介绍。同时有《色彩美学》《王羲之评传》等十余种著作

---

①　按：此系目前所知先生给陈莲生的最后一封纸质书信。此后，联结他们之间友情者，乃固定电话、手机等现代通信工具。虽然方便快捷，却不无遗憾：少有痕迹，难窥其妙。

在海内外出版发行，其中三种著作在全国获奖。曾在《美术史论》《装饰》《书法研究》等学术刊物发表论文 50 余篇，鉴于他对文化艺术的突出贡献，故享受国务院颁发的政府特殊津贴。曾任教三江学院艺术学院。所任课程：色彩、素描等。

10 月　先生收到新加坡"全球汉诗讨论会"邀请信，后因旅费问题未成行。

12 月 14 日　先生收到江苏省新闻出版局、共青团江苏省委、新华日报社、江苏人民广播电台、江苏电视台联合颁发《荣誉证书》。"纪庚同志：你编辑的《侵华日军南京大屠杀幸存者证言集》《爱国诗词鉴赏辞典》荣获'江苏青少年优秀图书奖'。""纪庚"系其用乳名做笔名。

12 月 25 日　东南大学颁发《教学改革成果奖证书》：

为表彰在教学改革、教学建设和教育研究中做出的贡献，特颁发此证，以资鼓励。

获奖项目：古典诗词系统教改工程

奖励等级：二等奖

项目参加者：王步高　郑云波　喻学才　朱国华

12 月　《中华词学》第二期刊登先生文章《一新耳目　泂然绝妙·读〈分类新编两宋绝妙好词〉》，盛赞其恩师喻朝刚教授新作，并先为"编著"正名：

时尚将学术著作分成"论著"与"编著"两类，并且习惯认为就学术价值而言，"论著"总在"编著"之上，在学术成果评奖及职称评定中，"编著"总是受到歧视。这似乎已不是哪一家的"土政策"。一些"编著"的作者，对此始而愤然，久而安然。啧有微言或也有之，而公然抗争、仗义执言者便不多见。

其实，学术价值的高低，并非按"论著""编著"来划定的，稍稍回顾一下历史，对此并不难理解。我国数千年的文学遗产中，现代意义上的"论著"为数甚少，而"编著"则多得多。其学术价值、历史地位究竟如何呢？事实胜于雄辩，文学史的大量事实对此作了很好的回答。

　　被后世统治者推为"大成至圣先师"的孔夫子，除"删诗"以外竟无一部"论著"传世。一部《论语》，还是他的门徒们掇拾他的语录编成，其中只有论点而无详尽的论据和推论。这些文章留待后世热衷科举的儒生们去"代圣人立言"了。按今天的标准来看，《论语》同样也只是编著，况且，其著作权并不全归孔夫子。刘向所编《楚辞》中属于他本人的仅《九叹》一篇。后世为《楚辞》作注的王逸，为《诗经》作笺的郑玄，作疏的孔颖达，作传的朱熹，其著作也当属编著之列。《昭明文选》《文苑英华》《永乐大典》《四库全书》《全唐诗》《全上古三代秦汉三国六朝文》《先秦汉魏晋南北朝诗》等，也全为编著。这些震古烁今之巨著其历史地位、学术地位是举世公认的。

　　就词学而言，古代词苑中也是"编著"占绝对优势。仅就词选而言，便有：《花间集》《尊前集》《花庵词选》《草堂诗余》《唐宋名贤百家词》《古今词统》《词综》《历代诗余》《词选》《宋词三百首》《彊村丛书》等，这些自然全系编著，而张璋等先生的《全唐五代词》，唐圭璋师的《全宋词》《全金元词》，以及夏承焘先生之《姜白石词编年笺注》、邓广铭《稼轩词编年笺注》等，也均算不得论著之列。即便词话中许多著作，如《谭评词辨》《海绡说词》等，也大都是词选评语的汇辑，也难说是严格意义上的"论著"。这些"编著"能说它没有学术价值吗？

1996 年（丙子）50 岁

　　5 月 17 日　先生于东南大学文学院，为《唐诗三百首汇评》作序：《怎样读〈唐诗三百首〉》。该书于次年出版，该文在金启华教授序言之后。其序曰：

　　我国以诗国著称于世，而唐诗更是我国古代诗歌的顶峰，是我们中华民族的骄傲。

　　在中国古代文学中，最具世界水平的又莫过于《诗经》《楚辞》、唐诗、宋词和《红楼梦》。

《唐诗三百首》是有史以来，发行量最大、影响面最广、最为人们熟知的文学读物。

首先得弄清《唐诗三百首》是一部怎样的书。

想深入学唐诗者（对唐诗有较浓厚兴趣者），还得结合学点诗词格律知识，以便能准确区别平仄，了解古今音的不同并能识别入声，懂得一般押韵、对仗的规则。对拗救、孤平、谐韵、邻韵、通韵、上去通押、仄韵绝句、歌行体及古风的典型特征等均应有较粗浅的了解，然后，再回头读《唐诗三百首》。

读者还应当学一点唐代历史，对唐代的经济、政治、军事以及一些较重要的历史事件、历史人物有一定了解。

如前所说，《唐诗三百首》又是创作诗的范本。一个有一定生活基础的文学爱好者，通过几种《唐诗三百首》版本的比较学习，由浅入深，由模仿习作到创作，进而成为有一定功力的诗作者，进而成为一名诗人。在这方面，喻守真注本及汇评本能提供较大帮助。

学习唐诗，还应在唐诗之外学习，读点《诗经》《楚辞》及唐以前的古诗，读点宋词宋诗及元明清的诗词，从而看清唐诗的成就、长处与不足。

6 月 12 日　先生惊悉春华诗社常务副社长、江城诗社常务副社长勒中煜病逝，沉痛哀悼。春华诗社挽联曰：

> 情比昆仲，才擅七步，惜乎天不假寿；
> 哀深江浦，泪湿双襟，悲也人何以堪。

【链接】

据勒中煜先生女儿勒映红 1998 年 10 月 30 日致"李老先生"信中云："父亲因静脉出血，医治无效，已于九六年六月十日去世。"此信夹在网购之《勒中煜诗集》中。该诗集还收录有《小楼初成，步高、吴罡、裕陵、乐泉诸君来访喜赋七律二首》。

6 月 24 日　据"校任免（96）32 号文件"，任命先生为文学院副院长（副处）。

7月21日　深夜，先生撰成《〈二十四诗品〉非司空图作质疑》一文，有曰：

我从几个方面试图对《二十四诗品》非司空图作的各种论点提出质疑，而重申《二十四诗品》的著作权应归于司空图，自认并非出于我正着手准备写作《司空图评传》而对传主的偏爱。然而我在写作准备方面做的工作很少很少，涉猎的资料比陈尚君、汪涌豪、张健都少得多，他们文中提及的一些材料也未能检阅一过，甚至对陈、汪三万言的论文全文也未能见到，故错讹一定不少，恭请陈、汪、张诸先生及广大读者批评！

这里犹有一点必须提及，本文写作得到复旦大学陈尚君教授的许多帮助。他将其发表的论文均复印相寄，也将其他材料复印寄我。没有他的帮助，我无法写成此文。虽然我的意见与陈先生相左，但对其人品我深表钦敬！

12月　先生主编之《唐诗三百首汇评》由东南大学出版社出版，次年1月首印5000册。著名学者金启华为之作序，并给予高度评价：

我很赞赏王步高、鲁同群、邓子勉诸君，他们把《唐诗三百首》大规模地笺评、考释，成为一部具有百科性、辞典性的专著。工程浩大，厥功甚伟，有益士林。举凡这部书的作家评、作品评、诗体评、分期评、群体评等有关这方面的资料无不搜罗齐备，注其出处，以备查考；但又不限于此，更加作者之研究心得，写出简明的论文。真是有征有信，论从诗出，并具有学术价值的。当然，《唐诗三百首》就数量、篇数、作家来说，是有其局限性的，难免有遗珠之憾。而编著者为补起这方面的缺陷，又编有附录，对《唐诗三百首》所没有收录的名篇，如李贺诗、《春江花月夜》等，搜罗择选，这就更为齐全而完备了。

《唐诗三百首》遥继《诗三百》，近承《文选》中诗歌部分。影响后来有《宋词三百首》《元曲三百首》，使几千年垂统，又一脉相承。我们真以中华有诗国之誉而自豪；也以诗国中有古有今，为世界学人所公认而欣慰。王步高同志等的这一诗坛工程的完成，是别出心裁的创举。我乐观其成，忝为作序。

启华丙子春深于南京

12月　中共江苏省委宣传部"聘书"：

王步高同志：

经研究特聘请您为江苏省哲学社会科学研究"九五"规划学科专家组成员，聘期五年。

是年　春天，因无暇出席好友金家礼所创本地规模最大之"状元斋"书店开业庆典，特致电祝贺。之前，曾多次为金出谋划策，并婉拒金老板邀其合伙好意；之后，曾撰联一副，为"状元斋杯"春节楹联大奖赛助阵。

（据金家礼口述）

是年　先生被评为东南大学优秀教师。

是年　秋，填词一首，《金缕曲·为母校五十周年校庆作》：

梦返故乡路。觅当年，崎岖石径，茧吾双蹠。此后生涯多波折，赖它披荆涉阻。又再见、苍松柏树。人世几番风波恶，数青松翠柏等闲度。黑板报端刊诗稿，喜图馆里寻李杜。衣褴褛，腹如鼓。　参差三十春秋去。固难忘、师恩如海，宽容风度：犹记楹联嘲赫秃，怒诵关窗诗句。铭肺腑，晨风暮雨同学相逢谁相识，况酸甜苦辣从何诉？泪眼对，哽无语。

（初载内刊《中大校友诗鸿》一九九八年第五集，题记：为母校扬中县中五十周年校庆作。）

是年　着手"词学研究专家系统"研究工作。

1997年（丁丑）51岁

1月5日　在春华诗社第五届理事会上，先生又被推选为社长。

4月26日　先生偕丁芒等20多人，举办紫金山诗会，游览了天文台、紫霞湖、定林山庄等景点；大家诗词唱和，好不热闹。

5 月　先生填词一首《水调歌头·与春华诗友登紫金山作》：

浑涵北湖水、巍巍紫金山。携朋有兴登临，松柏亦开颜。浩浩长江千里，绵延群山拱卫，古邑嵌其间。记得孔明语，虎踞又龙盘。　　快吟眸，舒歌管，喜峰峦。花香蝶舞，春华今日喜团圆。笑对兴风混混，冷眼梁间棍棍，健步向峰巅。大势如江水，东去自无边。

（王步高主编：《春华秋实——春华诗社二十年诗词选》）

【链接】

诗友和作选录：

一、袁裕陵《水调歌头·登紫金山用步高兄韵》：

不负烟霞约，贾勇敢登山。诗朋执手相对，齐道见何难！十载凄风苦雨，安在而今有几？世事沐猴冠。俗虑且抛却，大好画图看。　　新阳出，卿云起，涌翠澜。岩边呼啸，信是落帽好风翻。堪把书生意气，化作文章大块，充塞地天间，更欲效鸿鹄，万里共翩翩。

二、舒贵生《水调歌头》：

才作栖霞会，又上紫金山。邀约春风十里，踏翠步重峦。四面松涛阵阵，一带崇陵郁郁，是处有龙蟠。千古帝王气，都在五云间。　　青云湿，红云炽，白云闲。九天星月，似垂青眼看诗坛。身处六朝胜地，兴寄千秋词笔，豪气压东南。携手登龙路，共向顶峰攀。

三、任燕霞《水调歌头·紫金山诗会依王社长韵》：

别去七余载，儿进读书班。茫茫人海相遇，又会紫金山。悲喜更难细说，唯有情思断续，笑语话当年。坎坷崎岖路，索道自高悬。　　峰回处，草树下，共加餐，抒发青春豪气，风雨志弥坚。秋草曾经馥郁，千古蜗争蚁斗，春笋自芊芊，更赏紫霞碧，濯足白云间。

7 月 8 日　先生在东南大学"中华词学研究所"，为《元明清词三百首注》写前言。此文 2000 年 1 月随书发表。

9 月 8 日　先生荣获东南大学"一九九六年度优秀教师"光荣称号。

10 月 5 日　先生在春华诗社成立十周年庆祝大会上作工作报告。

10 月 8 日　先生申报派遣出国——马来西亚，填"因公出国人员审查表"。

10 月　先生参加第七次全国大学语文研究会年会。本年会在成都举办，由西南交通大学等承办。

11 月　先生著《试论周济的词学观及其诗学理论基础》一文刊载于本年《常州词派二百年纪念诗文集》。

是年　先生在宁接待家乡报社总编、昔日同事顾明社先生。

【链接】

　　1997 年，我从市委宣传部副部长任上调入扬中报社担任总编，其时报纸还没有全国统一刊号，好像是一个"野孩子"，名不正言不顺。为了扬中报业的发展，树立新闻宣传的良好形象，我们决心申领全国统一刊号，这项工作最终要由国家新闻出版署审批。在做好申报基础工作的前提下，我找到已在东南大学任教的步高老友，他出于对家乡事业的满腔热忱，积极为我们策划，并为我介绍了他在国家新闻出版署工作的朋友，我和严峰同志一起专程去北京汇报情况，以求支持。这事我一直铭记在心，步高先生不忘桑梓、热忱助人、朋友为重的情怀，于公于私都是令人感动的！

（顾明社：《忆步高》）

是年　先生开始撰写《司空图评传》。

1998 年（戊寅）52 岁

2 月 15 日　先生著《对〈唐诗三百首〉的再认识》刊载于《中国典籍与文化》1998 年第 1 期：

《唐诗三百首》是有史以来发行量最大、影响面最广、最为人们熟知的文学读物。如同一个自幼朝夕相处的老朋友，我们对它似乎已了如指掌。其实不然。近年我为完成《唐诗三百首汇评》，认真研究了这本书，才认识到我们对这本书尚有许多误解。

今人讲古近体诗的平仄、韵律等方面的各种典型情况，均不难从《唐诗三百首》中找到例证。写诗中遇到的各种问题，也可以在此书中不同程度地找到答案。除少数神童外，它显然是针对青年人或其他成年人的。

《唐诗三百首》是作为启蒙读物而编纂的，但由于编著者欲使其读者"白首亦莫能废"，这本书在更大程度上是一部唐诗的精选本和学习写诗的范本。

《唐诗三百首》的编选者受沈德潜的诗论影响颇大。沈的诗论名著《说诗晬语》强调为封建政治服务，并倡导复古，提倡儒家诗教，并说："温柔敦厚，斯为极则。"（《说诗晬语》卷上）

《唐诗三百首》问世至今整整 280 年，它在中国文学界的影响仍有增无减。然而它的弱点和不足也是显而易见的。前人早已指出过，如书中一首也不选李贺诗，也未选所谓"孤篇压全唐"的《春江花月夜》等诗作。

《唐诗三百首》是中国文学普及史上难以企及的高峰，但它也只能代表过去。研究它、学习它，最终超过它，才是我们这代唐诗研究者应持的态度。

4 月　先生父亲王方春病故，享年 72 岁。回乡奔丧，料理后事。

4 月　先生著《李白吟唱〈蜀道难〉，雄豪诗歌为谁作?》一文，刊载于江苏教育出版社《中国文学史疑案》一书：

《蜀道难》是李白诗中的第一名篇，为一切唐诗选本所必收，家喻户晓，脍炙人口。然而这首诗因何而作，它是在什么背景下写的，自古以来却众说纷纭，莫衷一是。

《蜀道难》不仅是李白诗中的代表作，也是唐诗的代表作，由于它"曲折幽深"，故对其本事争议较多，安旗曾谓："好诗如同大海，探龙宫者得骊珠，涉中流者获巨鱼，游汀洲者揽芳草，戏岸边者拾贝壳。深者见深，浅者见浅，仁者见仁，智者见智。但均有所见，出有所得。彼以朦胧晦涩掩盖心灵之空虚者，岂可同日而语哉!"说得是不错的。

同书还刊有其《〈燕歌行〉主题辨》一文：

高适的《燕歌行》是盛唐边塞诗的代表作之一。近人赵熙称之为高适诗中"第一大篇"，也是唐诗中的第一流名篇。

所以说，这是一首爱国的颂歌，讽刺论以及多主题论，均是错误的。

因为《燕歌行》在文学史上的崇高地位，对其本事的争论还会继续下去。但争论的各方，将逐渐对某些旧说取得否定的一致意见。这样，对这首盛唐边塞诗的代表作的理解便将会深入一步。

6月20日　先生填报"东南大学教职工考核表"，其"工作小结"云：

一、教学方面

本学年我把教改工作的重点放在大学语文教学改革方面。大学语文是我校1998年重点建设的课程，并给了三千元经费资助。我是该课程的负责人。我认真研究了1997年成都全国大学语文研究会的文件，并广泛征求了数百名学生对大学语文教材及教学的意见。决定重编大学语文教材。我们搭起班子，由我和南大丁帆教授共同主编，南京大学出版社出版。

二、科研方面

在过去一年中，我开始着手完成省九五重点项目《词学研究电脑专家系统》，并做好了写作《司空图评传》（国家重点项目）的准备，出版了《宋词艺术答问》等著作，发表了《〈二十四诗品〉非司空图作质疑》《对唐诗三百首的再认识》《试论周济的词学观及其诗学理论基础》等论文。接受了《毛泽东诗词艺术研究》等五本书的约稿。

三、学科发展

在过去一年中，我为申报古代文学硕士点费了很大力气，虽未成功，但给社会各方留下较好的印象。

8月1日　先生因公出访韩国，填写《因公出国人员审查表》。嗣后，得以成行，拜访韩国社会科学院院长金俊烨。

9月　先生因在教学工作中成绩显著，经评审，荣获东南大学一九九八年教学工作优秀一等奖。

9月17日　先生组织40多名老中青诗书画家到江宁陶吴举办金秋诗书画笔会。

9月26日　先生填词一首《临江仙·作家刘震云来校讲演，黄蓓佳、苏童、叶兆言、储福金诸作家及友人丁帆教授皆莅会，书以志感》：

　　籍籍震云今识面，咳唾四座皆惊。香山有幸得传灯。一书麾万象，捭阖论人生。　　六代流风余韵在，辉光犹照台城。理工学子好诗文。永明成往事，巨擘待新星。

（中大校友诗社：《中大校友诗鸿》第五集）

【链接】

　　刘震云，著名作家。1978年从部队复员仅仅两个月后，即参加高考，并以河南文科"状元"身份进入北京大学中文系。他曾说："如果没有1977和1978高考，那我可能会像我表哥一样，在建筑工地搬砖。"

（据网络）

10月6日　经中央大学校友诗社（六朝松诗社）第二届理事会通过，先生被选聘为常务副社长兼总干事，同时兼任《中大校友诗鸿》常务副主编。

10月　先生任东南大学文化素质教育中心副主任。

12月　先生填词一首，《行香子·送别东大98届学子》：

　　梅熟桃红，细雨蒙蒙。送君去，行色匆匆。金陵四载，花月春风。记师生情，同窗意，六朝松。　　此时别后，何日相逢？鹏程处，海阔天空。披荆斩棘，伟业丰功。看几人凤，几人虎，几人龙。

（中大校友诗社：《中大校友诗鸿》第五集）

12月　杨耀坤、伍野春著《陈寿评传　裴松之评传》由南京大学出版社出版，26.1万字，1版2印计2500册。先生为责任编辑。

是年　先生著《关于〈二十四诗品〉作者问题的争鸣》刊发于《晋阳学刊》当年第6期。

1999 年（己卯）53 岁

1 月 28 日　在江苏省教育委员会举办的"江苏省普通高等学校第二届人文社会科学研究成果奖"评比中，《梅溪词校注》（天津人民出版社 1994 年 10 月版），荣获"中国文学研究"三等奖。

6 月 3 日　先生担任澳门国际华人民间文化艺术学会"特邀理事"。

6 月　据《东南大学教授年度考核表》载，1998.6 至 1999.6，就"教学及人才培养""论文论著""科研项目及经费""成果获奖"诸方面，对先生考核结果：优。

7 月　荣获东南大学"1998 年度科技工作先进个人"。

为与丁帆合编《大学语文》作序于东南大学中文系，要点如下：

中国的高等教育历经了人文教育、科学教育，目前已发展到素质教育阶段。人文教育的历史最长，它采取书院方式，与现代科学技术联系不密切。科学教育培养了千千万万的专门家，但人文精神倾失，既难以培养出王国维那样的国学大师，也难以培养出梁思成那样有雄厚民族文化底蕴的大建筑家、大师级的科学家。这种情况在 1952 年院系调整、教育全盘苏化以后尤其明显。学校越来越专门化，专业口径越来越窄，专家越来越"专"，硕士不"硕"，博士不"博"……这均为不争的事实。

知识面窄、创新能力差，严重束缚了我国科学、文化和教育事业的发展。

大学语文应当具有梳理功能。构建文学史的知识体系，使新老知识从中找到相应的位置，使大量感性认识上升为理性认识，这也是解决课时少而要提高大这一矛盾的重要途径。

大学语文还应具有传统人文精神的传布作用，使学生在古今文化精品的感化教育下，促成学生思想境界的升华和健全人格的塑造。

为了实现上述几个期望的指标，我们编纂了这本具有系统性、网络式、立体化、大信息特点，并且方便自学和启发学生学习兴趣的教材。

9月24日—27日　先生参加全国第十二届诗词研讨会，并随团去黄州赤壁凭吊。大会在武汉举行，由华中理工大学（今华中科技大学）承办，主题是研讨"诗词如何走进大学校园"。

是年　秋，为撰写《司空图评传》，携门生刘林访司空图故居。

【链接】

　　1999年，我为写作本书而去山西永济诗人的故乡考察，当地的乡亲却没有忘记这位乡贤。我们所到之处，受到当地（尤其是王官府村）人的热情接待，他们还把1958年大跃进时拆毁的司空表圣祠的碑石一一找出，有的虽被乡人砌在猪圈里，也拆下，洗净，让我们拓碑。这也是可以告慰于先贤的。千年之下，淳朴的乡风未变，他们真不愧是司空图的后人。有无血缘关系并不重要，在王官府村的几天，我与同行的刘林同志，都有到了曲阜孔子故乡之感。

（王步高：《司空图评传》）

10月　先生受邀担任丁芒主编之《当代爱国诗词选》特约编委，并由春华诗社袁裕陵、舒贵生、赵怀民担任副主编，协助丁芒做好编辑出版工作。该书181万字，2000年1月由中国文联出版社正式出版。

12月30日　东南大学颁布"教学改革成果奖"一等奖。获奖项目：全面开展文学素质教育；项目参加者：王步高　张天来　邵文实　朱国华　徐子文。

是年　先生作词一首。《行香子·代研究生精英大奖赛东大代表队作》：

　　漫步虎丘，苏堤恣游。更高塔、浦江凝眸。会稽览胜，古迹寻幽。听一山泉，一山雨，一山讴。　　楹联对句，拓字碑头。曾携手，攀岭翻沟。待来岁、再度争优。有海峡情，同窗意，直航舟。

（王步高主编：《春华秋实·春华诗社二十年诗词选》）

2000 年（庚辰）54 岁

1 月　先生与邓子勉选注《元明清词三百首注》由天津人民出版社出版，37.8 万字，一版印 3 千册。

【链接】

邓子勉，湖北武昌人，文学博士，江苏第二师范学院教授，研究方向为唐宋元明清文学。

4 月 16 日　先生撰成《〈大学语文〉教材编写中的开放性与多元化思维》，该文发表于《江苏高教》2001 年第 3 期。文曰：

处于世纪之交，作为文化素质教育主干课程的"大学语文"，应当如何适应时代的变化与要求？如何编出一本对各层次学生均有用，能大大提高其学习兴趣、提高语文教学质量的教材？这涉及教材编写者思维模式的改变与革新。实行开放性与多元化思维是解决这一问题的最佳选择。

"开放"是相对于"封闭"而言的，它要求《大学语文》编写时应解放思想，面向现实，面向未来，以适应时代的需要。"多元化"则是相对于"一元化"而言的，不再仅仅是正面说教、灌输一种观点、一种思想，也不是把一切其他观点都视为左道旁门而加以排斥和批判或"非好即坏"的"二元对立"。学术观念、学术视野、知识层面以及与此教材相适应的教学方法，均不是单一的、一成不变的，而是多元的。

二十一世纪的"大学语文"，从教材到教法都应是开放与多元的。借用声音、图像及网络技术，我们的教学可以更有声有色，能更有利学习兴趣及教学质量的提高。

6 月　江苏省教育厅颁发证书："东南大学'大学语文'课程被评为 1999 年度江苏省普通高等学校壹类优秀课程，特发此证。"

9 月 8 日　为《李贺全集》作序。王步高、刘林辑校汇评之《李贺全集》于 2002 年 1 月由珠海出版社出版，全书 44.4 万字，首印3000 册。有曰：

李贺诗最显著的艺术特色之一是其思出常表的想象能力，有人说这是一种"病态的天才幻想"。

李贺诗的成就很高，杜牧为其诗集作序云："云烟绵联，不足为其态也；水之迢迢，不足为其情也；春之盎盎，不足为其和也；秋之明洁，不足为其格也。风樯阵马，不足为其勇也；瓦棺篆鼎，不足为其古也；时花美女，不足为其色也；荒国陊殿，梗莽丘陇，不足为其怨恨悲愁也；鲸吸鳌掷，牛鬼蛇神，不足为其虚荒诞幻也。盖骚之苗裔，理虽不及，辞或过之。"这段文字将李贺诗多姿多彩的艺术风貌，形象地刻画了出来。

9 月 10 日　先生著《诛茅旧囿创新篇——记东南大学文学院中国语言文学系》刊载于《东南大学报》第 791 期第 6 版：

……六朝时，这里是皇宫与台城，"四声八病说"诞生于此，作为格律诗源头的"永明体"诗歌诞生于此，作为最早文人词的梁武帝及与群臣唱和的《江南弄》亦诞生于此。著名的文学总集《昭明文选》成书于此。明代这里是国子监，著名的类书《永乐大典》亦于此编成。民国前后，在旧东南大学及中央大学时期，这里工作和造就过一批震古烁今的文学大师。中文系便建于如此"旧囿"。

顺应匡亚明等有识之士的倡导，学校为开设"大学语文"而引进了一批中文系本科毕业生，他们来自复旦大学、华东师范大学、南京大学……郑云波副教授也于八十年代中期来到东大。于是有了"大学语文"教研室——文史教研室。进入九十年代，王步高、徐子方、张天来、邵文实等一批有博士学历者先后进入东大。1993 年 10月，中国文化系从社会科学系中独立出来。1996 年，又以中国文化系的文学教研室、中华词学研究所、戏曲小说研究所、东方文化研究所的部分共同组建成立中国语言文学系。在这块曾建起过举世瞩目的文学广厦的"旧囿"才重新搭建起几间属于文学的草堂。它没有昔日的气派和辉煌，没有梁武帝、昭明太子、沈约、谢脁来掌门。它诛茅而立，只是一个可以遮风避雨的茅屋，只是一个淹没于工科大海中的珊瑚礁。然而，四年过去，这间草堂，这草堂里成长起来的教授、副教授、博士、硕士，似乎沾了这块宝地的灵气，得了祖宗的衣钵真传。中文系已成为东大校园中一颗闪烁的明珠，千年的文学香火又有了新一代传人。

六朝松可以作证，中文系的师生正努力重现这块土地上曾有过的历史辉煌，他们将以自己的不懈努力，证明他们是当之无愧的东大儿女！

【链接】

1991 年，王步高刚来东南大学工作时，学校的中文专业可以说是百废待兴。中文系当时是社会科学系文史教研室的一部分，只有三四个教师。

1996 年，在以王步高为首的专业教师的筹备下，东南大学中国语言文学系复建，次年便开始招生。这之间的创业艰辛，可谓筚路蓝缕。那时候，为了尽快申请到硕士点，王步高经常跑东跑西，冒着酷暑挤公交；系里没有打印机，王步高和同事起早跑到打印店准备材料，直到打印店关门。在王步高与中文系老师们的共同努力下，先后建起"大学语文""唐宋诗词鉴赏"（含唐诗鉴赏、唐宋词鉴赏、诗词格律与创作）两门国家精品课程，"大学语文""唐宋诗词鉴赏"两个立体化系列化的精品教材（共 17 种）以及两个精品课程网站，并组建了以东大牵头的江苏省大学语文研究会，获得过多次省和国家教学成果奖。

很长一段时间以来，全国的大学语文教育改革是与东南大学的名字联系在一起的。在全国大学语文教学中，东南大学一直发挥着引导与示范作用。而王步高教授作为两门国家精品课程的主持人，既当队长，又当第一主力队员。他在教学团队中承担的课程最多，他的"大学语文"同时开设两个班，"唐诗鉴赏""唐宋词鉴赏""诗词格律与创作"有时同学期在不同校区一起开设。"诗词格律与创作"甚至在同一学期既对本科生开，也对研究生和进修教师开设。

（晓东：《那首临江仙，永远萦绕在我们心间》）

9 月 12 日　东南大学文学院建院十周年大会在东南大学大礼堂召开。在大会上举行了《元明清词三百首注》首发式，并颁发了首发式纪念证书。

9 月 30 日　先生为其主编之《辛弃疾全集》作序于东南大学中文系。

9 月　先生获东南大学二〇〇〇年教学工作优秀特等奖。

11 月 22 日　先生被东南大学"大学生新闻社"聘为《东大青年》顾问。

11 月　先生获宝钢教育基金理事会理事长关壮民颁发的"宝钢教育奖证书"："二〇〇〇年度优秀教师奖"。证书编号：教字第2001135 号。

12 月 8 日　先生担任东南大学文学院学术委员会委员、主任。

12 月　先生中国书刊发行业协会给南京大学出版社颁发证书："你社出版的《大学语文》（王步高等主编）一书，于二〇〇〇年十二月被我会评选委员会评为第十三批全国优秀畅销书。

12 月　牵头完成电脑软件《词学研究专家系统》（江苏省九五社科规划重点项目），通过南京大学中文系古典文献研究所副所长程章灿教授、南京师范大学文学院常国武教授和曹济平教授、东南大学文学院副院长张天来副教授、应用数学系韩正忠教授等专家鉴定。

【链接】

程章灿：王步高教授主持的"词学研究电脑专家系统"将传统词学研究与现代技术相结合，运用先进的电脑软件，处理汗牛充栋的词学文献材料，运行稳定，使用便捷，而且界面友好，适合广大词学及古代文学、文献研究者。运用该成果，不仅可以快速检索《全宋词》《宋词三百首》中的所有关于作者、词牌、宫调、字句等方面的材料并做出统计，而且还提示词人生平材料，为词学研究的定量分析提供了现实的文献基础和技术依据，堪称新技术与古文学结合的一个重要成果，在国内外同类成果中处于领先地位。建议通过专家鉴定，并予以结项。

（录自《江苏省哲学社会科学研究规划课题成果专家鉴定意见表》）

是年　先生为"贺东大浦口校区建立十周年"，填词《鹧鸪天》一阕：

十载星霜十载风，十年甘苦不言中。郊原拔地群楼起，
遍地芳菲绿映红。　　披星月，伴晨钟。师生并肩步书丛。
科峰有险同擒虎，学海无涯共缚龙。

2001年（辛巳）55岁

1月　先生被中共江苏省委宣传部聘请为"江苏省哲学社会科学
研究'十五'规划学科专家库成员"，聘期五年。

2月4日　先生作诗一首《迁龙江新居感赋和白坚》：

卅年饥馑廿年蜗，半百人生付水流。
身欲奋飞偏铩羽，心思报国竟投囚。
赋诗陋室讥原宪，击楫蛙池叹覆舟。
莫负今朝迁广厦，摘星揽月得高楼。

【注】

①白坚，原名王白坚，江苏省社会科学院研究员，明清词专家，当
代诗论家。注：作于南京龙江小区，初载内刊《中大校友诗鸿》2001年
第七集，略有改动：第二句：半百人生，原为：半百光阴；第五句：作
赋，原为：作歌；第七句：广居，原为：广厦。

②原宪（公元前515—公元前?），字子思，宋国（今河南省商丘
市）人。孔子弟子，孔门七十二贤之一。唐玄宗开元二十七年（739）
封原宪为"原伯"。北宋真宗大中祥符二年（1009）又追封"任城侯"。
明嘉靖九年（1530）称为先贤原子。原宪出身贫寒，个性狷介，一生安
贫乐道，不肯与世俗合流。孔子为鲁司寇时，曾做过孔子的家宰，孔子
给他九百斛的俸禄，他推辞不要。孔子死后，原宪遂隐居，茅屋瓦牖，
粗茶淡饭，生活极为清苦。

2月　先生著《试析史达祖"梅溪"之号的来历》刊于《江海
学刊》2001年第2期：

史达祖是南宋中叶著名词人，字邦卿，号梅溪，汴（今河南开
封）人。对于其身世，笔者已多有考证，但其何以号梅溪，久难索
解，古人也从未言及。笔者在完成《梅溪词校注》和《梅溪词研究》

时，注意到史达祖与"梅""竹"有着特殊的因缘，其词中咏"梅"言"梅"多达31首，竟占其作品的四分之一以上；声及"竹"之处也有14首之多。其中言"梅"时又多次声及"南溪"。这与其爱情及身世有关，由此亦可探得其"梅溪"之号的来历。

综上所论，史达祖号"梅溪"当在淳熙十六年（1189）前后。张锐于嘉泰元年辛酉（1201）为《梅溪词》作序，史达祖此时已号"梅溪"。史达祖何时离开安吉而求职于临安，则尚须作进一步考证。

得知史达祖"梅溪"之号的来历，弄清史达祖在安吉县梅溪镇的这段经历，不仅对史氏早年的生活经历可以有全新的了解，而且对其词集中三分之一左右作品的写作背景及本事也可以有较确切的理解。

2月　荣获江苏省教育厅颁发的"江苏省高等教育教学成果奖·获奖证书"——"获奖成果：对理工科大学生全面进行文学素质教育；获奖者：王步高等五人；获奖等级：一等奖。"

3月　先生著《唐门立雪二三事——纪念唐圭璋师逝世10周年》一文，刊载于钟振振编、南京大学出版社出版之《词学的辉煌：文学文献学家唐圭璋》一书，概要如下：

去年9月，我去武汉开会时有幸得知北京学界同仁公认唐圭璋师与周振甫先生是学术界的"二圣人"，他们谈及唐老师都径称"唐圣人"而不名。

唐先生的胸襟博大、虚怀若谷是早有所闻的。亲历的几件事，更使我留下强烈的印象。

唐先生的朋友遍天下，他一直与他们保持着良好的联系。

即便对我们这些后生小辈，唐先生也能虚心听取我们的意见。

唐先生是个大学者，但在他的门生弟子面前他却是个可以亲近，甚至还可以争论、可以批评的凡人。

唐先生十分重视"名节"，尤重民族气节。

透过唐先生那弱不禁风的身躯，我看到了中华民族的精神和气节。

【链接】

2001 年 11 月 14 日至 16 日，由中国韵文学会、中华诗词学会、中国宋代文学学会、教育部人文社会科学重点研究基地复旦大学中国古代文学研究中心、中国社科院文学所古代文学研究室、《文学遗产》杂志等学术团体和单位共同发起，江苏古籍出版社协助主办，"唐圭璋先生诞辰一百周年纪念会"在南京师范大学隆重召开。来自海内外的近百名专家学者与会。在研讨会中，词学家曹济平教授作为唐老生前的助手，披露了唐老 1945 年被中央大学解聘的内幕。1945 年秋天，毛泽东主席由延安飞抵重庆同国民党进行和平谈判，当时柳亚子向他"索句"。

毛主席遂将写于 1936 年 2 月的《沁园春·雪》相赠。同年 11 月 14 日，重庆《新民报》晚刊编辑吴祖光根据几种手抄稿首次发表此词。重庆《大公报》《新华日报》等也予以转载，一时轰动山城。其后柳亚子等人的和韵之作也纷纷涌现。这就惊动了国民党当局，他们急于物色文人填词攻击。当时唐老正执教中央大学。有人找到唐老，要求他写一篇文章与毛主席的《沁园春·雪》唱反调。唐老不愿意，遂找中文系主任陈中凡问计。陈中凡也主张他坚持不写，甚至连拖延之辞都不能有。于是，唐老回绝此事。逼唐老为"佞词"者为易君左，当时是国民党图书杂志审查委员会审查专员，又任时事与政治杂志社社长，曾相继写《沁园春》和《再谱沁园春》，来"围剿"毛泽东咏雪词。唐老谢绝易氏之命令的信函迄今仍在。据张增泰先生所藏《名家书简》（万象图书馆版）可知此事发生于 1946 年 6 月。信中唐老写道：

君左仁兄：

前在校时曾奉六月十六日手书，嘱为《中国之词》一文，本拟勉应遵命，奈系务（师范学院国文系归并中文系）及新生考试事先后萦心，遂致不获稍握管，有负雅望，慨歉奚如。今小休此间，如可宽假时日，当及此补过也。

匆复

并颂著安

弟唐圭璋顿首
八月四日

【链接】

　　尽管唐老措辞委婉，但仍得罪了当局，旋被解聘。在此之后四五年中，唐老处于失业状态，生活拮据。然亦正是是非分明，坚持气节，遂使唐老在后来的"文革"中免遭迫害。笔者闻此"内幕"更对唐先生肃然起敬，感慨万端。

　　5月18日　先生为《李商隐全集》作序于东南大学文学院。

　　5月20日　上午，先生偕春华诗社诗友们，集中于乌龙潭公园妙香阁，听林从龙、蔡厚示、丁芒三位先生的诗词讲座。

　　7月6—8日　中华词学国际研讨会在澳门大学中文学院隆重举行。这是澳门回归祖国后举办的第一次关于中国文学的专家级国际会议。来自中国、美国、韩国、新加坡的专家、学者共35人参加了会议，提交词学研究论文30余篇。先生参会并做主题发言，力陈六朝乃词学之源头。

【链接】

　　我就是讲词的起源，我认为词起源于六朝乐府，但是等我报告一结束，台下好多人举手，其中六个人对我的发言进行反驳。我的一些朋友、同学、师兄弟们在底下很为我捏一把汗，学术会议上被这么多人提出了反驳的意见，老王今天怎么下得了台。叶嘉莹先生说："王步高教授，给您十分钟，您回答一下大家的提问。"我说："倒用不着十分钟。刚才六位先生对我的意见提出反驳，无非说到底就是一个道理，就是六朝的乐府《江南弄》还不是完整的词，平仄不一。同学们请问：梁武帝写《江南弄》的时候，诗歌格律化了吗？没有，这时候才有了齐武帝时的'永明体'，跟后来的格律诗差距很大。在诗没有格律化之前，凭什么要求词格律化？这是第一句话。第二句话，不是成熟的'词'就不是'词'了吗？不是成熟的'诗'算不算'诗'？请问今天我们穿得衣冠整齐地打着领带在这里开会，我们的老祖宗却是光着身子身上长着长毛，衣服也不穿的，这些中国猿人算不算人？我们说长江，大家提到长江就是奔流浩瀚，惊涛拍岸，卷起千堆雪，迷迷茫茫，大江东去。同学们知道长江的源头只是一抹小溪，甚至是在岩石上滴水的那么一点点，这就是沱沱河的发源处，沱沱河是长江的源头。从那里能看到惊涛拍岸的景象吗？看不到，但你能说它不是长江的源头吗？"后来我又列举了这样的一些例子，像《长相思》也是六朝时候的乐府诗，你看这首诗开头两个三字句，接着一个七字句，再来一个三字句，后面四个五字句。

我国的任何一种文学形式都是从一种老形式慢慢脱胎而来的。……我们说格律诗是从没有格律的古体诗来，后来的散曲是由词慢慢变化而来，加上衬音、衬字而来。哪一种文体是突然从天上掉下来，跟外国传来的音乐相配合，产生一种文体？你还能找出另外的例子吗？为什么你可以有这种特例呢？所以那一次我一说之后，底下人热烈鼓掌。后来中午吃饭的时候，我的一个师弟在浙江工业大学当副校长的，见到我说："老王，生姜是老的辣，我今天很为老兄捏一把汗，我们研究生班的同班同学他说我很担心你今天下不了台，但是没想到你这么辉煌地结束。"

（王步高：《探寻词苑的艺术与人生》）

9月1日　被"全国高协组织教材研究与编写委员会"聘请为委员，聘期为五年。

12月　《大学语文》荣获中国大学出版社协会、华东地区大学出版社工作研究会颁发之"华东地区大学出版社第五届优秀教材学术专著二等奖"。

《大学语文》获江苏省第八届优秀图书奖畅销二等奖。

为东大文学院科研与学科发展工作会议撰写交流材料《关于中文系以科研为先导，以项目带队伍，兼顾教学与社会服务，促学科发展的几点思考》，本文后被收入2003年6月出版的《东南大学文科百年纪行》。

是年　创作《临江仙·东南大学校歌》《百年校庆碑记附诗》《东南大学百年庆鼎铭》。东南大学校歌获"全国最美高校校歌"第四名，在新创校歌中名列第一。

临江仙·东南大学校歌

东揽钟山紫气，北拥扬子银涛，六朝松下听箫韶。齐梁遗韵在，太学令名标。　　　百载文枢江左，东南辈出英豪。
海涵地负展宏韬。日新臻化境，四海领风骚。

百年校庆碑记附诗

饮长江以思源兮，登钟阜以远望。

观沧海之纳百川兮，喜桂馥而兰芳。

探赜敢先天下兮，六艺相依而益彰。

揽四海英才而育之兮，铸千秋万载之辉煌。

东南大学百年庆鼎铭

北临玄武，西枕长江。比邻钟阜，毓秀文昌。潮沟湛湛，古松苍苍。台城韵雅，国子书香。回眸百载，历经沧桑。三江伊始，鼎盛中央。南工东大，令名益彰。六艺皆备，理工担纲。兼容并蓄，矫翼雁行。谨严求实，桃李芬芳。敦行诚朴，器识轩昂。

【链接】

（一）

国有国歌，军有军歌，校有校歌。诚如周武《从西南联大校歌看民国时期的大学精神》一文所言：

校歌之于它的学校，就如同国歌之于它的国家，它可以说是校园生活的现代图腾。对大学而言，校歌不只是一串音符，一簇象征性的符号，更是一种灵魂，是大学精神的集中体现，并代表各该校的特点，它是由各该校的历史传统和办学风格凝聚而成的，它的旋律萦绕，弥散着每一位学子心中的憧憬和梦想。

我们东大这百余年的现代办学史也是校园文化的形成史，历史上的四首校歌，生动地记录下我们学校发展的历史轨迹，它体现了我校的大学精神，也有着鲜明的个性特征。

一、三首老校歌

东大历史上曾有过三首老校歌，一为江谦作词，李叔同作曲的《南京高等师范学校校歌》；二是汪东作词，程懋筠作曲的《中央大学校歌》；三是罗家伦作词，唐学咏作曲的《中央大学校歌》。

以上三首老校歌与我校的历史相联系，在历史上均产生过一定影响。

我在撰写《东南大学校歌》时均曾参考过，但并未试图改写，甚至任何一句亦未引用。

（王步高：《漫话东南大学校歌》）

（二）

2001 年，正值筹备东南大学百年校庆，应学校之邀，王步高教授开始着手校歌和百年校庆碑文的创作，前后历时九个多月，王教授像陀螺一样高速旋转，向他所认识的每一个有才华的人请教，常常凌晨两三点起床修改初稿一直到天亮上课。王步高曾说，自己当年创作校歌时的状态已近"神魂颠倒"，仅手稿就有 50～60 稿。他给自己定下目标：在校歌写成十年之后，自己无力改动其中任何一个字。全词一共 58 个字，王步高一字一句推敲，听取意见，反复修改，最终完成了校歌的创作。

在东大，新生入学，学唱的第一首歌一定是《东南大学校歌》；大学四年，一定要听王步高教授操着一口抑扬顿挫的"扬中普通话"讲一次《六朝松下话东大》才算完整。新生文艺会演，没有王步高教授现场吟一吟"百载文枢江左"，总觉得缺了点什么……

每次校庆、开学典礼、毕业典礼等重大活动和人文讲座、大型文化活动正式开始之前，同学们都要起立齐唱校歌，这已经成为东南大学的传统与惯例，东大精神也由此伴随着优美激昂的校歌旋律在广大师生校友间代代传承。

（晓东：《那首临江仙，永远萦绕在我们心间》）

是年　在教学上，给研究生、本科生开始唐诗鉴赏、诗词格律与创作，诗学通论、中国古典文献学、大学语文等课程的教学工作。给学生开设爱国主义与爱国诗词等讲座，受到学生的欢迎。继大学语文申报国家精品课程之后，积极组织申报《唐宋诗词鉴赏》。

在科研上负责："中国思想家评传""教育部文科基地项目大学语文教材与语言学研究""唐宋诗词鉴赏重点课程"等项目。著作有《大学语文阅读文选》……

（王步高：《工作总结》）

2002 年（壬午）56 岁

1 月　先生与刘林辑校汇评之《李商隐全集》《李清照　辛弃疾全集》由珠海出版社出版。其中：《李商隐全集》115 万字，首印3000 册；《李清照辛弃疾全集》67 万字，首印 3000 册。先生分别为之序。《李清照全集》中附有其《李清照研究综述》一文。

3 月　丁芒主编、春华诗社多人参与编辑之《当代诗词类编》由哈尔滨出版社出版，200 万字，首印 2000 册。

5 月 8 日　先生撰写《试论新时期"大学语文"课程的学科定位》一文。有曰：

在现代教育中，倡导德育、智育、体育与美育，语文课程是兼顾德育、智育、美育这三者的。

半个世纪来，我们以大量政治课取代德育课，而道德上又提出"毫不利己，专门利人"的崇高标准，用心良苦却收效甚微，至今高校学生的道德问题较多，心理素质也十分脆弱。去年一年，南京在校大学生自杀而死 29 人，其中有的还是共产党员。许多走出校门不几年的大学生握有重权后，很快成为贪污受贿上千万的巨贪。大学生在校偷自行车、考试作弊，乃至杀人、嫖娼、卖淫等过去想都不敢想的事现在时有发生。加强大学生的人文精神和道德情操的教育已经刻不容缓。

要培养出高素质的人才，大学课程应由三部分组成：基础理论部分，专业知识和技能部分，人文素质部分。

5 月　李飞任名誉主编，先生任执行主编之《中大校友百年诗词选》由东南大学出版社出版，56 万字，首印 3000 册。

6 月 21 日　经有关部门申报、审批，其工资从 1683 元调至1910 元。

8 月 10 日　上午，先生召开春华诗社社长办公会议，决定编辑出版《春华秋实——春华诗社十五周年专集》，并商讨庆祝会议等事宜。

9 月 10 日　为表彰先生在庆祝东南大学建校一百周年活动中做

出的贡献，东南大学授予其"百年校庆突出贡献奖"。

9月14—5日　先生组织诗书画家50多人到溧阳天目湖望湖岭山庄举行旅游采风创作笔会。丁芒、章节、常国武、俞律、单人耘、邓宝丞、陈仲明、袁裕陵、舒贵生、赵怀民、林志雄、李慧明、顾云彬、赵霖、费广德、蒋光年、于文清等老中青诗书画家与会。期间，诗联家为宾馆包间和休闲别墅取了别致之名并撰写诗词楹联，相关作品收录于2003年12月由王步高主编、南京大学出版社出版的《江苏中青年诗词选》。先生诗《题望湖岭山庄》云：

　　　　矗兀红楼雨雾间，天池一鉴涤尘烦。
　　　　饱看苍翠千枝竹，不食灵芝亦似仙。

10月5日　春华诗社成立十五周年庆祝大会在南京国土局会议厅召开，先生做工作报告。会上，《春华秋实——春华诗社十五周年专集》首发。

10月11日　经审批，其工资从2142元增至2256元。

是年　先生著《四牌楼校区历史沿革考略》刊于《东南大学学报（哲学社会科学版）》2002年第3期：

　　四牌楼校区是东南大学校本部所在地，东望钟山，北傍玄武，西邻鼓楼，占地不足千亩，却有着近1800年的教育史、文化史，可以说，这里是世界上最古老的大学之一。如今校园内尚郁郁葱葱生长着的一株六朝松便是最好的见证。

　　今年是东南大学建校一百周年，这一百年来在这块土地上又出现了一大批卓行特立之大师级的人物……这些大师的出现，与这片神奇土地上一千八百年的深厚文化积淀是分不开的，是千年辉煌史的继续。

　　如今由这块土地上衍生出的十多所院校均已进入"211"的行列，这些学校造就了更多的著名自然科学家、社会科学家、文学艺术家，他们又可在各自学科领域写出与《永乐大典》《昭明文选》可以媲美的巨著，创造出比祖冲之更骄人的业绩。在这片神奇的土地上，世界罕见的悠久教育传统、厚重的文化积淀一定会促使我校在21世纪中叶成为世界一流大学之理想得以实现。"祖宗回眸应笑慰,擎旗自有后来人。"

是年　先生主编之《大学语文》获国家优秀教材二等奖。

2003 年（癸未）57 岁

2 月 6 日　先生为《大学语文（简编本）》撰写前言。

3 月 13 日　晚,金满楼大酒店 611 室,先生召开春华诗社社长会,研究春游活动及编辑出版《江苏中青年诗词选》等事宜。

4 月 19 日　先生偕丁芒等 30 多名诗书画家,去盱眙春游采风。

6 月　先生著《关于中文系以科研为先导,以项目带队伍,兼顾教学与社会服务,促学科发展的几点思考》一文,刊于闵卓主编、东南大学出版社出版之《东南大学文科百年纪行》一书。该文系 2001 年 12 月"东大文学院科研与学科发展工作会议"交流材料。有曰:东大的"大学语文"课程与教材建设是全国同行公认的最优秀的课程和教材之一,华东师大一直是垄断《大学语文》教材的同行,也将我们视为他们最有力的竞争对手。

我们计划由我牵头,在近几年内开始和初步完成两个有较大影响的工程性项目。一是一个古籍整理项目,题目是"全先唐诗"。其二是进行古典诗词艺术的比较研究。

6 月　先生与丁帆主编的普通高教"十五"国家级规划教材《大学语文（简编本）》由南京大学出版社出版,该教材至 2008 年 6 月先后印刷 15 次。

8 月　先生为《唐宋诗词鉴赏》撰写前言于东南大学中文系。

10 月 4 日　下午,在北京西路 71 号干休所办公室,先生召开春华诗社社长碰头会。

11 月 8 日　上午,先生因临时出差南宁,未能出席春华诗社社长办公会（在新娘影楼二层办公室召开）。次日晚,听取舒贵生、赵怀民关于办公会情况汇报。

11 月 22 日　先生为《江苏中青年诗词选》撰写"编后":

春耕、夏耘、秋收、冬藏，此农事也。以理推之，文事亦然，诗事亦然。无有耕耘，焉能收获？在江苏中青年诗词选编事甫毕、即将付梓之际，感慨良多。数百名诗友、数千首诗作，风云际会于一时，精英荟萃于一编，诚有幸也，诚不易也。

编辑是书，旨在展示吾省中青年诗人之群体风采，为振兴诗词事业、建设文化大省做出贡献。无奈数棍棍混混玷污诗苑，叫嚣乎东西，鼹突乎南北。欲阻大业，几毁坛坫。且喜泱泱诗国，楚风尚在；皇皇大省，吴韵长存。我等编者、作者，恰值人生青壮、风华正茂之时，岂甘蓬蒿沦困、星辰寥落？自当潜龙奋起，雏凤腾飞，同襄盛举，共领风骚！于是乎，吾辈文朋诗友，审时度势，乘省诗协领导倡扬团结、扶持新人之良时，借十六大"与时俱进、开拓创新"之东风，发起组编此书，以偿众多中青年之夙愿，并向全国校园诗教大会敬献贺礼！

12 月　先生主编之《江苏中青年诗词选》由南京大学出版社出版，50 万字，首印 2000 册。

是年　夏天，先生赴青岛旅游。

【链接】

到青岛，到黄岛那里，到大海里去游。天上还下着雨，风急浪大，凭我的水性呢，我还是敢在海里游几把。但是呢，我害怕，常年不游泳了，万一在海里抽筋，我们周围的和我一起同去的人水性都不如我，所以我也就不敢到海中间去，也只敢沿着海岸。"我们要"敢于搏击，去迎接人生的挑战，搏击风雨来笑傲人生。

（王步高：《探寻词苑的艺术与人生·第五讲　苏轼黄州词》）

是年　冬日，先生为崔新译《译注焦氏易林》作序。[①]崔先生系前黄埔军校十五期生，曾任职于江苏省扬中高级中学图书馆。

是年　先生撰写《让大学校园成为复兴中华传统诗词的主阵地》

---

① 考证：出版时该序作者前缀"博士生导师"不确，应为"硕士生导师"。虽然先生有能力担当重任，且为建立博士点多方努力，但因客观条件所限，未能如愿。

一文。

是年　为艺术学专业研究生主讲"目录版本学""诗词格律与创作"各48课时。为建筑系健雄院本科生主讲"大学语文"共96课时。为全校公选本科生主讲"唐宋词鉴赏""唐诗鉴赏"各32课时。为中文系本科生主讲"诗词格律与创作""编辑学"各32课时。

（据王步高档案）

2004 年（甲申）58 岁

1 月 1 日　填词《南乡子·甲申元旦书赠文学院研究生诸同学》：

寒气透窗纱，斗转星移送岁华。暮鼓晨钟嗟又去，雪花，玉洁冰清不自夸。　　节序迅如车，惊见枝头又吐芽。雪压霜欺皆不惧，梅花，相敬相依两不差。

4 月 8 日　被《中国大学教学》编辑部聘请为杂志审稿专家。

6 月 8 日　在"东南大学教职工考核表""工作小结"中坦言：

过去一年中，我在教学、科研等方面十分辛苦劳碌。但除《大学语文》系列教材取得较大成功外，一事无成，如申报文学素质系列课程群奖；申报校系列教材项目，申报 2003、2004 国家社科基金、申报 2003 省教学名师，申报艺术学博导、申报 2003 国家精品课程、申报省社科项目优秀成果奖……

屡战屡败，信心渐感不足，对评审的公正性也渐感怀疑，盼望早日退休，做点自己心情舒畅事的观念渐渐抬头。如果明年情况无大改变，我工作的干劲要一直维持有点困难。想创作一大型组歌，也信心不足。

以上是真实想法，想干点事，时间、环境均不许可，奈何！奈何！

是年夏天　暑假里，先生偕夫人刘淑贞，携外孙女姚礼净，前往云南旅游，并专程参观心仪已久之昆明西南联大旧址，留影纪念。

9 月 30 日　先生撰写论文《谈高校语文教学与道德情感教育的统一　新时期大学生道德情感教育散论之一》：

近年来，我们结合"大学语文"教学改革，提出以"高尚"与"和谐"为目标的育人思路

所谓"和谐"，便是如爱因斯坦所说："学校的目标始终应当是青年人在离开学校时，只作为一个和谐人，而不只是作为一个专家。"（《爱因斯坦集》）

我很主张高校的道德情感教育应当与传统文化教育、传统人文精神教育结合起来，这样往往可以收到事半功倍的效果。

"大学语文"具有无可替代的人文精神的传布、道德熏陶与思想教育的功能，这种功能不能靠空洞的说教，而要使学生在古今文学精品的感染教育下，讲气节、讲节操、讲知耻与有所不为、讲正气、讲不唯上不唯官、讲民本思想、讲平民意识……从而促成思想境界的升华和健全人格的塑造，培养其爱国感情与高尚的道德情操。

10 月 3 日　先生在"首届新华杯金陵藏书状元大赛"中荣获"十大优秀藏书家"称号。该活动由江苏省收藏家协会、《金陵晚报》、金陵图书馆、南京市新华书店联合举办。

11 月　先生与丁帆、张天来、邵文实、乔光辉合作"大学语文教学改革的理论与实践"，获得"东南大学教学成果奖"之"特等奖"。

【链接】

① 丁帆，笔名风舟、马风，1952 年出生于江苏苏州市，祖籍山东蓬莱。南京大学中国新文学研究中心主任、教授、博士生导师。南京大学校务委员会副主任、南京大学学位委员会委员。国家社科项目评议组成员、中国现代文学研究学会会长、中国当代文学研究学会副会长、中国作家协会理论委员会委员、《中国现代文学丛刊》主编、江苏省作家协会副主席、《扬子江评论》主编、江苏省学位委员会委员、江苏省中国现代文学学会会长。

② 张天来，东南大学人文学院副教授。

③ 邵文实，1993 年 7 月毕业于南京大学古代文学专业，获博士学位。同年至东南大学文学院中文系任教，现为副教授。主要从事中国古代文学、敦煌学研究。已出版专著 2 部，译著 15 部，在《文艺研究》

《世界宗教研究》等刊物发表论文 30 余篇。

　　④ 乔光辉，男，1970 年 12 月生于江苏东海。现为东南大学人文学院教授，博士生导师，副院长，兼任江苏省明清小说研究会副会长及江苏省红学会副会长。

11 月 20 日　先生著《论毛泽东〈答友人〉诗的艺术美》刊载于《东南大学学报（哲学社会科学版）》本年第 6 期。有曰：

　　七律《答友人》是毛泽东诗词的代表作之一，写得很美，意境美、结构美、风格美、语言美、韵调亦美。诗中驰骋想象，把神话传说、地理风物、乡思友情俱凝聚到一首诗中，壮阔浪漫而又不乏细腻缠绵之情，读来声韵酣畅而余香满口。

12 月　先生与张天来、张映光、邵文实、乔光辉、李玫、白育芳、陈向阳合作《大学语文》，荣获"江苏省高校多媒体教学课件竞赛组织工作委员会"所颁"江苏省高校第二届'方正奥思杯'多媒体教学课件竞赛三等奖"。

【链接】

　　① 张映光，女，南京审计学院国际文化交流学院院长兼党总支书记，教授，1982 年毕业于南京大学汉语言文学专业，现为对外汉语系文史教研室古代文学专业课教师。主持的"经济应用文写作"课程被评为江苏省二类优秀课程。参与东南大学的"大学语文"课程建设项目 2004 年获教育部评定的国家精品课程。参与东南大学的"诗词鉴赏"课程建设项目 2008 年获教育部评定的国家精品课程。南京大学出版社出版的《唐诗鉴赏》和《唐宋词鉴赏》的副主编、中国人民大学出版社出版的《审计文书写作》的副主编和由陕西旅游出版社出版的《经济应用写作新编》的副主编。

　　② 李玫，女，2002 年毕业于南京大学，文学博士，现为东南大学人文学院副教授、硕士研究生导师，中国当代文学研究会会员，中国小说研究学会会员。主要研究领域为现当代文学，近年来重点关注生态文学，以及新时期小说、诗歌、戏剧、影视文学等多个领域。

12 月　在 2004 年度东南大学优秀教材奖评选中，其大学语文系列教材荣获一等奖。

是年 先生发表《以提高质量为中心改革"大学语文"教学》一文于《中国大学教学》当年第4期。

是年 主持之"大学语文"课程获"国家精品课程"。

是年 填词《临江仙·教师之歌》：

足踏九州大地，胸怀四海云涛。言传身教立风标。德行常自砺，学识创新高。 挚爱莘莘学子，风晨雨夕操劳。殚精竭虑育新苗。行行甘苦泪，都作醍醐浇。

是年 参观鸟巢并留影。

是年 为艺术学专业研究生主讲"目录版本学""诗词格律与创作"各48课时。为中国古代文学研究生主讲"中国古典文献学"64课时，"诗学通论"、"词学通论"各48课时。为全校本科生主讲"唐诗鉴赏""唐宋词鉴赏""诗词格律与创作"公选课各32课时。为建筑系雄健院本科生主讲"大学语文"共96课时。为中文系本科生主讲"诗词格律与创作""编辑学"各32课时。

（据王步高档案）

2005年（乙酉）59岁

1月 先生与丁帆、张天来、邵文实、乔光辉所合作"大学语文教学改革的理论与实践成果"，荣获2004年江苏省高等教育教学成果奖一等奖。

6月18日 先生填写《东南大学教职工考核表》，其《工作小结》有曰：

在过去一年中本人坚持以共产党员的标准严格要求自己，工作认真负责，出色完成教学、科研及各种社会任务。发表论文两篇，著作一种五册（本人完成80万字，完成论文近20篇，著作一种。）

在过去一年中，我带领"大学语文"课题组，建成了"大学语文"国家级精品课程，获国家优秀教学成果二等奖，另获省级教学奖二项、校级教学奖三项。为东大争了光。

这一年中还在校内外开讲座六次，对兄弟院校的教学改革较多支持，赠送兄弟院校教学光盘 3000 多张。教材发行 10 多万册。全国有 200 多所高校使用本教材。

8 月 10 日　先生获中华人民共和国国务院颁发政府特殊津贴第（2004）3600191 号"证书"。

9 月 7 日前　先生应高中同学、王龙烈士次子王立荣邀请，注释并评析王龙烈士七言律诗《书怀》《悼叔祖父王端挽联》两篇遗作，以纪念王龙烈士牺牲六十周年。

【链接】

（一）

王龙：出身于贫苦的农民家庭。1938 年，与扬中的几位有志青年一道，主动去丹阳管山邀请新四军江南抗日义勇军挺进纵队北进扬中，为此被国民党顽固派拘捕入狱。1939 年 4 月参加新四军，不久加入中国共产党。先后担任新四军江南指挥部副官处招待科副科长、新兵接待站站长等职。他参加革命后，又陆续动员全家和亲友投身抗日。1940 年秋，调回扬中，任县抗敌委员会主任。同年 12 月，任扬中县抗日民主政府县长。以后又分别担任过山南、武进二县抗日民主政府县长。1941 年秋，调任中共京沪路北特委敌伪工作委员会主任，后又相继任中共丹北中心县委、苏中五地委敌工部部长，一直从事瓦解敌伪军的工作。1945 年 8 月，任镇江市市长。同年 9 月 7 日，在丹徒谏壁江畔与大批顽化伪军遭遇，不幸被捕，高呼"共产党万岁"等口号，英勇牺牲在丹徒镇江边的芦滩上。殉难处有小桥，1949 后被命名为"王龙桥"；1986 年，镇江市人民政府又在附近修建"王龙亭"，勒石树碑以纪念。亭现在江苏大学校园内。

（二）王龙烈士遗作：

书怀

不堪回首说当年，恨到极时却妄言。

生世苍茫难预料，风尘漂泊有谁怜？

梦中有蝶真成梦，弦上无音应绝弦。

莫道人情偏冷暖，人生本是水中天。

悼叔祖父王端挽联

病何症？殁何时？身忙恨异地。八月初，买棹返扬，方知脱俗登仙，唯有扶柩空洒泪；

砚为田，书为圃，道远隔长江。无奈何，糊口他乡，九泉代孙传语，可能投笔另谋生。

9月7日 先生填词《一剪梅·纪念乡贤王龙先生牺牲六十周年》：

日寇屠刀破帝关，投笔从戎，杀敌除奸。赢来"诸葛"美名传。乡里儿孙，世代仰攀。 六十光阴弹指间，国运昌隆，道仍艰难。党奸国蠹势熏天。铁马金戈，莫放南山。

是年 先生主编《大学语文》获国家教学成果二等奖，为同类最高者。

是年 秋，先生与中国楹联研究会副会长郭殿崇，江苏省楹联学会副会长、镇江市诗词协会常务副会长蒋光年，及金陵诸诗友参加在马鞍山举行的"三台阁"杯全国楹联大赛评委工作时，同谒青山李白墓并合影。

（《中青年名家诗词集·蒋光年集〈丘溪吟草〉》）

10月14日 先生著《嘤其鸣矣 求其友声》一文刊载于《东南大学报》，有曰：

语文课以它的人文性和工具性的特点，对大学生创新能力的培养及健全人格的塑造起着很大的作用。一个杰出的人才，必须有很高的阅读能力、写作能力和口头表达能力，也应有深厚的人文素养。"大学语文"教育的使命正在于此。

最近宋楚瑜等来访，两位名校校长"不该发生的故事"应当使我们猛醒，忽视母语教育将会给中国的高等教育带来极其严重的后果。

我们的《大学语文》教材成为同类教材中三种"十五"规划教材之一，又成为唯一的国家优秀教材，我们的"大学语文"课程，成为同类中唯一的国家精品课程和唯一获国家教学成果奖的课程。作为项目带头人，我喜忧参半，诚惶诚恐。

嘤其鸣矣，求其友声。我们渴望能得到各级领导及全校师生的关注与支持！我期望，在六朝松下，再现中央大学时期文理工交融，大师辈出的辉煌。希望"大学语文"为东大的再次腾飞做出有益的贡献。

11 月 19 日 先生撰《认真学好母语 增强民族文化认同感》一文，为其与沈广达、史敏编著《大学语文阅读文选》代序。该书于2005 年 9 月由南京大学出版社出版，75 万字，首印 3000 册。序曰：

我们已毋庸置疑地进入了没有民族文化大师的时代。

文坛上，既无李白、杜甫、李清照、曹雪芹，也无鲁迅。全民族的文化底线大大提高了，而民族文化的峰值则大大降低了。

前年 11 月，应邀去北京的老舍茶馆。这是外国元首经常进出的地方，四副对联，没有一副是"对"得起来的。全成了标语口号。扬州平山堂，是欧阳修所建，是苏轼到过的地方。一副斗大字的对联也完全不对仗。

11 月 25 日 先生获中共东南大学委员会"保持共产党员先进性十佳共产党员"称号。

12 月 30 日 先生在东南大学学生会"2005 年我最喜爱的老师"评选活动中被评为学生最喜爱的老师。

是年 冬天，先生因荣膺东南大学"十佳共产党员""学生最欢迎的教师"而志感《一剪梅》：

手把证书泪暗流。几分酸楚，几分含羞。两番盛誉怎能侔？喜鹊喁喁，思绪悠悠。 已是霜华两鬓秋。半世蹉跎，徒叹休休。苍鹰振翮志难酬，白在人头，痛在心头。

（王步高主编：《春华秋实——春华诗社二十年诗词选》）

是年 先生填词《鹧鸪天·为南京十六高校诗歌节而作》[①]：

---

① 此词因作者未注创作年月，且未查出"南京十六高校诗歌节"相关资料，故只能大致估计在其任职于东南大学时中后期。其忧虑世风日下，期待重树"三元"古帜，尽在字里行间。三元：一指中国诗史上最兴盛的开元、元和、元祐时期。

东渐西风气势汹，中文告退外文红。俗歌艳舞狂如虎，
游戏网吧多似蜂。　心颤颤，泪蒙蒙。中华诗国欲何从？
不能重树"三元"帜，泉下何颜见放翁？

是年　先生在浙江大学"中国宋代文学学会第四届年会"上，
发表《论宋金人眼里的司空图》：

司空图是唐代最重要的文艺理论家，他对后世有着多层面的影
响。他的人品气节、辞官不做的隐士形象，以及其在文艺理论、诗文
创作等方面都对两宋产生过较为显著的影响。

对司空图在朝廷堕笏失仪，辞不与朱全忠、柳璨合作一事后人多
有嘉许。另一事则是辞不就伪职，哀帝死，绝食殉国一事。

在宋代一般文人士大夫眼中，司空图更是一名志向高洁的隐士。
因而他们对司空图自称"耐辱居士"、作"休休亭"，以示绝意功名，
又预置生圹，与客游戏圹中等行为更为称赞，司空图的名字常和陶渊
明一起被提到，王官谷也有了隐居之地标志的含义。这类例子多不
胜举……

是年　与苏倩倩合撰《司空图晚年行迹考》刊于《东南大学学
报（哲学社会科学版）》本年第 5 期。

是年　与庄婷婷合撰《驳"虞集作〈二十四诗品〉"说》刊于
《中国韵文学刊》本年第 4 期。

是年　为中国古代文学研究生主讲"中国古典文献学"64 课时，
"诗学通论""词学通论"各 48 课时。为健雄院本科生主讲"大学语
文"32 课时。为全校本科生主讲"唐诗鉴赏""唐宋词鉴赏""诗词
格律与创作"公选课各 32 课时。为中文系本科生主讲"诗词格律与
创作"32 课时。

（据王步高档案）

2006 年（丙戌）60 岁

1 月 9 日　先生为《司空图评传》作"跋"，云：

乙亥春吴调公师病，荐我代之撰此书，得吴新雷先生首肯。余驽

钝，学识浅陋，初治德文，后转攻诗词，虽立雪名门，于古文论终未入门。故此书反复磋磨，历十一年始成。

己卯秋余携门生刘林赴晋南司空氏故里寻访，于古蒲州、虞乡访耆老，考遗迹，并于王官谷小住。入于谷中，步贻溪之上，天柱矗立，飞瀑如练，修竹处处，莺鹤交飞，皆《诗品》中之实景也。又得乡亲盛情，书之以条幅，拓之以古碑，古道热肠，虽千载之下，犹感表圣之人格魅力。此非今之桃花源乎，余怦然心动，有终老之意焉。

其间，又适逢《诗品》真伪讨论，余亦置身其间，且与陈尚君教授三次谋面，聆其教诲，亦曾飞鸿传书，互通信息，余终信《诗品》不伪，而视尚君先生为诤友矣。

其间亦得祖保泉、张伯伟教授相助，赐教良多。南大思想家中心冯致光、蒋光学、巩本栋及许结诸教授，省教育考试院周明教授，或督促帮助，或精心审读，更当顶礼相谢。

程千帆师云："年愈老而胆愈小。"是乃真言。余年逾花甲，胆愈小矣。读书渐多，而益知当读未读之书更多；著书渐多，而知天下高明如林，恐贻笑大方，故心常惴惴。愿读者诸君有以教我。

2月11日　先生召开春华诗社社长办公会，研究如何协助省诗协开展"首届江苏十佳青年诗人"评选活动，并希望此后逐步恢复省诗协中青年部，组织中青年诗词骨干集体创作《中华颂》组歌设想，得到大家一致赞同。

7月　先生所著《司空图评传》由南京大学出版社出版，40万字，首印3000册，为"中国思想家评传丛书"之一种。

内容提要：

司空图是晚唐最著名的文学批评家，他倡导诗应有"味外之旨""象外之象""景外之景"，又提出了"思与境偕"的著名论断，还在《与王驾论诗书》中对唐诗的发展做了最早的系统归纳。他对诗歌理论更大贡献在于其运用上述"三外说"，"总结唐家一代诗"而创作了《二十四诗品》，成为中国文学批评史上有里程碑性质的经典著作。

本书在前人研究的基础上，对司空图的生平经历做了系统考订，多有新见。书中以较多篇幅对陈尚君、汪涌豪"《二十四诗品》非司空图作"的观点提出反驳，并首创《诗品》为唐诗总集《擢英集》各类后之赞词说，论据较充分。书中对司空图的思想体系、文艺理论体系做了系统分析，多有创获。

本书写作中认真学习继承了古今学者对司空图及《二十四诗品》研究的成果并做了归纳，在各方面均提出了自己较精到的见解，是一部体大思深的研究著作。

10月5日　春华诗社成立十九周年，庆祝大会在南京浦口求雨山林散之纪念馆举行，同时与江城诗社、多景诗社联合举办诗词吟诵和诗书画笔会。其间，先生偕80多名与会者参观求雨山四老纪念馆（林散之、胡小石、高二适、萧娴）。

12月　先生主持开发"唐宋诗词鉴赏"课件，荣获"天空教室"杯江苏省高校第三届多媒体教学课件竞赛二等奖。合作者还有：张映光、张天来、白育芳、邵文实、白朝晖、成林、龚玉兰、陈向阳。

是年　夏，东南大学主校区迁至九龙湖校区，安排第一场讲座就是先生《六朝松下话东大》。先生认真补充内容，PPT由最初的67页逐年扩充到200多页。

是年　先生在全国第十一届大学语文学术研讨会（每两年一次）上，被选为全国大学语文研究会副会长。该会系国家民政部批准，于1980年成立的国家一级学会。

是年　在教学上，给研究生、本科生开始"唐诗鉴赏""诗词格律与创作""诗学通论""中国古典文献学""大学语文"等课程的教学工作。给学生开设爱国主义与爱国诗词等讲座，受到学生的欢迎。继"大学语文"申报国家精品课程之后，积极组织申报唐宋诗词鉴赏。

在科研上负责："中国思想家评传""教育部文科基地项目大学语文教材与语言学研究""唐宋诗词鉴赏重点课程"等项目。著作有

《大学语文阅读文选》《司空图晚年行迹考》《二十四诗品非虞集所作》《司空图评传》《唐诗鉴赏》等，反响很好。

（王步高档案：《个人总结》）

是年　为中国古代文学研究生主讲"中国古典文献学"64 课时，"诗学通论""词学通论"各 48 课时。为健雄院本科生主讲"大学语文"共 64 课时。为全校本科生主讲"唐诗鉴赏""唐宋词鉴赏""诗词格律与创作"公选课各 32 课时。为中文系本科生主讲"诗词格律与创作"32 课时。

（据王步高档案）

2007 年（丁亥）61 岁

1 月　撰写论文《母语文化与母语教育的危机琐议》，惊呼：

我们的母语文化、母语教育出现了危机，中华民族文化正在走向衰亡。

本月　先生与张申平、杨小晶合著《我国大学母语教育现状——三年来对全国近 300 所高校"大学语文"开课情况的调查报告》一文刊载于《中国大学教学》本年第 3 期：

通过对 2004 年至 2006 年三次针对我国大学语文教学现状调查结果的分析，总结了各方面所取得的一系列成绩。同时分析了我国当前高等教育中存在着的母语教育日益受到轻视，大学语文学科地位亟须"法"的规定性，课程改革尚需……

"大学语文"自匡亚明先生倡导重开以来，曾有过几年迅猛发展的时期。但许多学校领导对该课的认识停留在"补课"（补"文革"中长大的大学生的"文理不通""错别字连篇"的缺憾）上，看不到母语教育的重大作用。当历史的车轮跨入 21 世纪，大学语文遭遇了前所未有的压力和尴尬局面。有的高校正以"大学人文"取代"大学语文"；不少高校重视各种实用的专业课程，大学语文不得不"让路"，课时被不断压缩、削减或干脆取消。现今"大学语文"的改革面临以下几个方面的问题……

从事母语教育，有几分艰辛、几分悲壮、几分神圣。我们是普通人，也希望能够做胜任而愉快的工作，希望工作能带来成就感、带来荣誉、带来乐趣。但是在西方文化大举入侵，中华文化日渐衰落的情况下，我们能坐视不管吗？与绝大多数同志比，我算是较年长者了，但92岁的徐中玉老师还在为复兴中华文化而奔走时，我们还应当当中锋，冲在最前面。我们共同努力，同仇敌忾，在文化领域坚持抗战，我们也会胜利的。号角已吹响，钢枪已擦亮，为了挽救母语教育的危亡，我们也是战士，我们也要挺起胸膛。

4月15日　先生在颐和路2号省诗协会议室召开春华诗社社长办公会，商定春游采风和理事会换届、吸收新会员等有关事宜。

6月上旬　先生参与接待杨振宁先生，闻其欲找老友金启华先生，随即电告夫人刘淑贞，让她联系金老先生。之后，王、杨、金三人合影于金陵饭店。

（据刘淑贞回忆）

6月　先生参与鸡鸣寺端午诗会，该活动由冯亦同先生发起，丁芒、俞律、常国武、钟陵、陈永昌等著名诗人词家，效仿先贤，联句作书，并合影留念。

豁蒙楼联句

蒙蔽终云豁（钟），佳节正晴美（俞）。

薰风扇阳和（常），诗兴萦古寺（丁）。

湖山入吟眸（王），风物得妙理（冯）。

雨肥林树暗（陈），榴花灿若绮（钟）。

文章自千古（俞），传今仗一纸（常）。

继武慕前贤（丁），挥毫据旧几（王）。

胜会因时泰（冯），华夏中兴始（陈）。

推窗万里天（钟），望中千舟驶（俞）。

塔外耸高楼（常），年年叹观止（丁）。

人生贵适意（王），随缘味甘旨（冯）。

梵呗净尘寰（陈），焚香祝新纪（钟）。

发白心犹壮（俞），长啸蒋山紫（常）。

未敢忘忧国（丁），鸡鸣思奋起（王）。

新吟接远响（冯），沧波更清泚（陈）。

（《南京古鸡鸣寺专刊》）

【链接】

历史上的豁蒙楼联句

清光绪年间，两江总督张之洞为纪念其得意门生、"戊戌变法"中被杀"六君子"之杨锐建造豁蒙楼，楼位于有"南朝四百八十寺之首"赞誉的古鸡鸣寺最高处、鸡笼山的东北端。"豁蒙"二字取自杜甫《赠书监江夏李公邕》"忧来豁蒙蔽"，这里是登临望景的绝佳处，钟山的紫气、九华的塔影还有逶迤的古城墙……据说清末，此间目之所及，能达江北的浦口、城南的白鹭洲。

戊辰年十一月廿一日，恰当公历 1929 年元旦，礼拜二，天气晴好。陈伯弢（1864 年生）、王伯沆（1871 年生）、胡翔冬（1884 年生）、黄侃（1886 年生），汪辟疆（1887 年生）、胡小石（1888 年生）、王晓湘（1889 年生）七老相聚豁蒙楼，边喝酒，边联句，酒喝光，诗也做好。《豁蒙楼联句》共 4 轮 28 句，诚为诗坛佳话。

蒙蔽久难豁（弢），风日寒愈美（沆）。

隔年袖底湖（翔），近日城畔寺（侃）。

筛廊落山影（辟），压酒激波理（石）。

霜林已齐黯（晓），冰花倏撷绮（弢）。

旁眺时开屏（沆），烂嚼一伸纸（翔）。

人间急换世（侃），高遁谢隐几（辟）。

履屯情则泰（石），风变乱方始（晓）。

南鸿飞鸣嗷（弢），汉腊岁月驶（沆）。

易暴吾安放（翔），乘流今欲止（侃）。

且尽尊前欢（辟），复探柱下旨（石）。

群履异少年（晓），楼堞空往纪（弢）。

浮眉挹晴翠（沆），接叶带霜紫（翔）。

钟山龙已堕（侃），埭口鸡仍起（辟）。

哀乐亦可齐（石），联吟动清沚（晓）。

6月21日　先生填写《东南大学教职工考核表》，其《工作小结》有曰：

在过去一年中自己在教学科研中取得了一些成绩：

"大学语文"教改更上一层楼，我们主办了全国大学语文研讨会第十一届年会，先后出席了南京大学、湖南常德、北京的两次共四场全国性的研讨会，并作每次不少于1小时的发言，扩大了本课程的影响。编订了含110篇论文的《全国大学语文论文集》（南京大学出版社，本人主编）。

"唐宋词鉴赏"课程建设取得了很大的进展，其课程被评为校级精品课程，并被教育部文化素质指导委员会推荐申报国家精品课，其课件获省二等奖，其教材评为省精品教材。"唐宋词鉴赏·中国"网一年内三次重做，越来越精美，在全国同类课件中已达到一流先进水平。

（据王步高档案）

6月28日　先生为彭书雄先生《大学语文改革的理论与实践》一书作序于南京龙江寓所。序曰：

彭书雄的这本书是近年来"大学语文"研究领域最重要的成果之一，我本人并不完全赞同他的所有结论，况且，随着"大学语文"课程越来越受关注，对许多问题我们会有更新的认识，但是，作为一部代表21世纪初全国"大学语文"研究最新成果的研究专著是十分值得人们关注的。理论在发展，实践水平在提高，我们衷心期待彭书雄先生在此领域做出更大的成绩，我们更期待祖国的母语教育能真正转危为安，迎来一个百花盛开的春天。

8月　先生主编之《唐宋诗词鉴赏》由北京大学出版社出版，42万字，系"普通高校人文素质教育通用教材"之一，所著《关于词的起源》一文附于书后，有曰：

词是怎样产生的？是何时产生的？这看似词学常识的问题，却是词坛争执不休的话题。《诗经》中就有一些长短句的诗，有人认为词与诗同源，也起源于上古时期；也有人说词起源于六朝乐府，故宋代欧阳修、周必大均名其词集曰《近体乐府》，元人宋褧词集也名《燕石近体乐府》。"近体乐府"者，格律化的乐府诗也。更有较多的人认为词是燕乐产生以后才兴起的，燕乐传入中国是隋代，故词之产生不会早于隋唐时期。第四种是认为词产生中晚唐，因而否定《菩萨蛮》《忆秦娥》二词乃李白所作。

2001 年笔者在澳门大学参加国际词学讨论会，在第一天的报告中，力主词起源于六朝乐府说。但遭到六位专家的当场责难，其理由无非是平仄不合，韵律不严。按照诸公的标准，只怕唐代的敦煌曲子词也难称为词，因为平仄韵律不合处多矣。他们不责难敦煌词，而苛求乐府词，似有失公允。我当时答辩曰：请问中国猿人算不算人？不成熟的词不算词，不成熟的格律诗也不算格律诗。崔颢之《黄鹤楼》、杜甫之《咏怀古迹》等作品中，失粘失对之处尚多。前人均谓之七律，是前人失之太宽，还是我们失之太严？中国猿人若出现于今天之闹市，谁承认其为人？而猿人算人是毋庸置疑的，敦煌词是词也不容怀疑。

9 月 19 日　先生在东南大学纪忠楼讲课后，接受了吴琼瑶、王梦二记者采访，问答记录被撰稿为《海涵地负　爱在东南——人文学院王步高教授畅谈东大》，载入东南大学出版社 2008 年 4 月出版之《回望百年话精神》一书。

9 月　先生主编并作序之《春华秋实——春华诗社二十年诗词选》，由中国文联出版社出版，20 万字，首印 1500 册。其序"丁亥白露于金陵之秦淮寓所"，有曰：

二十年间，多有可歌者。诗社方正向明，左棍肆虐，决不畏惧，宁玉碎而不瓦全；诗社高度团结，虽年有中青之分，学有浅深之别，创作有高下不同，志趣亦有雅俗之异，然亲如手足，虽黑云压城，亦坚不可摧；诗社终以"诗"歌创作研究为主旨，出作品，出人才，出理论，唯以活动为聚会之由，非以热热闹闹之花架子为能事；诗社以民主群言为准绳，无家长制，无一言堂，以诗会友，以文会友；诗社重感情维系，一人有难，众人相助，经济上慷慨解囊，生活中同舟共济，诚爱诗之同道，处世之挚友矣。

方今之世，传统文化日渐式微，西方文化大举入侵，大学教育，言必英美，母语之地位竟不若半殖民地之旧中国，"七七事变"七十年矣，当此民族文化危亡之秋，吾辈当效父辈之抗击日寇以捍我中华文化。民族文化之消亡有甚于亡党亡国，今之日写中华诗词，亦爱国之举也，能作传世名篇，亦吾之平型关大捷也。今之传世名家，亦诗词领域之岳飞、文天祥也。凡我春华诗友，勉之，勉之！

10月　先生作高启《念奴娇·自述》、陈维崧《水龙吟·秋感》赏析文章，载萧涤非、刘乃昌编，山东大学出版社2007年10月出版之《中国文学名篇鉴赏·词赋卷》。

是年　先生从东南大学文学院退休。

12月　先生主编之《唐诗宋词鉴赏立体化系列教材》，被评为江苏省高等学校精品教材，荣获省教育厅所颁证书。

是年　为中国古代文学研究生主讲"中国古典文献学"64课时，"诗学通论""词学通论"各48课时。为健雄院本科生主讲"大学语文"共64课时。为全校本科生主讲"唐诗鉴赏""唐宋词鉴赏""诗词格律与创作"公选课各32课时。

（据王步高档案）

2008年（戊子）62岁

1月17日　先生经审批同意，晋升文科二级教授。

1月　先生被东南大学返聘一年。

4月　先生撰《东大精神与办学特色》一文，刊载于《回望百年话精神》一书。其文曰：

东南大学是办在六朝皇宫与明国子监旧址上的一所著名学府。

自1902年兴建三江师范学堂以来又历经105年，民国年间这里曾是中央大学，是当时学科最齐全、学生人数最多的高等学府。近一二十年间，我们又新建浦口、九龙湖校区。校园面积增长近八倍，古老的名校焕发新姿。传统文化与现代科技、现代办学理念的结合，又经一代代的东大人的勤奋努力，镕铸出具有自己显著特色的东大精神与办学传统。东大之精神，可用"诚朴求实，止于至善"八字来概括。

"嚼得菜根"是吾校一以贯之的优良传统。如今办学条件、生活条件与战争年月不可同日而语，但这种艰苦奋斗、自觉奉献的精神仍须代代相传，发扬光大。

4月　先生与东南大学土木工程学院教授、博士生导师单建先生共同主编的《东南大学校园诗词选》由东南大学出版社出版，12万字。其"序"云：

中华以诗国著称于世，而吾东大乃格律诗词发祥之地也。吾校之四牌楼校区，乃六朝皇宫、明之国子监故址也。"四声八病"之说首倡于斯，"永明"体首作于斯，"竟陵八友"活动于斯，此诗之格律化之始也。或谓词亦起源于齐梁乐府，则梁武帝及诸臣之《江南弄》、徐陵辈之《长相思》，皆文人词之滥觞，其皆作于斯也。《昭明文选》《永乐大典》亦皆成书于斯，其于中华诗史，功莫大焉。民国间此处乃中央大学，全国之最高学府，亦诗词大师之摇篮也。当是时也，张之洞、缪荃孙、李瑞清、陈三立、张謇、罗家伦、梁希、夏敬观、顾毓琇公务之暇，徜徉于诗坛画境，亦游刃自如；王伯沆、吴梅、陈匪石、刘毓盘、李叔同、汪东、王易、乔大壮、龙榆生、徐志摩、闻一多、胡小石、黄侃、汪辟疆乃一代宗师，又无愧为诗词泰斗；陈去病、李冰若、唐圭璋、任中敏、卢冀野、沈祖棻、吴世昌、杨宪益、巴金、胡风、王季思、霍松林为吾校学子，嗣后皆驰骋诗坛文坛数十载，执中华诗文牛耳者也。唯诗言，是时视我华夏，谁其出吾校之右者？

自中大解体，诗词不复往昔之盛，犹弦歌不辍。

新时期以来，吾校诗词复振，诗词教材重登课堂，诗词讲座此伏彼起，校歌之声不绝于耳，高雅文化重领风骚，中华诗词重进吾校园，六朝松下再闻箫韶之音。赓潜社、如社之韵味，唱时代之新声，抒报国之深情。诗教复兴，以诗兴校，以诗育人。诗刊词刊苗如春笋，集其成者，前有《中大校友百年诗词选》，今有《东南大学校园诗词选》。二者仅时隔六载。尤可喜者此编中虽不乏南工以来教师之作，更多近年来学生习作，且颇有理工科学生之诗词。其稚气犹在，而已严守格律，不视平平仄仄为畏途矣。文理贯通，吾东大之人文教育，于此亦可见一斑矣。

4月20日　先生获东南大学团委、学生会颁发二〇〇八年东南大学"我最喜爱的老师"荣誉证书。

5月18日　先生为其独立主编之《大学语文（全编本）》撰写"前言"，该书系"十二五"普通高等教育本科国家级规划教材，由南京大学出版社于2008年6月出版，96万字。在"前言"中深情寄语"大学生朋友"：

"文学是人学，每读一篇优秀的作品，便是在与一个高尚的人谈心，希望同学们遇到不顺心的时候，不妨去读读陶渊明、苏轼等人的旷达之作；遇到困难时，也可以去读读陆游、辛弃疾可以立顽起懦的作品。"

"朋友，希望文学成为您人生航船上的又一台发动机，使您的事业如虎添翼。有朝一日，当您作为一名大科学家在做学术报告时出口成章，能言善辩，您就会觉得文学对您的帮助并不在专业知识之下；当您成为大政治家、大外交家、大律师，或接受记者采访，或在法庭上面对挑战，侃侃而谈，语惊四座，也会觉得是文学赋予您底气；当您成为大企业家与日本、韩国及港澳台地区企业家谈判结束时即席赋诗，妙语连珠，又会觉得文学在为您增光添彩；当您事业有成，需写报告、搞总结时，同样会感到文学的存在……愿《大学语文》化成巨大的文学芯片，植入您的头脑、电脑中，以其大容量及广泛的兼容性，成为您永久的朋友。"

全书除了全国多所高校数十位专家、教授分别担纲撰写外，还有十多篇重要文稿及书末总附录《诗词格律常识》，亦由先生编著。

同日，为其主编之《大学语文（简编本）》撰写"前言"，与上序小异，该书系国家"十一五"规划教材、大学语文立体化系列教材之一，由南京大学出版社于2008年8月出版，78万字。

上半年　先生在南京一民办高校兼职。

9月1日　先生被江苏省教育厅授予"江苏省高等学校教学名师"称号。

10月3日　先生于秦淮河畔龙江寓所撰成《试论"大学语文"教材与教学中的"双超"理念》一文：

我主持编写的《大学语文》教材，从篇幅上讲是同类教材字数最多的，从难度而言又是同类中最深的，从编教材和"大学语文"教学实践中我逐渐悟出"高校教材内容要适当超过课堂教学所需，其难度也应超过大多数同学的接受能力"，我戏称之为"双超理念"。

这是我对"大学语文"教学改革系列理论探讨中最难以为同行接受的观念，它甚至是影响我的教材进一步扩大发行的首要原因，我却坚信不疑，撞了南墙也不回头。

"双超理念"是与传统的"学以致用""少而精"教育思想背道而驰的，而后者恰是新中国成立以来对我国教育危害最烈、最能惑众、长期占统治地位的思想。

我们给学生的不是一杯水，也不是一桶水，而是一条河，任何大肚皮学生都管够的一条河。它是极丰盛的自助餐馆，管吃，还管带，可按需分配。

这样做的好处是显而易见的：猫眼、祖母绿……各种一流奇珍名篇都可一饱眼福；通过"总评""集评""汇评""本事典实""作品综述""研究综述""学术争鸣专题"……各种精辟的相关见解也都于课本里集中展示。学生得到"高峰体验"，再也不会言必称希腊，能提高民族自豪感，教师也被"逼"去贴近学术前沿，时时充电，这样有利于教学相长。让学生站在高山之巅，四野八荒、星月银河尽收眼底，直使人有天人合一、目不暇接之感。

10月　由先生2003年作序、崔新先生译《译注焦氏易林》交中国文联出版社出版，30 万字，首印 2000 册。序曰：

焦赣西汉人，迄今近二千年矣。汉人注"六经"，唐人已难懂其注，孔颖达等遂加疏证，而于千百年后之今人读《易林》，语言之索解自难乎其难，而况典故经谶哉！崔新公以耄耋之年，不辞辛劳，历时近十年，于《易林》考订校注，并详加翻译，使之易读易解，实焦氏之功臣也。《易林》以四言诗句写成，而诗无达诂，译诗亦然，有所可斟酌者势所难免，以崔公一人之力，以江洲一地之书能如是则尤难乎其难。

崔新公乃黄埔军校十五期毕业，早年从戎，后就职于县中图书馆。余识崔公为二十年前，但交往不多。公乃吾岳父生前好友，又与吾之挚友金家礼君过从甚密，还与余诸弟子有所交往。得崔公以是序相嘱，余乐以为之。余学殖不富，于《焦氏易林》知之尤少，诚恐有负公托，且今岁事尤烦冗，读是稿未尽而序之，诚惶诚恐，愿读此书诸君有以教我。

10 月 23—26 日　先生参加两岸清词学术研讨会，会议由南京大学文学院举办，南京大学全清词编纂研究室具体操办，在南京华东饭店举行。与会代表约 80 人，有叶嘉莹、杨海明、吴宏一、孙克强、邓乔彬、张仲谋、施议对、林玫仪、黄坤尧、徐有富、侯雅文、裴喆、朱丽霞、周明初、解玉峰、俞为民、朱德慈、王昊、彭玉平、卓清芬、彭国忠、米彦清、周绚隆、郭醒、孙赛珠、张春晓、李昌集、赵晓岚、李保民、曹明升、张世斌、陈书录、石雷、涂波、李康化、李越深、张剑、俞士玲、杨柏岭、刘勇刚、马大勇、朱惠国、邓红梅、王兆鹏、曹辛华等。

12 月 3 日　先生于秦淮河畔龙江寓所撰成《论母语对学生成才的意义与作用》一文，此为其与何二元合编之《大学语文教育与研究》序。何二元为杭州师范大学副教授。其序曰：

母语是学习的根基，是学习的第一工具。

母语是人们思维的载体，仿佛行船、游泳、钓鱼……离不开水。

母语对记忆、理解的影响也是显而易见的。

母语是学生窥知绝大多数知识的窗口。

母语又是中华传统文化的载体，它是中华学子从祖国母亲沃土中汲取营养和水分的主根系。

未来中华建设的主要人才要靠我们自己的学校培养出来，是我们的高等教育质量决定着中国的未来。

我们肩负传承中国传统文化的使命，肩负对新一代大学生进行文化素质教育的责任，不能把振兴中华的希望都寄托在海归学者，要振兴全国高校的母语教育，这是提高中华民族文化素养的大业。我们意识到母语教育与学生成才的关系，意识到其与中华复兴的关系，不仅要大声疾呼，更要身体力行。哪怕困难重重也要不懈努力。

是年　先生被公派赴台湾访问考察，进行诗词学术交流。

是年　先生著《浅论诗人丁芒和他的创作》刊于《东坡赤壁诗词》当年第 6 期，此文 2014 年收入朱寿桐主编之《论丁芒》一书。

我十分熟悉丁芒，却并未认真研究他。1984 年我到江苏古籍出版社工作，当时丁老在江苏文艺出版社工作。此后我受他推荐，参加江苏省春华诗社，这是全国成立最早的中青年诗社。丁老是它的顾问，我任该诗社社长已十八年。此后我们又共同担任江苏省诗词协会、江南诗学会的领导工作，结下深厚的友谊。丁芒长我的父亲二岁，应是我的前辈。在丁老面前，我是应虚心学习，而无权妄加评议的。这里只谈几点粗浅的体会，算不得深入的研究。

他的创作，我觉得有以下几点是值得肯定的，甚至代表着中国诗歌发展的方向：

一是新旧体相结合。

二是创新体裁。

其三是诗词创作与理论创新相结合。

其四是他虽一生坎坷却敢于面对现实。

诗如其人，高尚的诗作出自高尚者之手，阿谀奉迎的小人笔下永远写不出好东西。

让我们学习丁芒，弘扬传统文化，为繁荣中华诗词共同奋斗！

2009 年（己丑）63 岁

1 月 10 日　东南大学党委书记胡凌云、校长易红签名颁发证书：

王步高同志

为表彰您在二〇〇八年工作中做出的突出成绩，特颁此证，以资鼓励。

2 月　先生获东南大学教学成果奖，获奖证书载明：

获奖成果：精益求精　内外拓展　建设高水平文学素质教育平台

获奖者：王步高　乔光辉　张天来　李玫　邵文实　白育芳　白朝晖

获奖等级：一等奖

3 月　先生母亲杨筱珍女士病故，享年 82 岁。

【链接】

离开故乡以后，认识的人多得多了，能如永丰"五七"学校同仁及学生如此真诚待我者并不多，我十分怀旧，几乎与日俱增。去年我母亲去世，我决心回乡盖房，把自己的晚年再与故乡联系到一起，促使我下此决心的是永丰学校师生的深情厚谊，我是追逐此真情而来。经过患难考验的友情是最可贵的。

（王步高：《岁月流年·序》）

4 月 28 日　江苏省大学语文研究分会获批，先生任会长。

6 月 4 日　经清华大学国家大学生文化素质教育基地常务副主任李树勤教授、副主任程钢教授推荐，先生接到清华大学人事处正式《通知》：

经学校讨论决定，聘请您为清华大学人文社会科学院高级访问学者。访问时间：20090901—20100131。

【链接】

决定孤身前往北京成为一个"老北漂"时，王步高 61 岁。

那时，他在东南大学已经是享受国务院特殊津贴的教授，主持着两门国家精品课程，著有数十本专著和教材，还是南京十大藏书家之一。

对这位半生坎坷，到不惑之年才将妻女接到身边生活的老人而言，这更该是颐养天年的时候。

但他还是坐上了去北京的火车，到清华大学开设最基础的关于诗词和语文的选修课。"国文是一切课程的基础，它的水平制约其他一切课程最终的水平。"他曾在一篇文章里说。

邀请王步高教授来任教前，清华大学李树勤教授在心里嘀咕，这个岁数，土生土长的南方人，家住秦淮河边，亲人朋友都在南京，"是我可能就不会去"。李树勤也找过别的老师开基础选修课，"都是千方百计找借口拒绝。潜意识里觉得体现不出水平，宁可自己发文章，写作品。但王老师答应得非常痛快。"

李树勤说，王步高刚到清华时，学生不重视人文素养。南开大学的顾沛教授在全国各地开数学文化讲座，场场爆满，唯独在清华只迎来了稀稀拉拉的几个学生。王步高在一段自述中说，自己也曾做过噩梦，200余人的教室学生几乎跑光，只剩下六七人。

王步高上课从不点名，课件只用繁体字，说话是带有浓重扬中口音的普通话，"我说的才是标准的中国话，你们那是北京方言，我的更有来头。"他的课常常拖堂数十分钟，台下仍然坐满学生。他认识学生的方式大多是在课上问，"×××是哪位，今天在吗？"这意味着学生上次的作业写得不错。

清华大学社会学系的王莹经历过没有王步高的校园，"那时学校也有诗社，但大家都是乱写，连格律都不通，也没正经办过活动"。王步高到清华开课后，组织学生成立了清莲诗社，"他不仅教我们基本的规则，还让我们领略到诗词的美"。

诗社的成员大多上过王步高的课。逢年过节，王步高都会叫学生到家中聚会，行飞花令，吟诗作对。后来流行玩狼人杀，他就坐在一旁专注地看。

（王嘉兴：《追忆王步高：我的学术生涯才刚刚开始》）

6月7日　江苏省大学语文研究会在南京成立，先生被大会提名为会长；尉天骄、张映光、徐同林为副会长。

【链接】

6月7日，江苏安徽两省第四届大学语文研讨会暨江苏省大学语文研究会成立大会在南京大学召开，共有苏皖两省100余位从事大学语文教学与研究的教师出席了本次会议。本次会议由南京大学出版社承办，江苏省民政厅社团处李健处长、江苏省社会科学联合会学会部陈晓明、江苏省写作协会会长凌焕新教授、南京大学出版社左健社长、金鑫荣副总编、南京大学文学院贾平年教授等领导和嘉宾出席了会议。

在庆祝江苏省大学语文研究会成立大会上，何平副秘书长宣读了省民政厅《关于批准江苏省写作协会大学语文研究分会成立》的批文及贺信。根据《江苏省大学语文研究会章程（草稿）和运作规程（讨论稿）》，大会提名王步高教授为会长，尉天骄教授、张映光教授和徐同林教授为副会长，何平同志为副秘书长，会议还通过了第一届理事名单。

（王抗战　南京大学出版社　2009－6－10）

8月　先生所著"唐宋词鉴赏讲演录"——《探寻词苑的艺术与人生》系《东南大学人文讲演录》丛书之一，由福建教育出版社出版，26.1万字。

【链接】

（一）内容简介：

本书是根据王步高教授在南京东南大学唐宋词讲座的录音整理而成。书中结合李煜、晏殊、欧阳修、柳永、苏轼、李清照、陆游、辛弃疾等词人的历史背景、生平经历、性格学养、写作艺术等方面来探寻唐宋词艺术的发展与演变及词中蕴含的人生哲理。

（二）编辑推荐：

真知灼见启迪读者，字斟句酌详解修辞，讲词讲比兴，讲寄托，多有知人论世之语。

9月中旬　先生在小女婿龚大兴陪同下，前往清华大学。

【链接】

十几号吧，记不清了。我陪同的。乘坐的是"南京站—北京站"的T字头。到北京是上午8：00左右，搭乘出租车到清华的。我们从清华西南门进去的，程钢老师骑一辆破旧的自行车（他不住在校内，一般是开车到学校，校内一般骑自行车），在西南门迎接我们，直接带我们去宿舍（西南楼 8 栋）。

中午，是清华的一位副书记（名字忘记了），还有李树勤老师、程钢老师等 5~6 人给老爷子接风（好像不是在甲所，而是在工字楼前面的教师食堂二楼的包间）。席间，副书记讲了一个笑话：说是 1976 年的时候，工农兵招生考试，教育部的人，让参加会议的人都做一做考卷的题目，只有蒋南翔（时任教育部长）及格，其他的人，都是二十至四十几分。

下午，就是买买买，所有的用品，用自行车一车一车的从校内商店，运到西南楼，再扛上四楼，当时，是按一年的时间（当时，学校约定是一年的时间，后来，变成无固定期限了）购买生活用品，不过，都买多了，老爷子说：以后几年都没有添加。

到北京的上午，程钢老师带老爷子和我，分别去工字楼（清华行政办公的地方）、朱自清写《荷塘月色》的那个池塘、人文学院办公楼，以及王国维墓（据说是衣冠冢）等地参观。

好像，那时，我陪同老爷子去北京报到时，身上带了 5000 块钱，第二天我返回时，身上剩下只够买一张车票的钱了。王岚当时写了一个购物清单，实际上，买的生活用品比清单上的东西多很多，基本上是全套生活用品，以及交通，通讯等。

程钢老师在我们到清华的当天上午，带我们去工字楼，是去学校人事处，提交报到《通知》，以及老爷子的照片、身份证等，办理工作证。办毕后，带领我们去参观的，从工字楼出来，分别去工字楼后面的池塘，好像还去了二校门。最后，去人文学院程钢的办公室。从人文学院出来后，绕过操场，去王国维墓……

当天中午，给老爷子接风的地方，是在荷园教工餐厅二楼的一个包间。

参观是从工字楼，直接到后面的水木清华池塘。

驻所……靠西边，是自行车棚，对面是教工小食堂。

（据 2018－6－25 王步高国学研究会微信群　王步高小女婿龚大兴留言）

10 月 4 日　晚，参加春华诗社"同联美酒、共话金秋"雅聚。

【链接】

诗词文化杂谈

王步高先生我早就闻名已久、仰慕已久，惜乎一直没有机缘拜见……

没想到，多少年之后，这就见到王教授了。

先生恂恂儒雅、博学多才，更兼谦和大度，令人如坐春风。

先生从东大退休后，又被清华大学聘为高级访问学者的，在清华大学讲授唐宋词和大学语文。这次，先生是 2 号才从北京风尘仆仆赶回家的，马上又要赶回清华，10 号就要开讲座，可谓忙人！所以大家得见，真是幸运！

那晚，我们还进行了八子联诗，本人忝为末座。——很有意思！

（据 2009 - 10 - 09　13：56：22 燕鸣春风的博客）

10 月 8 日　先生应邀出席潘金陵女儿结婚典礼，并做证婚人。

【链接】

9 月初，我就请王老师做女儿女婿的证婚人，原以为王老师因在清华上课不能前来，哪知王老师一口答应。在我女儿的婚礼上，王老师十分激动地说："我十分高兴当这个证婚人，因为我是她们两代人的老师（女儿女婿都是东大研究生）。作为老师，既希望学生的学习好，更希望他们的一生幸福，而婚姻是幸福的重要内容，祝愿这对新人婚姻美满，家庭幸福。"此刻，他没有著作等身、著名教授的一切光环，就是一位长者对晚辈寄予殷切希望。

（潘金陵：《老师，再教我一次——怀念恩师王步高》）

11 月 3 日　"于清华大学西南楼寓所"填词一首：《临江仙·自嘲》：

怕见熟人冷面，懒与官宦逢迎。时宜不合醉难醒。半生多坎坷，百折尚孤行。　常以东坡为镜，伶俜吾辈相形。不求腾达度兹生。但能终坦荡，无悔亦无名。

【链接】

词中可窥，先生六十出头，离开工作、奋斗十九年之东大，离开温暖小家，"北漂"京城，并非主动追求，实有许多难言苦衷：为建博士点东奔西跑无功而返之挫折感，退休去职之失落感，世态炎凉，令人唏嘘……

诚如东南大学文学院副院长乔光辉先生在其《明清小说戏曲插图研究》书中所言：

十六年间，人文学院办公地点数度迁移，原先是在老图书馆的顶楼，接着搬到五四楼的三楼东头，再接着就是搬到九龙湖。无论如何变迁，中文系的办公室总是处于边缘。总是习惯于低着头，不敢环视，悄悄地走进办公室，然后关上门，打开窗户，沉溺于自己的世界。无论是老图书馆顶楼还是五四楼三楼，只要你将心安在人文学院最边缘的角落里，静静地品味边缘的感受，不乏寄人篱下的孤独或落寞，没有足够多的让你对自己事业充满满自信的伙伴，边缘的痛苦会长久地隐隐地折磨着你。

东南大学的中文学科，距离主流的学科话语还很遥远；东南大学的中文学科，微不足道的以至于校长都不晓得他的属下还有这样一个学科。

（乔光辉：《明清小说戏曲插图研究》）

12 月　先生与何二元合编之《大学语文教育与研究》由南京大学出版社出版。除代序《论母语对学生成才的意义与作用》外，另刊载其《试论"大学语文"教材与教学中的"双超"理念》《对大师绝迹的思考》两篇文章。

是年　先生担任北京市大学生人文知识竞赛核心评委，主持人文知识竞赛现场作诗环节现场点评和打分工作。

是年　先生著《谈"大学语文"教材和教学中的"双超"理念》一文复刊载于《中国大学教学》2009 年第 3 期。

2010 年（庚寅）64 岁

2 月　先生著《论母语对学生成才的意义与作用》一文，修改于清华西南楼寓所。

5月13日　先生做客清华大学新人文讲座，畅谈"乌台诗案与苏轼诗词"。

6月6日　周日，18：30，东南大学人文讲座报告厅（教一111），先生做"六朝松下话东大"校庆专场演讲《百年东大的文化传统与历史底蕴》。

东大人有爱校的传统，从2002年到现在，我讲"六朝松下话东大"这个课题这个讲座今天是第34次（热烈掌声），就站在这个讲台上讲这个题目也远不是第一次，当我们从浦口校区、四牌楼校区第一次迁到九龙湖校区的时候，学校安排的第一场讲座就是"六朝松下话东大"，每一次讲我都努力把课件做认真的修改，对讲的内容做认真的补充，这一次讲，我们从原来67张PPT今天增加到102张（热烈掌声）。

这里，我特别介绍王酉亭的精神……

接着，先生便声情并茂地讲述中央大学农学院畜牧场一位技师，如何在中央大学被迫撤离南京时，联络一帮志同道合的同事，用学校发的遣散费，将那些进口来用于教学实验的猪、牛、羊、鸡、鸭等动物，吃尽千辛万苦，运往大后方——

战乱年代，不但人遭受灾难，连这些猪、马、牛、羊也步行二十三个月从南京走到重庆。同志们想想，当时战争的时候，很多学校都溃不成军，中央大学除了房屋没有运走，地皮、草、树木没有运走，连猪、马、牛、羊都去了重庆！同志们再想一想，每天走十几里地，十几公里吧，天上是日本鬼子的飞机轰炸，路上常常是洪水泛滥，很多地方的道路都是泥泞的山地，靠着两条腿走，走二十三个月啊，比我们红军的二万五千里长征只走了十二个月还要长啊，太了不起了，这是我们中央大学，我们的老祖宗是这样做的，这么多年来，我们学校能够兴旺发达，靠的是这种王酉亭的精神！

所以每次讲到王酉亭，讲到我们东大人这段历史的时候，我力主找一块地方列一个王酉亭的纪念碑，有些校长未必一定要立碑，也许他当校长当得并不是很好，对东大长期的发展没有起了不起的作用，但这样一个畜牧场的普通技师给我们树立了一个高尚的道德情操，高尚的一个非常高大的东大人的形象，希望同志们记住这个名字，这是个不很令人注意的，在其他外校的书上是查不到的这样一个小人物的名字，他是东大最光辉的名字！

（据大学语文研究网站，宋昱、周南希 2009 年 6 月 11 日整理稿）

6 月 24 日　先生著《大师远去后的思考》完稿于清华大学，该文初稿于 2009 年 7 月 15 日于南京秦淮河畔，刊发于《教师》2010 年第 19 期。

大师的远去使我们不得不承认以下的事实：我国的所有大师都是外国和旧中国培养的，这是让人们尴尬的事实。

从王国维、胡适、鲁迅到任继愈、季羡林，我们不难数出百个以上的大师姓名，他们的学科遍布社会科学、人文科学、自然科学等各领域。他们的共同点有如下几点：

有很深的母语与国学根基；

他们接受了西方文明、西方思想；

他们都有点"傲骨"；

大师应当较少受名利的驱使；

大师们也都没有许多自封"大师"的"霸气"。

要挖掘大师成才的自身原因及其共性还可说出许多。但营造能造就大批大师的环境显得更为重要。全国几十年不能产生一个大师，已宣告我们教育制度的问题重重。除了极"左"路线、数不清的政治运动外，近三十年的教育制度同样不能造就大师。

任继愈、季羡林走了，留给我们的是深刻的反省。即便我们急起直追，方向对头，措施得力，中国下一代的大师也得三四十年后才会较多出现，当然外行领导任命和自封的"大师"是不能算的。

6 月　先生参观故宫博物院并留影。

6 月　先生为北京市高等学校师资培训中心（教育部全国高校教师网络培训中心北京市分中心）举办国家精品课程"大学语文"骨干教师高级研修班学员上示范课。

【链接】

（一）

下午，新人文讲座在 6 教 6C300 如约开始。本次讲座邀请了在古典诗词方面造诣深厚的东南大学王步高教授。约 360 余名师生听取了讲座。

讲座伊始，王步高教授简单地介绍了苏轼的生平、创作和时代背景。苏轼的年代，正是政治改革家王安石进行变法革新的时代。围绕变法，引起了十分激烈长久的新旧党争。苏轼卷入其中。并在新旧党争的夹缝中挤得焦头烂额。其中最有影响力的案件就是"乌台诗案"。苏轼因为此案而入狱，出狱后被贬官黄州……

讲座最后，王步高结合苏轼的遭遇和自身在"文革"中的经历总结了几点人生感悟，赠予在座的同学们：1. 要能从黄连（最苦的中药）中嚼出甜味来；2. 不要以自己的创伤去博得别人的怜悯，怜悯的眼光后面难保没有几分鄙夷；3. 落魄者的尊严只能靠重新崛起；4. "欣然同忧患如处富贵"；5. 鲁迅："敢于面对惨淡的人生，敢于正视淋漓的鲜血"。

（据清华大学新闻中心网站，学生通讯员方寅新闻稿）

（二）

林刚《大学语文教学改革与实践的新范本——以东南大学王步高精品课程建设为例》节选：

东南大学王步高教授领衔的国家级精品课程《大学语文》建设取得了令人瞩目的成绩，同时也为全国高校的同仁们提供了一个大学语文教学改革与实践的新范本。这主要体现在如下几点：

1. 坚持理论创新，把好学科定位

东南大学"大学语文"教学改革与实践扛起的大旗就是理论创新。作为国家级的精品课程建设，王步高教授提出了"要从提高全民族的文学素质高度认识课程重要性"，强调了母语教学的重要，"母语是学习的根基，是学习的第一工具。母语仿佛计算机的操作系统 XP"。这说出了广大大学语文教师想说而未能说出的话。东南大学的做法和倡导，实际上对全国高校的大学语文教学做了一次方向上的正确引导。王步高教授总结出的"大学语文要姓大"、坚持"多元"与"开放"结合的原则；教学内容的"双超"理念，都是对当前大学语文课程建设的理论创新、对学科定位的很好把握，值得我们众多学校和教师认真地学习、效法。

2. 不断深化与拓展，将课程做大做强

东南大学在大学语文的教学改革与实践中，并不囿于一门课程，而是发挥母语自身的丰富性与传统文化的博大精深，在内外、纵横两个维度上不断地深化与拓展，将课程做大做强。该校 2004 年以来，以"大学语文"评上国家精品课程为新起点，探索其持续优化建设的有效途径。比如，着力打造文学素质教育平台，先后建成"大学语文"和"唐宋诗词鉴赏"两门国家精品课程（群），推出了系列精品讲座，建成两个系列化立体化精品化教学资源库，等等。推出了 16 种纸质教材和数十种电子网络教材，建有两个大容量课程网，为全国各层次高校提供系列精品教材和集图、声、像等为一体的数字化平台。他们不等不靠，在一个以工科为主的大学里擎起了全国大学语文教学改革的大旗，以其理论研究的再深化、系列教材的精品化、教学手段的多样化、教学团队的更优化，基本实现了本课程的全面系统化，实现了做大做强，堪称全国大学语文教学改革的重镇！这里很多经验值得总结，像他们提出的课程群持续优化、对外拓展、内向拓展和深化，课程全程录像，挖掘校史资源的自身特色，都是闻所未闻的"大手笔"，而这一切又是在其团队人员数量并不多，教授也只有他一人的情况下取得的，实在令人佩服。

3. 课堂教学讲方法，润物无声效果好

在国家级精品课程"大学语文"的建设上，年过六旬的王步高教授身体力行，多次讲授公开课程。笔者曾经有幸聆听了王教授主讲的教学示范课《长恨歌》。这是一堂生动活泼、情趣盎然又充满人生智慧与社会历史批判的大学语文课！这也是本人一直追求和主张的大学语文教学方法——教师个人的魅力在学识，课程的效果在方法。大学语文老师要想讲好课，必须像王步高教授那样充分地查阅文献资料，引入最新的学术成果，同时又能用大一学生能接受的语言深入浅出地讲授，真正地让学生有"高峰体验"，真正地是在讲大学的课程。王教授的这堂课，充满气势，富于感情，很投入，既紧围绕课本，又不照本宣科，既纵贯古今，又横及中外，嬉笑怒骂，皆有文章！

王教授的教学方法是很独特的，他不囿于某些教学目标，而是将一篇课文尽量地生发开去，巧妙联系古今中外的典故运用与现实案例，寄予了很多情感、审美、道德、伦理的教育因子在其中。听课中印象最为深刻的是，当分析到《长恨歌》主题"歌颂爱情"时，王教授并没简单地停留在厚古薄今上，而是举出自己当年被打成"反革命"时夫人探监两人未能见面以目光远远交会的心情，很是让今天的年轻学子、甚至我等中青年教师无限感喟，进而理解文章主题。这哪里是我们常见的令人昏昏欲睡的语文课，而是一堂情感的涤荡、美的欣赏与伦理思考的人生课，知识的传授早已融注在王教授字字珠玑的舌吐莲花中，那些很多让我们讲授多遍的老师都未能知晓的历史、掌故、典章、制度与文献，诸如诗词格律的运用、"夜专夜"的解释、方言的押韵和唐宫"孤灯的质疑"，这些无疑会让学生们感受到大学课堂的"大"和"深"，王教授一路讲来，其中却丝毫没有枯燥和乏味。这样的课堂效果，绝对受到学生欢迎，我相信，王步高教授的大学语文课上，绝对没有学生会打瞌睡的。作为从事这门课程教学的高校教师，我很欣赏这种教学法，也希望自己能够运用得更好！

4. 师者仁心无私奉献，泽被同人任重道远

从东南大学目前取得的成就看，该校大学语文精品课程的建设是一个系统的、不断深化和拓展的过程，在这个过程中，东南大学的课题组在王步高教授的带领下，将已评上的国家精品课程持续发展，大幅全面提升；外向拓展，发挥其对全国同行的强大辐射作用；对内丰富和发展了国家精品课程的理论与经验，拓展创建其他国家精品课程（群）；发掘学校的历史文化，创建了具有本校特色的系列精品讲座和校园高雅文化；还先后主办了全国和四次苏皖两省大学语文研讨会；通过对300所高校的调查，完成《大学生母语教育的现状及其对策研究》的报告，交教育部作为决策参考；出版《母语教育的现状及其对策研究》《大学语文教育与研究》等论文集，使教学研究大大深入并系统化。

尤其难得的是，在当前这个讲物质利益胜过一切，过多强调知识产权保护的"拜金"时代，王教授的团队将所有的建设成果公之于众，免费赠送各类教材和光盘，网上的资源与课件从不设置门槛，这些都让众多开设大学语文课的高校与教师深受其益！"一校建成，全国共享"，多么坦诚而响亮的口号！真是师者仁心，泽被同仁！想想我等平时授课连自己的简单课件都拒绝提供给学生，你是否会汗颜呢？东南大学的开放

胸襟，也为今后从事大学语文精品课程建设的众多高校与教师提供了一个样本与典范，沿着他们开创的道路继续探索，学习其无私奉献的精神，将是我们大学语文教学界无数同人的共识和做法，尽管任重而道远，但有东南大学的激励与标杆，我们一定有信心、有能力做得比自己的过去更好！让我们共勉！

（注：此文为林刚 2010 年 6 月参加大学语文精品课程师资培训后提交的作业。后收入陈建男主编的《探索与改革——北京市艺术院校人文社科公共课程教学改革研讨会论文集》，中国电影出版社，2012 年）

7 月　先生撰《扬中风情》序"于金陵秦淮河畔"，有曰：

吾市有建置之史仅百年，文化积淀亦浅。然其地处苏南，为"长三角"之腹地，受宁沪及苏锡常文化之辐射，渐次形成有自身特色之文化。举其要者凡六：

其一为移民文化。

其二为工业文化。

其三为尊师重教之文化。

其四为远山亲水之文化。

其五为注重饮食之文化。

其六为争强好胜之文化。

…………

本书之编者，多为我在故乡任教时之领导与同事，学养深厚，又在文化教育部门工作数十年，对家乡之历史人物、历史文化了如指掌，兼之走村串户，采风访谈，多次聚首切磋，汇就此书，名为《扬中风情》，实为文学版之《扬中市志》。历史人物、风俗民情、历史掌故、语言文化，皆以优美流畅之文笔书之，可读耐读，于扬中之文化建设有益当代，功在不朽。

8 月 5 日　先生成为本年第 8 期《教师》封面人物。

9 月 13 日　先生在蚌埠参加本年度"南京协作区大学语文教学协作年会暨第五届苏皖大学语文研讨会"，20 人与会。

9 月 22 日　中秋节，先生于清华大学改定回忆性散文《回眸》。

9 月　先生为《春华秋实——春华诗社二十五周年诗词集》作序：

经风沐雨，春去秋来，吾诗社已历二十五度寒暑矣。春华风采依然，团结依旧，人才斐然，硕果累累。曰风采依然者，春华人不跟风、不畏官、不惧左、不怕压、不媚俗、不虚夸、不浮躁、不逐利，此春华精神所在也，亦青春永葆之源也。曰团结依旧者，纵受长期打压，其核心层依旧，如兄如弟，如师如友，淡泊名利，相濡以沫。曰人才济济者，吾社重德爱才，虚己待人，故江左才俊如水之归下，纷至而沓来，一度度吐故纳新，吾不求浩浩荡荡，只求兵精将强。试看今日之春华，享誉教坛者多多，蜚声诗坛者多多，诗词歌赋、楹联书画，何处无我春华英姿？江左诗坛，何人不知我春华之令名？曰硕果累累者，作品著作丰硕之谓也，我区区数十人，其著作何止百数，获奖亦以百数，名篇佳作，又可百数。谓我二十五度春秋，不虚度矣。然则未可陶陶然飘飘然，天外有天也。昔日吾辈曾以"每年迈一小步，五年迈一大步，出作品，出人才，出理论"为训，虽历经坎坷，大致犹能如是，只"出理论"犹未有建树，且佳作虽多，能震古烁今者犹未有也。数年前欲以作一大型组诗，犹未见进展。

欲继往而开来，接武三元，吾辈犹当加餐努力，自强不息。吾辈同仁勉之。

庚寅秋八月扬中王步高于清华园

10 月 14 日　先生撰成《从名校校史看中国大学校长的素质——读清华大学、东南大学、北京大学等名校校史有感》：

首先，我认为一流的大学校长应当是思想家兼教育家，二流的校长是教育家，三流的校长是学有所长或教有所长的好科学家或好教授。如今的大学校长有相当一部分并不在此三者之列，有的只是水平不高的党务工作者或活动家，他们在高校工作多年，却基本不懂教育的理论与规律，他们的作用是"误事"大于"成事"，"误人"多于"成人"。

最近看到一所著名大学 18 名学生黄山遇险，被警察解救，一位警察牺牲，而这些大学学子竟冷漠到拒绝参加这位警察的追悼会。这样的"精英"培养了何用？

要有国际一流的大学，先要有一流的大学校长，没有蔡元培、梅贻琦式的校长，没有好的教育制度，没有既具深厚的民族文化传统又先进的教育理念，要建成真正国际一流的大学几乎是不可能的。

11月22日 先生于清华大学西南楼寓所撰《钟山诗文精选》序。该书由蔡龙和先生合作主编，2013年4月南京大学出版社出版。序曰：

钟山古称金陵山，战国时楚国于此建金陵邑，城因山而得名。汉始称钟山，东吴孙权因避祖父之讳，并为纪念蒋子文而改曰蒋山，东晋因"侨置"之故而名紫金山，亦名北山，亦名圣游山，明嘉靖中诏改为神烈山。钟山为江南茅山之余脉，系"江南四大名山（衡庐茅蒋）"之一。

2008年南京中山陵风景区建设集团公司又委托吾等搜集与钟山风景区有关之诗词资料。此项工作由我牵头，第一阶段搜集资料工作则由宋昱、方锐、张艳等几位年轻同志完成。

此乃一项前无古人之工作，于钟山诗词，前人还未做过如此全面系统之整理工作。于一般读者而言入选之作品除一二十首外都是相当生疏的；即使诗词专家，其大部分亦未曾谋面，将此很有价值、优秀之诗词曲赋及散文作品发掘出来，为今日之南京新文化建设及旅游开发服务，颇有意义。此类诗文不仅与钟山有关，其本身亦有较高之艺术性和人文与审美价值。其对南京历史文化之研究更有参考与资料价值。

11月24日 先生著《空中望月》完稿于清华园寓所。

12月1日 先生为原中学校长黄寿年先生所著《岁月流年》作序：

读完寿年兄《岁月流年》的电子稿，眼中一直含着泪花。我被书中一个个人物和故事感动着，更被文章的作者赤诚之心感动着。它带着我又回到家乡，闻到家乡的泥土味；又回到昔日在扬中工作的情景，一个个故人，一幕幕往事，倍感亲切。

那三年，仍是我迄今为止最安定的，没有太多的干扰，也无太多的追求，也无太多的烦恼。后来就南北播迁，到东北，到南京，到北京，如今全家九人竟分住在两国五地，不能不深深怀念那段相对安定的生活。

永丰"五七"学校虽早已不复存在，它永远是联系我们友谊的纽带，也永远是维系我乡情的纽带。

在那啼饥号寒的岁月里，我们都活得很艰难。寿年兄经济比我更困难，他工资比我低得多，嫂夫人工作也不如我爱人固定，他还比我多一个孩子，他还是艰难地走过来，几个孩子都成才。酸甜苦辣和艰辛可想而知。

每年元旦、春节，都是他先打电话给我拜年。他的存在，使别人生活得更美好，这是天使的角色。许多居高位的人却因为他们的存在，使别人活得很艰难。我比寿年兄活得更累，等我完全退休了，我也能如他那样关心别人，关心故友吗？答案应当是肯定的，他为我做出了榜样。

我发自内心感激寿年兄和他的全部亲人，他的内兄嘉祯、嘉祥和内弟嘉瑜都是我的好友。我感谢原永丰"五七"学校的同事和学生。我永远忘不了他们，借《岁月流年》出版之际，表示我的谢忱！

寿年兄年将届七旬，如今百岁老人也比比皆是，希望他健康长寿，全家幸福！希望能有机会出席他的百岁寿诞！寿年，寿年，望兄寿过期颐！

是年 受邀撰写《钟山整治纪念鼎铭》：

巍巍钟阜，叠嶂重峦。衡庐茅蒋，翘楚江南。十朝故都、延祚千年。洪武逸仙，陵寝比肩。草长莺飞，古树参天。奇花珍卉，彩蝶翩跹。红羊伊始，钟山运蹇。居民企业，大举入迁。垃圾狼藉，污水漫湮。鸟兽逃窜，花萎草蔫。市府决策，挥写鸿篇。五年整治，捷报连连。村寨企业，整体迁搬。拆除违建，景点新添。七区布局，十河绕山。湖水丰沛，湿地拓宽。山增灵秀，栈道蜿蜒。显山透绿，生意盎然。继承文脉，丰富内涵。旅游发展，文化当先。还景于民，游憩休闲。人文绿都，品质初现。五度寒暑，历尽艰难。造福子孙，功德无边。

（据冯亦同先生所供资料）

是年　先生撰文《诗词美与自然美的和谐融合——评〈我见青山多妩媚——人与自然主题历代诗词选〉》，刊于《江苏政协》2010年第 A1 期，文云：

我有幸在清样阶段便读到这本书，深深为之叫好！这本书立意新、选篇合理、注释解析精到，又由名家领衔，令人称赞不已。

"天人合一"与人"本来就是自然界"是高度一致的，它要求我们认识自然，认识自然的规律，按自然规律办事。而所谓一亩地打 13 万斤粮，以及"人有多大胆，地有多大产"云云，只是痴人说梦。敬重天地，敬重自然，敬重规律，才是科学态度。

《我见青山多妩媚——人与自然主题历代诗词选》从历史的眼光，以诗词作品为对象，在主张"天人合一"的大前提下选择人与自然山水、人与农村田园、人与自然界的鸟兽虫鱼和谐相处的诗词作品 180 多首，包括了从汉乐府到清代的众多大家、名家的诗词。其中尤以唐宋两代居多。书中既选了陶渊明、王维、孟浩然、范成大等山水田园诗派作家的作品，也选了辛弃疾等虽并不以写山水田园诗著称，却作品众多，且精品较多的作家之作品。有许多作品令人耳目一新……

作品的解析也很有分量，融学术性、知识性和趣味性于一炉。撰稿人高屋建瓴，站在中国文学史、诗歌史的高度，解析一篇篇诗词作品。某些篇目的解析几乎可作一篇论文，却又比论文浅显易懂。

是年　担任北京市大学生人文知识竞赛核心评委，主持人文知识竞赛现场作诗环节点评和打分工作。

【链接】

《我见青山多妩媚——人与自然主题历代诗词选》，莫砺锋主编，江苏政协文史委员会编著，时任江苏省政协主席张连珍作序。2009 年 12 月由江苏人民出版社出版，37万字。

莫砺锋，1949年4月出生于江苏省无锡市，1984年10月毕业于南京大学中国古代文学专业，获文学博士学位，是新中国的第一位文学博士。南京大学文学院教授、博士生导师、南京大学中国诗学研究中心主任，2014年被评为南京大学人文社会科学资深教授，央视百家讲坛著名主讲人。

莫砺锋曾任南京大学中文系主任，第八届、九届江苏省政协委员，第十届江苏省政协常委，南京大学党外知识分子联谊会副会长。兼任教育部社会科学委员会委员、中国教育部人文素质教育指导委员会委员、教育部中文学科教学指导委员会委员、中国韵文学会理事、中国唐代文学学会常务理事、中国宋代文学学会会长、中国杜甫研究会副会长、中国陆游研究会会长等职务。著有学术专著五部，发表论文百余篇。

2011年（辛卯）65岁

3月14日　第53稿《清华百年赋》刊载于清华大学水木清华编辑部《水木清华》第3期：

上苑清华，坐京师西北，倚燕山而望玉泉塔影，邻颐和而近圆明故垣。康熙造熙春以贻皇子，咸丰更清华而为新藩。今之清华也，方六千余亩，黉宇崔巍，中西合璧；亭台隽秀，今古相间。工字厅临漪榭，续前清民国之古风雅韵；主体楼科技园，展信息时代之华彩新颜。秀木森森，栖黄莺丹凤；芳草萋萋，缀锦簇花团。湖光秀丽，寻荷塘月色之踪迹；园景旖旎，摘亚洲校园之桂冠。二校门玉立亭亭，兴毁之间识沧桑巨变；万泉河流水潺潺，涨落之际涵世纪风烟。

宣统辛亥，迁"庚子赔款"游美肄业馆于斯，乃建校之始也。十七年间，校名迭更，曰学堂，曰学校，曰大学，所不变者，"清华"之名也。国学院名著中外，四导师博通古今。沉潜坚毅，信古疑古释古；洞幽秉持，道深学深法深。涵泳千载，诗词证史开新路；训证万有，金石钩玄传希音。七十学子，立雪程门求真谛；半百才俊，勤学梦笔得金针。梅贻琦长校，博采众议，"教授治校"开新政；注重通识，文理经纬育棣昆。严门槛，足后劲，闻风景从，天下英才近悦而远造；敬教授，重学术，见贤思齐，鸿儒名宿接踵而连楗。抗日军兴，初迁长沙，临时大学，合南开北大共建；兵燹近迫，再徙昆明，西南联大，与精英赤子同袍。灾难铸就辉煌，三校师生刚毅坚卓，心系国难，励精图治，共挽天河。铁皮房里，夺秒争分，轰炸间隙，攻书授课；茅草棚中，焚膏继晷，风雨晨昏切磋琢磨。忍饥学子，未尝释卷；清寒教授，不辍弦歌。战时高校之表率，杰才簇拥而嵯峨。外着民主堡垒之称号，内树学术自由之楷模。寒来暑往，星霜八易，山河光复，重返熙春。建国之初，院系调整；四院皆出，工科仅存。蒋南翔掌序，拨乱探津：因材施教，又红又专；顶风开拓，斩棘披荆。厚基础，重实践，欲其今朝出类拔萃；双肩挑，高素质，求彼异日领袖群伦。"反右""文革"，深创巨痛；国运遭劫，桂折椒焚。开放改革，老木逢春；文理管院复建，工艺美院入并，综合性研究型开放式，世界名校雄姿初呈。教学科研双飞比翼，清华面貌月异日新。

古之大学者，以弘道济世为本，明德至善为宗。清末以降，西风东渐，全盘西化，如潮汹汹；清华始于留美预科，而立足华夏，力主中西兼容，古今贯通。器识为先，文艺其从。取"自强不息，厚德载物"为校训；寡言务实，"行胜于言"作校风。君子自励，犹天道运行不息，不屈不挠，坚忍强毅；学者育人，欲砥砺与天同德，摈私自克，敢为前锋。君子接物，如大地之博，无所不载；躬自厚而薄责于人，气度雍容。荟天下之英才，为师为友；集八方之俊彦，共辱共荣。而潜心治学，朴实无华，不尚标榜，言必有中；亦躬行实证之结合，重团队，善协同。诚信为人，严谨为学，为人与为学并重。胸怀大志兼切实苦干，才华出众亦笃实谦恭。长于用脑且善于动手，脱心志于俗谛桎梏之中；养健全之人格，直道而行，外圆内充。诚如斯也，则崇德修学，勉为君子，异日出膺大任，可挽狂澜于既倒，堪作中流之砥峰。

所谓大学者，非谓有大楼之谓也，有大师之谓也。维我清华，潮流引领；才子巨匠，灿若河星。王国维冯友兰诚为当代大儒，金岳霖张岱年可称哲学泰斗。闻一多、梁实秋、俞平伯，民国文海之巨舟。吴雨僧、钱锺书，学贯中西，陈寅恪、季羡林人中骅骝。数物理叶企孙、吴有训、赵忠尧成就卓越，钱三强、王淦昌、赵九章、邓稼先亦彪炳千秋。论数学熊庆来、杨武之筚路蓝缕，华罗庚、陈省身、林家翘、丘成桐更誉满全球。曹禺、吴晗、洪深，中华艺苑之魁首。王大珩堪称光学之父，侯德榜、唐敖庆摘取化工冕旒。张奚若先生拟定国号，梁思成、张仃国徽最优。杨振宁、李政道为诺奖得主，姚期智拔图灵奖头筹。黄万里①力排众议，铁骨铮铮；光耀教席，硕德名师；不拘一格，清芬挺秀。回眸百载，清华已名著中外，造就俊才万千，推动中华崛起，功莫大焉。清华校友，两院院士，几近五百；弹星功臣，亦过其半；最高科技奖，已彰四贤；治国政要，多出斯园。喜吾清华，诚为院士之摇篮，大师之渊薮。

百年已矣，万世期焉，展望宇内，天外有天。报国兴华，当着先鞭。行成于思，知行合一，独立之精神，自由之思想，为吾校生命之源泉。后之来者当自我激励，批判创新；追求境界，攀峰闯关；耻落群雄后，敢为天下先；培育众多道德楷模、思想巨人、科学领军、文化大师、治国栋梁、创业中坚。

伟哉，清华！壮哉，清华！瞻念未来，鹏程万里，当再接再厉，成世界文化高地之愿景可期而见矣。吁嘻！慨当以慷，宁不额首顶礼而歌曰：

水木清华，地集灵氛。百年风雨，强国志伸。民主科学，求实求真。

自强不息，人文日新。厚德载物，取义怀仁。坚毅秉持，正意诚心。

追求卓越，耻不如人。国学津逮，织锦传薪。理工探骊，傲视

---

① 黄万里：清华大学教授，著名水利专家，黄炎培之子，曾反对造黄河三门峡水电站等。

寰尘。

培育栋梁，辉耀乾坤。英才济济，麟凤振振。世界一流，期许殷殷。

【链接】

此赋首载于 2011 年第 3 期《水木清华》，赋末记曰：2010 - 12 - 25 第 1 稿，2011 - 3 - 14 第 53 稿。后于 2012 年 11 月收入大众出版社出版之《大江清韵》第二集，未见变动。现据 2018 年第 3 期《中华辞赋》刊登该赋之"后记"可知：

"这篇《清华大学百年赋》是王步高教授的人生封笔之作，也是他用八年时间，反复推敲、修改 54 稿，精心打磨的一篇辞赋力作。深得清华人的赞叹和传扬。他在 8 年间一遍又一遍斟酌完善，在去世前几个月，还在病榻上审改这篇作品。步高教授把全部心血奉献给了清华诗词文化教育事业，培养了大批对中华传统诗词歌赋有深厚功力的青年才俊。也把自己对清华的深厚情意凝结在这篇辞赋作品中。清华大学程钢教授说得好：王步高教授为我们树立了师范标杆，是当之无愧的时代楷模。步高教授对辞赋创作的精益求精，十年磨一剑的精品意识，也是所有辞赋家学习的榜样。"

第 54 稿竟稿做了哪些修改呢？经过仔细比较，可以发现下述变动：

一、第三段中，原"曹禺吴晗洪深若诚"句，仅留三名。

二、同在第三段，原"侯德榜摘取化工冕旒"，发现漏了一位大家：唐敖庆，特地加上。

三、此段所加两句话，颇引人注目："黄万里力排众议，铁骨铮铮"。

4 月 1 日　先生肖像登上《源流》杂志封面。人物介绍：东南大学教授，清华大学客座教授，江苏省大学语文研究会会长，享受国务院特殊津贴。

4 月 16 日　先生撰成《以提高质量为中心改革"大学语文"教学》一文。有云：

"大学语文"应当定位在"高等学校人文教育基础课程"的位

置上。

"大学语文"是旨在陶冶人的道德情操，培养和提高大学生文学鉴赏能力、口头表达能力、写作能力的基础课程。

由于"大学语文"的学科地位不高，除在有匡亚明、杨叔子之类领导当政的单位，"大学语文"教师的学术和社会地位也不高，甚至到了自轻自贱的地步。这种情况极不正常。

清华大学讲授"国文"专任教师大家云集。1929—1930 年为杨树达、张煦、刘文典、朱自清；1932 年为闻一多；1934—1935 年为俞平伯、浦江清、许维遹；1936—1937 年为余冠英、李嘉言；1940 年为沈从文、吴晓玲、何善周；1944 年为王瑶；1946 年为范宁、叶金根、朱德熙、王宾阳；1947 年为郭良夫；1949 年为吴组缃。

这一个个耳熟能详的名字，均是我们敬仰的学界泰斗，如能有幸立雪其门，已使我辈欢喜雀跃，谁还能看不起这些"大一国文"教师呢？问题在于我们虽仰望这些大师，却正在鄙视大师们做过的工作。被人瞧不起是从自己瞧不起自己开始的。如今博导、硕导已多得是，正不必一看这些头衔，就肃然起敬，也不必一见"大学语文"教师就鄙夷不屑。以衣帽论人不可取，以课程论人便可取吗？我有意在教材里附上张耒的一首诗"业无高卑志当坚，男儿有求安得闲"借以表达我的观点。

5 月 22 日　先生于清华园撰写《跃起闯关，铸造辉煌》：

华中科技大学有位教授说："泡菜的味道，是由泡菜坛中水的味道决定的。"

清华大学历史上有过许多不拘一格录取人才的佳话。1929 年夏，钱锺书报考清华大学，而他的数学成绩仅 15 分，但是他的国文成绩和英文成绩都是特优，主管录取的老师便将他的成绩报了校长罗家伦。罗家伦没有只注重总分，不看重考生的单科成绩，而是打破惯例，予以破格录取。这在清华被传为美谈。若没有当初的"破"，清华便少了这位立誓"横扫清华图书馆"的才华横溢的青年才子。

钱伟长回忆考清华大学时，"我还记得当时的语文题目是《梦游清华园记》，我写了一篇赋，45 分钟 450 字，出题目的老师想改，一个字也改不了。后来他给了 100 分。历史题目是写二十四史的名称、作者、卷数，我一点错误都没有，又是满分。"钱伟长选入历史系，不久爆发了"九一八"事变，他立志要科学救国，向学校提出想转学理工。物理系主任吴有训看到他的物理成绩仅 5 分，数学、化学两科成绩加起来也不过 20 分，而英文则是 0 分，而清华大学的理工科课堂基本上是用英语讲授。不允许他转系。后经钱再三申请，理学院准许他试读，并且规定第一年的大学普通物理、微积分、普通化学等三门课都要过 70 分才能正式入物理系。经过刻苦学习和改进学习方法，钱伟长终于如愿进入物理系，后又到加拿大求学，成为著名物理学家，1955 年当选中科院首批学部委员。

华罗庚少年命运十分坎坷，他的腿因幼时患伤寒症而跛，初中毕业后辍学在金坛中学当会计。1930 年华罗庚在《科学》上发表论文《苏家驹之代数的五次方程式解法不能成立的理由》，被清华算学系主任熊庆来、杨武之教授等看到，认为他很有数学天资，值得培养，请示理学院院长叶企孙，得到支持，便安排他到算学系图书馆做助理员，一边工作一边旁听大学课程。1933 年，在熊庆来、杨武之、郑之蕃等教授的极力推荐下，华罗庚被破格提为助教，教授微积分课程。1936 年，华罗庚经学校推荐，以访问学者身份派往英国剑桥大学留学。1938 年华罗庚回国后，又被破格聘为西南联大教授，成为著名数学家。

祝同学们在自主招生考试中取得成功，更希望您能以此为起点，"跃起闯关，铸造辉煌"，既铸造高考的辉煌，更开始理想的黄金时代，铸造一生的辉煌，我特别希望稍后在我们清华园里，与您相逢，也祝愿你们会成为我们清华大学、南京大学、东南大学、吉林大学校友，希望您能成为钱钟书、钱伟长、华罗庚一样的成功者，让祖国人民为您骄傲！

5 月 24 日　先生撰写《石室诗社诗词选》序于清华大学西南楼寓所。

5 月　先生被聘为"教育部高等教育司和人事司组织、教育部全

国高校教师网络培训中心"所实施"高校教师网络培训计划汉语言
文学专业教学方法与创新人才培养专题骨干教师高级研修班"特聘
主讲教授。

7月13日　先生为文澜任主编，张行、刘林为执行主编之《名
著零距离》初版写序言：

课外阅读是学好语文最重要的环节，语文水平主要是读出来的，
而不是教出来的，更不是靠补课补出来的。语文课只解决精读问题，
更多的泛读要靠课外。如果一个学生只学了课本上的文章，即使学得
不错，考得很好，语文水平也高不到哪里去。语文课本只起识字与阅
读引导的作用，为课外阅读作示范。语文课本只是一杯水或一桶水，
课外阅读面对的才是大江与大河。

10月4日　当晚，王步高做了个噩梦，他梦见自己在为清华学
生讲白居易《长恨歌》，两百余人的教室人都几乎跑光，只剩下六七
个人，惊得一身冷汗。因此他每年讲《长恨歌》都格外卖力，生怕
梦中的情形会出现。

【链接】

每次上课前我重新备课，即使这篇课文上一周在大学语文课刚讲过，
到下周上唐诗鉴赏时我课件又有新的修改补充，以至一个晚上的课，我
做的PPT多达300页。我都提前半小时左右到教室，补充字库，调试电
脑和投影、激光笔。

在清华，我单枪匹马，较少能得到原团队的支持，随手可用的图书、
资料大大减少（在南京我有私人藏书3万多册，被正式评为南京十大藏
书家），经常独自在京，生活条件也不如南京，但减少了应酬和无谓的干
扰，减少了许多申报评奖等诱惑，减轻了填表、会议等负担，也没有了
考核评审等顾虑，我只剩下一个阵地——课堂，只剩下一个上帝——学
生，可以心无旁骛，备好课、上好课。

（王步高：《在清华平台上的大学语文课程建设》）

10月31日　先生为秦定茂《清风流韵》作序于清华大学西南楼
寓所：

北京的秋天最风景宜人。香山枫红，银杏叶凋，清华园里也一派秋意。楼下柿树叶落殆尽，十几个红柿却悬挂枝头，鲜艳、亮丽，傲霜斗雪，在一片黄叶从中分外突出。我欣有闲暇，当窗打开电脑，细读春华诗友秦定茂的《清风流韵》，一片清香扑面而来。

是集清新雅致，很少尘俗气。很少政治应景之作，绝无傍大官、大款之言。我辈清寒学子中，犹时有为钱权所左右者，秦君为官场中人，犹能守身如玉，自洁如此，令人钦敬！

秦君与我均生长农家，继承农民之淳朴、敦厚，对贫寒乡亲一往情深，不忘根本，是我们本分。此亦秦君所谓"茅屋情结"。集中有多首关心农事，同情贫寒之作。此乃中国诗歌之命脉。当今诗坛，一味歌舞升平、歌功颂德之作甚多，很少关心弱者，为民请命之作。在此集中却时有所见。对官场弊端也偶有触及。

是集题材广泛，江山塞漠皆有涉及，作者见识颇广，足迹所至，几遍中国。我身处北国，读是集又随之徜徉九州，多有我所未历者。古之人"读万卷书，行万里路"，君得之矣。

是集有赋、诗、词、联，文体皆备，大多可读，时有佳句。予谓其文，古雅真挚，直面时人时情时意，皆可以观，皆可以乐，皆可以醉，皆可以思，盖亦有感有虑而然，固非无病呻吟也。

是年　先生填词《贺新郎·黄万里先生故居》：

> 文士常无骨。独先生、大家风范，凛然高节。疾雨狂飙等闲视，歌德但丁①如无物。终不忘、黄河情结。敢犯龙鳞坚真理，怕流沙淤塞移民血。三峡错、六州铁②。　　吾今暂附清华末。日三番③，经君故居，肃然心折。自古长才能

---

① 歌德但丁：据《花丛小语》，所谓歌德派是指专事歌功颂德的那派"学者"；"但丁"派诗人，指但知盯住领导党员，随声附和者。

② 六州铁：据《资治通鉴》卷二六五记载：唐哀帝天祐三年（906），魏州节度使罗绍威为应付军内矛盾，借来朱全忠军队，用尽历年积蓄，军力自此衰弱，因而悔叹曰："合六州四十三县铁，不能为此错也。"此"错"字语意双关，既指错刀，也指错误。

③ 日三番：作者在清华大学时，三餐去食堂皆经九公寓——黄老生前住处。

伸少，而况黄公孤洁。策几上、声嘶力竭。赍志徒然朝天泣，纵王景①郑国犹肝裂。公道在，对星月。

是年　填词《行香子·贺陆挺②尉芹溪新婚之喜》：

橘绿橙黄，稻谷飘香。高堂上，喜气洋洋。窈窕淑女，脱俗新郎。正琴儿鸣，燕儿舞，雁儿翔。　　才华出众，品格端庄。最堪敬，不畏豪强。从今比翼，岁岁辉煌。愿两心知，永相敬，白头长。

是年　《大学语文应先行迈入高校研究性教学殿堂——试论重点高校大学语文等基础性课程的研究性教学》刊于《语文教学通讯·D刊（学术刊）》本年第1期。

摘要：创新型人才的培养应从本科生开始，而"大学语文"等与中小学有延伸教学关系的基础课程更应先行一步，养成学生研究性学习的习惯，培养学生不迷信书本、不迷信古人、不迷信老师的科学态度。为此，大学语文教师应贴近学术前沿，从学术的角度解读作品，采用系统性、网络式、立体化、大信息等现代教学手段，扎实推进大学语文研究性教学。

是年　先生担任北京市大学生人文知识竞赛核心评委，此系其第三年主持该活动现场作诗环节点评和打分工作。

【链接】

王教授点评参赛选手所作的诗词，常常以"格调不高"和"声律不通"批评选手的作品，甚至指斥经过层层选拔上来的专业选手"根本不懂格律""不懂诗词"，因而一时风靡，被称为"犀利教授"。

此次在北京化工大学举办北京市第三届人文知识竞赛决赛，赛前现场观众大呼"期待王步高老师的乾纲独断！"果然，诗词创作环节之后，王步高教授一如既往地犀利幽默，直指几所高校的代表队根本不懂诗词，不懂格律。

----

① 王景：西汉末治黄专家，曾使黄河千年不溃。郑国亦古代治黄专家。黄万里《渔家傲·牙落惊老》："王景千年擅工巧，长才自古能伸少。"

② 陆挺时任东南大学校团委书记，与其关系融洽，合作良好，故有此贺。

场下一片沸腾，一位在场观众甚至即兴创作了一副对联，通过现场的大屏幕直播播放出来"声律欠工北化工，'格调不高'王步高！"赛场一时惊爆，赛后遂传为佳话。

（录自网络）

【链接】

　　王步高先生有两篇重要遗作：一是《东南大学校歌》；一是《清华大学百年赋》。《东南大学校歌》已在东南大学深入人心，传唱多年，而且在步高先生葬礼上，东南大学的师生就是唱着校歌为王先生送行的。《清华大学百年赋》目前尚未在清华产生广泛影响。这说明清华重视不够，宣传不够。事实上步高先生的《清华大学百年赋》，是一篇难得的文化精品。步高先生怀着对清华大学深厚的感情，为此花费了大量的心血，7 年时间写了 54 稿。第 54 稿是在他去世前两个月完成的。可以毫不夸张地说，这篇佳作，字字珠玑，堪比初唐四杰之首王勃写的《滕王阁序》，其内容博大精深，更非《滕王阁序》可比。他用 2574 个字，将清华的地理方位、校园景观、历史沿革、奋斗历程、精神文化、办学理念、优良传统、名人名家、方向目标，跃然纸上，令初到清华者，受到精神洗礼，心灵启迪，爱上清华。我每读此文，想到步高先生抱病作赋，呕心沥血，禁不住泪流满面。我在清华已 54 年，我对母校的了解、理解，远不及步高先生。因此，我建议，将步高先生《清华大学百年赋》编入清华的大学语文教材，认真诵读讲解，使其成为每一位清华人的必读篇章。

　　（李树勤教授在纪念王步高先生逝世两周年暨大学语文教育学术研讨会上的发言：《肯投入，肯下功夫，就一定能开出深受学生欢迎的大学语文》）

2012 年（壬辰）66 岁

　　1 月　先生应当年中学同事、扬中市教育局顾明社局长之邀，为《扬中市教育志》作序，原稿八千字，后刊登四分之一。

【链接】

　　时光步入 2012 年，《扬中教育志》经过 5 年的编纂，基本就绪，倪昌国等几位老同志提议要请学界重量级的人物作序，他们想到了王步高先生。因我与之熟悉，他们嘱我联系，我在电话中把内容概要、时间要求等向他说明后，他欣然接受，在日理万机的情况下，他很快寄来了八千多字的序文，大家感动不已。由于《扬中教育志》总字数有限，倪昌国先生将其精简成二千多字，我向步高先生说明情况后，他竟毫无怨言，毫无大学者的架子气，并说材料给你们就由你们作主了。

（顾明社：《忆步高》）

　　1 月 5 日　　先生于清华园撰写《我对故乡扬中教育的回忆与反思》，似为《扬中教育志·序》未刊登部分。

　　4 月 20 日　　先生在清华大礼堂新人文讲座上，进行题为《细解中国诗词中的爱国传统》演讲。

【链接】

　　王步高精心准备的图文并茂的 264 页幻灯片伴随着他激情洋溢的演讲，引领在场师生在中华诗词的海洋中畅游无限。

　　王步高指出，中华民族是有着高度凝聚力和爱国主义光辉传统的民族，爱国诗词是爱国主义传统在文学上的反映。这是一份珍贵的文学遗产，也是一份宝贵的思想财富。爱国诗词美不胜收，其中有对壮丽山川的热情讴歌，有对艰危时事的忡忡忧心，有对破碎山河的伤怀喟叹，有对杀敌报国、效命疆场的热忱向往，有亡国巨痛的哀哀哭泣，也有悼古伤今的深沉感怀等。

　　王步高认为，"爱国主义是一个历史的范畴"并阐释了"爱国"中的"国"字的历史内涵。通过对《周礼》《礼记》《尚书》《春秋》等相关语句的引用得出结论：古代的"邦国"和今天的"中华人民共和国"的"国"在根本上并非同样的概念。国家概念在历史上的演变从诗词中得以体现。

　　王步高用信手拈来丰富的诗句，解读其中那感天地泣鬼神的艺术魅力。

　　王步高富有激情的演讲一直持续近三小时。在互动环节，他与在场师生就当代诗歌、在政史中缺席的诗人、爱国主义教育等问题进行交流。

（清华大学新闻网站，学生通讯员张娜）

5月5日　先生被聘请为江苏省中华诗学研究会顾问。

7月10日　先生应邀在家乡扬中市联合中心小学进行诗教演讲活动。

【链接】

（一）

炎炎夏日没有阻挡扬中联小教师进修的脚步，7月10日上午，全体教师和扬中市诗词学会会员们一起聆听了清华大学王步高教授的讲座——中华诗词的爱国传统。

爱国诗词是爱国主义传统在文学上的反映，王教授在讲座中，深入浅出地介绍了爱国主义和爱国诗词的特质，如数家珍般道出诗词中爱国观念的历史演变，细致入微地解读爱国诗人的情感心态，旁征博引地带领听众感受爱国诗词的艺术魅力。王教授虽然年逾六十，但他激情饱满的演讲令人肃然起敬，讲到慷慨处，他还拍案而起，语惊四座，联小多功能教室里不时爆发出阵阵热烈的掌声。

王教授在演讲中一再强调作为中国人应该注重母语包括方言和汉字知识、诗词等本民族最原始、最精深的文化的学习，因为这些是民族凝聚力的体现，是民族传统文化的传承，希望广大教师能够精心传承中华国粹，提高诗教水平！

讲座持续了近三个小时，受到了教师们的热烈欢迎，大家表示，通过这次讲座对爱国诗词有了新的感悟，对爱国诗人有了深层的认识，爱国情怀将在联小诗教的长河中流淌，永葆青春！

镇江教育新闻网：《清华大学教授在扬中联小讲诗教》（张红云　黄勇）

（二）

还如从前那样，他面庞清癯，身材消瘦，虽然壮年不再，但仍精神矍铄。在大家热烈的掌声中，王教授连向大家鞠了三个躬，这让我不由得联想到稻穗的形象：越是颗粒饱满越是低着头。"今天，我讲课的题目是：《中华诗词中的爱国传统》。"还是当年的乡音，还是那般中气十足……

王教授从容地点击着鼠标，投影幕上适时展现出他所讲的内容。我很感佩，一个六十好几的老教授，竟在掌握现代化教学设备与手段上一点也不逊色于年轻人，如果没有与时俱进的精神，又怎能做到呢？而幻灯片，有 264 张之多，除文字外，还有图片、音乐，是真正的多媒体课件，这又需要花费他多少精力啊！

"爱国诗词的历史特质""诗词中爱国观念的演变""爱国诗人的情感心态"……王教授一个板块一个板块地讲着，可谓条分缕析，有理有据，内容翔实。讲授过程中（两个多小时），他不时地站起来，显然，端坐已束缚了他情感的表达，他必须站起来，在声调、语速之外，再配上表情和手势来传达内心的激动。于是，我们的心在他声情并茂的讲解中，被引领着，遨游、飞翔在充满爱国激情的诗章中，当我们产生共鸣时，我们便用热烈的掌声来回应他，会场内便不时被掌声填得满满。

（朱圣福：《再聆诗教》）

9 月　即农历壬辰八月，先生被聘为《大江清韵·第二集》编委会顾问，并作序于清华大学寓所，该书由大众文艺出版社 2012 年 11 月出版，12.8 万字。序曰：

吾乡乃江中一沙洲，处此名震中外之大江中，而其历史并无太多可骄人之处，文化积淀亦非厚重，近岁却以诗词驰名九州，为全国最早之"诗词之乡"。

读《大江清韵》，犹有感焉：是书顺序，均以姓氏编排，不附官衔身份，不以地位区分，所入选者，唯作品是举，臧否褒贬，唯诗唯词，不以官帽占先，亦不以权势压人。古往今来，布衣草根诗胜过权贵之例，何代无有？

新人辈出，后来居上，近岁吾主持江苏十佳女诗人评审，吾乡两女杰夺魁（指扬中市文广局杨敏、友能集团祝亚星），吾未有半点特别垂顾，风起云涌，后生可畏，此可喜者三也。书中讽刺之作颇伙，鞭挞贪官污吏，讽刺世风日下，非复一味歌功颂德，应酬赠答，发无病之吟矣，此可喜者四也。

诗教，兴国之大业也。诗教可固文化之根基，增文化之底蕴，提人民之素养，亦不朽之盛事也。

10 月 8 日　先生出席并主持春华诗社成立廿五年庆典活动。参加者有执行社长赵怀民，还有林志雄、陈永昌、冯亦同、刘晓等老师。在书画才艺展台，有着红衣者，乃诗书兼工之美才女邢曼丽；苏位东、蒋义海、舒贵生等老师当场挥毫。

是年夏天　先生偕夫人刘淑贞，携大女儿海寰一家三口，旅游至承德避暑山庄，合影于瞻园。

是年冬天　某晚九时许，先生惊闻家乡老友杨九林去世，特地从北京打电话求助黄寿年请他代送花篮吊唁。

【链接】

"黄校长，请您帮个忙，杨九林校长去世了，代我买一对花篮并送 1000 元的吊礼，今晚一定要送到他家，明晨就火化了……"

我放下电话，立即去替他办了，杨家人非常感激。春节，王步高教授回扬中时对我说："杨九林校长是个好人。1977 年底，我被隔离审查，家里一团糟，是杨校长（当时在三茅教革会负责）派人买了鱼肉等年货送到我家……一个人怎能忘记在危难时帮助过自己的人呢？"

(黄寿年：《追思王步高教授》)

2013 年（癸巳）67 岁

2 月 20 日　先生为《张益善书孙子兵法小楷》作序于清华园。次月该书由江苏美术出版社出版。其序曰：

《孙子兵法》实乃中华千古奇书，自问世以来，被奉为"兵学鼻祖""兵学圣典"，位列世界之大兵书之首（德国的《战争论》、日本的《五轮书》次之），是兵家的圭臬，国人的骄傲。

书法是中华民族用灵性将汉字借助毛笔尽情发挥想象力和创造力的结晶，是代表伟大祖国文明形象和民族精神的文化象征。

益善君，吾之同校学长，专治水利，供职于江苏省水利厅，高级工程师，曾主编巨著有《中华实用水利大辞典》，又长于书道，观其《张益善书法集》《张益善隶书大禹颂》，刚健清新，笔力雄浑。该书选吴九龙主编本《孙子校释》之兵法原文为底本，以功力深厚、挺拔秀美之小楷书之，二美相并，相得益彰，令人心折。是书亦得中国书法家协会顾问、中国人民革命军事博物馆研究馆员、解放军书法创作院院长、海内外著名书法家李铎先生之垂青，当受众读者所珍爱。

6 月 16 日　晚，扬中市东苑大酒店，先生偕夫人刘淑贞女士，应邀出席陈爱民律师欢迎宴席。陈律师特地委托本市作家协会秘书长孙蔚斌医生，邀请本地知名作家李小网、王晓芳、钱吕明、汪静之等，出席作陪。

（孙蔚斌：《水墨悠悠　难忘的聚会》）

8 月前后　先生赴美探亲，与女儿、女婿和外孙、外孙女，留影于南卡罗来纳州。

【链接】

王步高生前常和两个女儿说，人的物质追求不要太高。他的国家课题经费每年都没花完，"不知道怎么花"，除了请人做课件，多的钱全部退给了国家。在清华园，他不请保姆，"唯一的额外消费是每天一只梨，那是因为上课讲太多话。"他住的房子几乎没有装修，学生来了得坐床上。

到现在暑假回家，他还是天天穿着破得全是洞的老头衫，得意自己被东南大学的保安拦着不让进，"他们觉得我是民工"。妻子给他洗衣服才看到存折里，清华大学一个月给的讲课费只有 3500 元，还奚落他"不知道你图什么"。

（王嘉兴：《追忆王步高：把诗种进清华园授课量每年 288 课时》）

8 月　《自强不息　教无止境——在清华园里教国文》写成于美国格林维尔，次月修改于清华大学。先生云：

出于对梅贻琦、王国维、黄万里等教授人品、学问的崇拜，我心中对清华大学一直十分向往，从东南大学退休后我也应聘到这里任教，转眼第五年了。对清华讲堂的"敬畏"，对清华学生感到"震撼"和"自愧不如"，对清华精神"自强不息，厚德载物"越来越深刻的体验，对清华园如东南大学般的钟情，刻下我这段人生的轨迹。

我对清华讲堂的"敬畏"依旧，对学生感到"震撼""自愧不如"之心依旧，经常往返于清华与东大依旧，对教学兢兢业业依旧。

追求卓越，耻不如人，是清华的精神。我深感教无止境，要继续自强不息，进取不止。

【链接】

诗文几乎占据了王步高全部的时间，他的生活空间被压缩到很小。在清华大学教书时，他最远就是到 2 公里外的圆明园散步。大多数时候，他都在清华园西南角的一间小屋子里批阅作业，准备课件，到了饭点，到楼下的教工食堂喝碗粥。有时工作忙，他就买两根玉米，中午啃一根，晚上啃一根。

他的选修课被学生形容是"我们这代清华学生的浪漫记忆"。那时，来自文理工科的学生齐聚一堂，在晚课上读诗诵词，稽古勘误。

（王嘉兴：《追忆王步高：把诗种进清华园授课量每年 288 课时》）

9 月 30 日　先生著《我在清华教大学语文》刊于《中国教育报》。要点如下：

大家似乎都认为，如今的大学生语文水平每况愈下，我来清华前也持此见解。但是清华的学生震撼了我，他们是我见到语文水平最好的本科生。

有一次我在上课讲到岳飞与《满江红》的真伪问题，第二次课上就有个姓郭的学生提出"河南话里没有入声韵"，岳飞是河南人，《满江红》是押入声韵的，以此对岳飞的《满江红》表示怀疑。尽管我不同意这位姓郭的学生的意见，但他这种敢于提出问题的精神值得我们肯定，我鼓励同学们在学术上提出跟习惯的观点不同的意见。一次我讲"诗词格律与创作"，一个学生写了《访蒋鹿谭故居》，并对蒋鹿谭姓名字号生活时间作品词集都说得清清楚楚，说实话，中文系的古代文学研究生也不一定能这样。大学语文期末考试，我出的一道作文题：读明朝方孝孺的《深虑论》，联系当前实际，用"忧思篇"为题写一篇议论文，不少于 800 字。整场考试两个多小时，还有很多其他的问答题、赏析题，作文只能占一小部分，36 分。结果有一个叫胡欣育的女生写了一篇 2000 多字的文言文，通篇没有一处涂改，没有一句文白夹杂，又紧扣题目，文章写得极好。我很感慨，自愧不如。

我还为自己制定了"教学四境界"的目标。第一是科学性认知的境界，第二是人文与传道的境界，第三是研究性教学的境界，第四是艺术而醉心的境界。这也是大学语文教学的境界，我愿意和全体大学语文界的同行共同努力，开创大学语文新境界。

是年　先生填词一首《金缕曲·题第八届江苏省园博会》：

中华园林甲天下，江苏尤为翘楚。苏扬金陵，自不待言；即吾郡镇江，素有甘露金焦诸古刹，声名远播；北固多景梦溪各园亭，载誉千秋。吾乡扬中，明珠江上，物阜民康，秀冠江左。首以一县市承办斯会。园滨江韵水，浮光耀彩。胜景佳会，畅人心怀。故为词曰：

万里东流去，独钟情、芳洲宝岛，稻香鱼馥。芦柳长环堤百里，更有丛林修竹。萃众市、新精园博。作核河豚依水脉，巧钩描四区中为轴。江可览，景堪读。　　桂花香溢催秋菊。待宾朋，远来近悦，毂车相逐。示范交流新理念，兼赖人文熏沐。愿岁岁，精心抚育。生态靓妆新生活，更园林城市鞭先着。百载史，谱新曲。

2014 年（甲午）68 岁

3 月 12 日　先生撰成《对当前大学师生关系的几点思考》一文：

大学教师（政治辅导员除外）与学生除课堂外，接触不多，这是个不争的事实。无论从教书或是育人而言都是十分不利的。教师住在学校的就不多，又不坐班，不当班主任，不教政治与专业课的老师与学生接触更少。学生的活动老师参加很少，学生要想找教师都很难，师生关系面临很大的危机。学生在想什么，有什么苦恼，有什么纠结，老师不知道，甚至也心安理得地认为无须知道。当今大学生存在的许多问题，部分与此有关……

4 月 5 日前　先生应扬中市民政局局长李跃林之邀，为家乡新建烈士陵园撰写碑文《祭江洲革命先烈文》，被镌刻于陵园广场巨型石板上。文曰：

　　维公元二〇一四年四月五日，岁在甲午，节序清明。春回大地，扬中烈士陵修葺一新，市党政军各界，并父老乡亲具鲜花雅乐，敬呈心香，祭于陵前……

　　4 月 6 日　先生担任"明辉杯"纪念中日甲午战争 120 周年全国诗词楹联大赛评委会荣誉主任。

　　5 月 24 日　下午，先生做客"北航大讲堂"，做讲座《怎样读〈唐诗三百首〉》。

【链接】

　　东南大学二级教授、清华大学高级访问学者、诗词研究专家王步高，在沙河校区综合体育馆报告厅带来了题为《怎样读〈唐诗三百首〉》的精彩讲座。校党委书记胡凌云教授出席了讲座。讲座由校党委副书记张维维教授主持。

　　已近古稀之年的王步高教授的报告，内容翔实、深入浅出，他信手拈来丰富的诗句，展现了深厚的研究功力，以及对唐诗发自内心的热爱。他用精心准备的、图文并茂的幻灯片，伴随着激情洋溢的演讲，引领在场师生在唐诗的海洋中畅游无限，沉浸在古典文学之美中，也从中更加深刻地体会到唐诗的文学和艺术价值。

　　讲座结束后，校党委书记胡凌云教授向王步高教授颁发"北航大讲堂"纪念证书。

　　讲座由文化与艺术传播研究院、学工部主办，宣传部、沙河校区管委会等相关部门负责同志与近 500 名师生一起聆听了讲座。

　　　　　　　　　　　　　　　（据北航文化与艺术传播研究院报道）

　　7 月　暑假回家乡应邀出席友人酒会，初识曾任县委秘书、统战部副部长之吴永荣先生。

【链接】

　　2014 年 7 月朋友来电说王教授到扬中，让我陪同小聚，终于见到王步高，其为人谦和，举止高雅，谈吐不俗，值得敬佩。真没料到那第一次见面竟成诀别。本人曾有小诗一首赞步高，刊载在 2014 年《扬中诗词》上：

偶遇王步高教授

四十八年风雨过，如烟岁月任蹉跎。

当年囹圄几人晓，一朝成贤拱手多。

偶遇虽迟终如愿，真知灼见细琢磨。

良驹千里非凡俗，堪作江洲娇子模。

（录自"《王步高年谱》微信讨论群"吴永荣先生留言）

8月12日—15日　先生参加全国大学语文研究会第十五届学术年会，年会由河南财经政法大学文化传播学院承办。会议主要议题：1. 大学语文内涵的深化与拓展；2. 大学语文与通识教育；3. 大学语文与课程群建设；4. 大学语文教学中的相关问题。会议地址：河南省郑州市黄河迎宾馆（郑州市文化路北段迎宾路1号）。

【链接】

初见先生，是在2014年郑州全国大语会上，那天的微文写道："第一天早餐，一位年近七旬的老者端着餐盘坐在我身边，抬头一看，竟是大语界泰斗王步高教授，小惊喜。老爷子和我想象中没什么分别，博学亲和，浓重的江苏口音，兴致盎然地聊他的大学语文MOOC，与教育部合作的新项目，以及从东南大学到清华园的偶思闲语……愉快的早餐时光。"与先生结缘在那抹清朗的夏日晨曦中。此后，一如既往地读其作，慕其名，心怀仰止。

（曹爽：《悼念恩师王步高先生》）

8月21日　在扬中市联合中心小学会议室，先生应邀为扬中市中小学诗教培训班做题为《如何阅读〈唐诗三百首〉》的学术报告。

【链接】

本报讯　近日，市教育局、市诗词学会在全国诗教先进单位联合中心小学举办了为期2天的中小学诗教辅导员培训班，各中小学诗教辅导员，各镇（街道）诗词分会常务副会长及校外诗教辅导员近200人参加了培训。

培训班特邀东南大学文科二级教授、江苏省诗词协会副会长、现在清华大学任教的王步高教授，为学员们做了题为《如何阅读〈唐诗三百首〉》的学术报告，并就格律诗词创作的基本知识、诗词的含蓄美、我是怎样走上诗坛等话题，与学员们进行了交流。

与此同时，还让学员们进行格律诗的创作，并安排了点评学员作品的课程。广大诗教辅导员表示，在新的学年中，将充分履行诗教辅导员的职责，切实搞好学校的诗教工作，以实际行动巩固全国"诗词之乡"的成果（太恒）。

（《扬中日报》，2014 - 8 - 21）

9 月 1 日　作为《东南大学校歌》填词者，先生在东南大学九龙湖校区体育馆为 2014 级本科生做题为"沧桑百载话东大——科学的东南与人文的东南"演讲。指出东大精神包括三点：一是"诚朴雄伟，止于至善"；二是"求真务实，不趋时尚"；三是"嚼得菜根，自觉奉献"。

【链接】

王步高教授介绍了东南大学的悠久历史，展示了作为六朝皇宫所在地的四牌楼校区的深厚文化积淀，还从"文苑烂漫""社科精英""科学名世"三个方面，介绍了东南大学历史上的众多杰出人物。

王步高教授希望东大的老师同学们通过他的校史校情讲座能更了解学校悠久辉煌的历史，更热爱这片土地，更愿意为东大的腾飞贡献自己的力量。

王步高教授以他的言行，成全了无数学子对于"大学"的最美好心愿。有位学生回忆："大四毕业时听到王老师所做的'沧桑百载话东大'的校史讲座，重新认识了这所学校的底蕴和辉煌，并促使我决定留下来为这片土地的明天努力。"

（晓东：《那首临江仙，永远萦绕在我们心间》）

11 月　闰九月，先生为扬中学长孙茂元编著《袁枚选清诗》作序于清华大学，该书 135 万字，2014 年 12 月由团结出版社出版。其序云：

孙君茂元者，余五十年前之学长也，初长县粮食局，后为吾市最大企业之副总，数岁前余应君之邀造访其厂，盛盛然，煌煌然，兄事业有成，令吾辈汗然。然兄急流勇退，退而不追求安逸，不迷恋于世俗消遣，专治《随园诗话》，且由之而治清诗，成《〈随园诗话〉诗词选编》。读其书，深服其用志之深；细品其《前言》，余不禁拍案而赞曰："有志者事竟成也。"

12月20日 《终生的导师——深切怀念喻朝刚教授》写成于清华大学，刊于2016年8月广西师范大学出版社出版发行之《喻朝刚文集：怀思录》，梗概如下：

> 学业上他对我帮助也很大。我的硕士论文题目是他建议的。说实话，在他要我研究史达祖及其《梅溪词》之前，我对史达祖几乎一无所知。我对此研究了半年左右，写出一万六千字的《论史达祖和他的〈梅溪词〉》，发表在吉林大学《古代文学研究丛刊》上，再深入就感力不从心。喻老师又建议我从校注《梅溪词》入手，并且提供经费，让我到北京图书馆、天津图书馆查资料，这在当时是很破格的。在吉林大学两年多，我完成了硕士论文，以清代王鹏运《四印斋所刻词》本为底本，完成了《梅溪词校注》的初稿。赵西陆①老师也抱病为我审看了全稿。此书后来由天津人民出版社出版，全书三十四万字，颇受行内专家好评，获夏承焘词学研究二等奖。

> 在吉林大学只两年多，却留下很多珍贵的记忆，奠定了我一生治学做人的基础。喻老师生前对我说："我向别人谈起，你们几个都是我的学生，别人都感到吃惊。"喻老师以我们为骄傲，我的几位师弟也确实出类拔萃，我也以他们而骄傲；同样，我们也以喻老师为骄傲，他言传身教，教我们治学，更教我们做人。

---

① 赵西陆（1915—1987），曾于西南联大、北京大学、吉林大学等高等院校中文系任教，毕生从事古典文献研究。著有《世说新语校释》，此部书稿是赵西陆先生用工整的蝇头小楷对南朝（宋）刘义庆撰《世说新语》所做的校释，它以清王先谦思贤讲舍校刊本为底本，校以唐写本、日本影印本、袁本、沈校本，参考引用书近80种，凝聚了作者多年的研究成果。

吉林大学有近乎完人的公木①先生和喻老师、赵老师、郭老师这老一辈的学者，他们的精神与学术生命会在我们这些吉林大学学子身上代代延续。吉林大学中文学科一定会兴旺发达。

是年　先生填词一首：《行香子·为南大德文64级学友入学50年返校活动作》：

> 跋涉维艰，雨雪风寒。今回首，万里关山。同窗六载，五十登攀。有几多乐，几多苦，几多难。　苍颜华发，热泪潸潸。盼重逢，梦绕魂牵。欣然执手，话语涓涓。看钟山青，秦淮绿，楚天蓝。

（舒贵生主编：《春华秋实》）

是年　先生撰成《不断进取　建设大学语文系列开放性课程》一文。

2015年（乙未）69岁

2月　先生著《风雨兼程双十载　七十犹当少壮年》一文，刊于《新清华》增刊：

2009年我从东南大学退休来清华任教，开设我主持的两门国家精品课所包含的"大学语文""诗词格律与创作"（每学期开设）"唐诗鉴赏""唐宋词鉴赏"（交替开设）等课程，这四门课受到清华学生的充分肯定。

清华学生称质量不高的课程为"水课"，而称特别优秀的课程为"神课"。

最近我讲大学语文的李白章，我气定神凝，滔滔不绝，语言精美，出口成章。课堂上学生也特别神清气爽，神采飞扬，庄重而不肃

---

①　公木（1910—1998），原名张永年，又名张松甫、张松如，笔名有公木、木农等，河北省辛集市人，是中国著名诗人、学者、教育家，是《英雄赞歌》《八路军进行曲》的歌词作者。《八路军进行曲》1965年改名为《中国人民解放军进行曲》，1988年7月25日，被中共中央军事委员会确定为中国人民解放军军歌。

穆。我当时似乎进入另一个境界，这种体验是我几十年当教师没有过的。

清华学生都是识货的主，内容、知识、推理、教法，在这些"真神"面前，是半点糊弄不得的。给"神"就应该上"神课"。

在文化素质教育的征途上我已风雨兼程二十多年，已两鬓斑白，我68岁了，"七十犹当少壮年"，希望当我们纪念全国开展素质教育三十周年、四十周年时我还能精神矍铄地站在讲台上，活跃在队伍中。

【链接】

我上了王老师的课，真的很好，而且他很有人格魅力。王老师的课是清华最热门的几门课之一，我们能抢到他的课的也是极为不易的。他在课上常常提到东南，都是说"我们东南"，可以看出对东南是有着深沉的爱和归属感的。所以我觉得更恰当的说法是我们清华的学生很喜欢王老师，一直在极力挽留他。王老师已经为东南奉献那么多年了，就让给我们几年吧^_^

（网民 XY 陆沉，2015 年 11 月 10 日）

2 月 14 日　先生参加江苏省诗词协会春华诗社"话别甲午迎新春"座谈会。参加座谈会的著名诗人和书画家（以年齿排序）：王步高、袁裕陵、费广德、刘建平、曲卫猛、舒贵生、熊丰仪、邢曼丽、宋谦、刘晓、赵怀民、陈克年、魏艳鸣等，会议由赵怀民主持。

【链接】

人民网南京 2 月 17 日电　日前，在江苏省诗词协会春华诗社"话别甲午迎新春"座谈会上，我国著名诗词研究专家、江苏省诗词协会副会长、春华诗社社长王步高教授呼吁，要有意识地提高中小学语文老师的诗词水平，不能仅停留于"懂一些"，避免语文教育中的空话套话。

作为全国首个中青年诗社，春华诗社已走过 28 年的创作历程，聚集了大批年轻而优秀的诗人词家。2014 年，该诗社组织了"纪念甲午战争 120 周年全国诗词楹联大赛"，在弘扬爱国主义精神的同时，传承中华民族传统文化。据春华诗社执行社长赵怀民介绍，本次大赛共收到 1200 多件诗联作品，并评出获奖作品 20 件，这些作品感情真挚，立意高远，格律严谨，语言清新，兼具思想性、艺术性和时代性。

在当天的座谈会上，与会者就传统文化的教育与弘扬各抒己见。王步高教授指出，教育部下发的《完善中华优秀传统文化教育指导纲要》明确，初中生要"诵读古代诗词，初步了解古诗词格律"，在此背景下提高中小学教师的诗词修养迫在眉睫。"初中生要懂诗词格律，但我们又有几位中学老师是真懂诗词的？"他建议，师范院校要提高诗词类课程的水平，中小学教师最好能自己创作诗词，只有这样才能真正理解诗词精髓，并传授给学生们。

在当下中小学语文考试中，诗词鉴赏类题目屡见不鲜，"文笔流畅""情景交融"是这类题目的关键词。对此，王步高认为，这类诗词鉴赏多是空话套话，"内行人有内行的看法，外行人是外行的看法"。他表示，在真正懂诗词格律乃至于会创作诗词的基础上去讲诗词，会有另外一番味道，避免"外行人说外行话"。

（人民网"江苏视窗"2 月 17 日　朱殿平）

3 月　《大学语文课程建设与教学探索——在清华平台上的大学语文课程建设》一文刊载于杨建波主编、中国出版集团世界图书出版公司 2015 年 3 月出版《大学语文研究——"首届全国大学语文论坛（武汉）"论文集》，30 万字。文曰：

寒来暑往、花落花开，我也渐渐把自己定位于既是东大人，也是清华人了，深深爱上了这个园子和这里的学生，渐渐用"我们学校"来指代清华。回首走过的这段教改轨迹，我的经验和做法可以概括为：回望—去水—过滤—升华。

一、回望

我在东南大学的十九年，牵头建设了"大学语文"（2004 年）和"唐宋诗词鉴赏"（2008 年）两门国家精品课程（后者实际为含三门课的课程群），其排名在当年同类国家精品课程中均居前列，而清华大学的多位领导，担任过精品课程的评委和文化素质教指委委员，他们对我在文化素质教育领域的成绩有清楚的了解，因此当他们知道东大让我退休时，立即决定邀请我来清华大学任教。

我来清华时，有在东南大学积累的《大学语文》系列国家规划教材，北京大学出版社、南京大学出版社《唐诗鉴赏》《唐宋词鉴赏》系列省级精品教材，有精美的教学课件、网站。此外，东大还组织整理了我上唐宋诗词两门课的讲课录音稿，由福建教育出版社出版。

所谓"回望"，就是充分利用这些条件，我称之为"回头看备课法"。我们未必能够超过别人，但在75岁以前，应当有信心不断超过自己，至少不低于过去。回望，是为了争取自我超越。

二、去水

清华学生称有些质量不高的课程为"水课"，或者说"这门"课很"水"，而称极少数特别优秀的课程为"神课"。

清华学生都是识货的主，靠一点小噱头，靠道听途说的小花边新闻，讲点小故事，他们是无动于衷的，至多付之一笑。内容、知识、推理、教法，在这些"真神"面前，是半点糊弄不得的。给"真神"就应该上"神课"。我的课程，十多年前就是国家级精品课程，但要清华学子公认为"神课"，还须坚持不懈地努力，"去水""增神"。

三、过滤

来清华六年，我差不多将自己开设的四门课所讲的知识、例子均"过滤"一遍，把其中含"三不足"内容的课程均加以清理，力求更贴近学术前沿，知识更准确，更少错误。

四、升华

要与时俱进，抓住政策，乘势而上，使我们的大学语文系列课程得到升华。

7月6日　　作诗《贺张正春老师为赵磊女士题照》一首于尕海湖。

> 万朵白云王母裁，奇花异卉遍山开。
> 借问仙姬何处至，瑶池席散御风回。

【链接】

自7月3日至7月12日，由清华大学同仁组成的一个"甘南考察团"完成了一次内容丰富的项目考察。饱览自然生态风光，探讨人文历史地理，有著名诗人、清华大学唐宋诗词讲座的主讲教授王步高先生同行，使这次旅行成为充满诗意的游学之旅。通过这次旅行，进一步证明了甘南旅游资源的深刻内涵和高品位。

甘南，号称青藏之窗，是一个神奇的地方。甘南是一个神奇的地理交汇点，它是长江流域和黄河流域的上游分水岭，又是青藏高原、四川盆地和黄土高原的接合部，是华南植物区系和华北植物区系以及青藏高原植物区系的交汇点。是汉藏文化走廊和汉回藏三大民族文化的融合区。甘南是陕甘川、甘青川接合部，具有极其丰富的民族风情和历史文化。

自兰州出发，从黄河流域经过洮河流域、大夏河流域，进入甘南夏河县，途经合作市，过碌曲洮河上游，游览美丽壮观的尕海自然保护区，翻越松潘高原的若尔盖湿地，进入长江流域的白龙江峡谷，徜徉于著名的扎尕那风景区和腊子口风景区。途中所见，地质地貌、生态景观和自然气候迥然不同。从海拔1500米到达海拔4000米之间，植物分布的植被垂直带谱区别明显，自然地理景观和人文地理景观差异显著，给人们带来了丰富的体验和惊奇的感受，给研究历史文化的学者带来深刻的启迪。期间诸位同仁赋诗数首记录如下：

其八、楹联对句集（高士元、王步高等）

江声流日夜；

山色鉴古今。

壁立千仞，唯有青松临绝顶；

功垂万世，空留白水忆红军。

（张正春：《甘南：每一次旅行都是一次奇遇!》）

8月中旬　暑假期间，与夫人刘淑贞回家乡扬中。

【链接】

某一雨天，二老应老友顾新生先生之邀，同赴镇江南山，参观其楠德堂金丝楠木馆，此系顾老一生心血。同行还有扬中几位老友。先生就金丝楠木与中国古典家具发展历程，提出学术性见解，尤其突出金丝楠木在明朝时期之特殊地位。本地著名画家、收藏家李茂平①先生，曾助顾老布置该馆，故亦受邀在场，他对先生讲述太平天国之"国"字无点典故背景，尤感受益匪浅，二人合影留念。

9月10日　作诗一首《赠陈爱民律师》：

> 陈词述理气轩昂，雄辩滔滔敢主张。
> 公正江洲循义道，人生潇洒姓名香。

（舒贵生主编：《春华秋实》）

12月26日　先生应东南大学校团委陆挺书记之约，给同学们新年寄语：

> 祝东大学子成为具有深邃独立之思想，雍容坚韧之精神，能吃苦耐劳之体魄，广博渊深之学识，善于研究性学习，敢为天下先之一流人才。

是年冬　游圆明园，作诗一首《圆明园闻笛》：

> 山亭谁弄悠悠笛，惊落梅花作雨声。
> 莫道六年孤独惯，凄然难抑故乡情。

（舒贵生主编：《春华秋实》）

2016年（丙申）70岁

1月　将《东南大学校歌》《百年校庆碑文》《东南大学铜鼎铭文》手稿，捐赠给东南大学档案馆。

2月　春节前，与黄寿年等同访丰裕中学旧址，有感而作《西江月》词：

> 不见小桥杨柳，但寻师友情长。三年从教好时光，惊起
> 心潮细浪。　当日青春年少，而今衰鬓如霜。休言荣辱共

---

① 注：李茂平，1965年11月生于江苏扬中；1987年入镇江师范专科学校美术系，师承丁兆成教授；1989年入南艺省美工代培国画专业。现为山东省美术家协会会员、中国书画院院士，荣宝斋签约画家，青岛国画院特聘画家，江苏茂平美术馆馆长。

仓皇，都作黄连佳酿。

（舒贵生主编：《春华秋实》）

4 月 3 日　做客金陵图书馆，讲解"南京诗词"。

【链接】

4 月 3 日下午，东南大学教授、清华大学高级访问学者、全国大学语文研究会副会长王步高受邀做客"金图讲坛"，给广大市民读者们详细讲解了与南京有关的诗词。

讲座开始，王步高教授告诉读者们："汉字的四声发音规律是在南京诞生的，更具体地说，是在鸡笼山（即现东南大学四牌楼校区附近）诞生的。"他接着解释道，后来人们把汉字的四声变化用于诗歌创作，并在南朝齐武帝永明年间创造出一种新体诗，即"永明诗"。沈约、王融等当时的文人把四声这一新发现用于诗歌创作，写出了很多永明体的诗。永明体诗成为中国各类诗的源头。

那么，词是不是也诞生于南京呢？王步高教授认为这一问题目前在学术界还有很大的争议。但是，在他看来，江南一带（尤其是南京）是词的诞生之地，词在南京特别兴盛，并且，与南京有关的诗词从东晋时期开始兴盛起来，其中谢朓的词非常有名，"江南佳丽地，金陵帝王州"成为对南京的招牌介绍之一。

接下来，王步高教授向市民读者们解读了更多有关南京的诗词，包括李白的《长干行》《金陵酒肆留别》《金陵凤凰台》；刘禹锡的《西塞山怀古》《金陵怀古》；王安石的《桂枝香·金陵怀古》；周邦彦的《满庭芳·夏日溧水无想山作》；辛弃疾的《水龙吟·登建康赏心亭》；姜夔的《踏莎行·燕燕轻盈》以及文天祥的《金陵驿二首》，等等。在讲解的过程中，王教授不仅播放了诗词的音频课件，同时还选择性地进行现场朗诵；不仅解释了诗词的字面意思，同时还详细介绍了作者的个人信息，描述了作者创作诗词时的背景和心境等。让市民读者们大开眼界、受益匪浅。

讲座接近尾声，王步高教授表示，古人写南京的诗词很多，约有六七千首，李白、刘禹锡、杜牧、王安石、周邦彦、萨都剌、吴伟业等很多名家都在南京留下名作。南京既是中国各类诗词的发源地，又是古诗词中描写得最多的地方，所以在他看来，南京当之无愧是中国的诗都和词都，东南大学则是我国格律诗词的发祥地。

8 月 15 日　《大学语文》《唐宋词鉴赏》入选教育部第一批"国家级精品资源共享课"名单。

10 月 6 日　先生在清华大学撰写高职高专本第二版《大学语文》前言。

大学生朋友：

祝贺你们开始了人生黄金岁月的航程！感谢你们和你们的老师成为我和参与编纂本书的五十多位专家教授的朋友！

本书……还有几点自己的主张：

一是反对一味强调"少而精"。

二是不赞成"语文无用"的观点。

三是不要不加分析地反对"不求甚解"。

四要反对"厚今薄古"。

五是增长知识与增强学生独立思考能力相结合。

10 月 20 日　先生撰有《怎样当好大学语文教师》一文：

大学语文是实施母语教育的基础课，是整个高等教育的基础课程，不上不行，需要有一批学识较渊博，有使命感勇于担当的教师来从事这一工作。那么，怎样才能成为一名好大学语文教师呢？我建议从以下几方面入手：

1. "打井"与"开河"相结合开展学术研究，让自己变得渊博起来。

2. 克服短板与"三不足"。

3. 接受学生的批评意见，向学生学习。

4. 运用现代教学手段，拓展教学空间。

【链接】

　　王步高老师从 2009 年秋季学期应邀来清华讲授文化素质核心课，其中"大学语文"和"诗词格律与创作"每学期都开设，"唐宋词鉴赏"

和"唐诗鉴赏"春秋学期交替开设。

按照学校规定，文科教师每年开课96学时就完成教学工作量了。而王老师却选择开四门课，每年授课学时达到288学时，并且门门都是国家精品课。8年来，王老师一共授课45门次，选课人数累计5400多人，更不提众多挤在走廊、过道里旁听的求知学生。每门课每学期48学时，王老师已经在清华授课超过2100小时，等于不眠不休一直讲3个月。每学期三门课近400份试卷纸，都是王老师骑着自行车亲自到办公室领取。可他却反复说，"清华学生太好了，教这样的学生感到很幸福。"正是因为这种敬业精神，王老师的课程评估常年排在前5%。

2015年开始，王老师在学堂在线上讲授"唐宋词鉴赏"和"大学国文"两门课，累计选课人数超过10万。2017年4月，"唐宋词鉴赏"登陆edx平台，全球累计2700人选课学习。

（学在清华《培育桃李曾尽瘁　光辉竹帛永流芳——深切悼念王步高老师》，搜狐教育）

10月22—23日　先生偕夫人刘淑贞及门生曹爽赴天津南开大学，参加第十六届全国大学语文研究会年会。23日下午会议结束后，拜访诗词大家叶嘉莹先生。

【链接】

本月22日至23日，全国大学语文研究会第十六届年会在天津南开大学胜利召开。来自全国90多家高校的150多位代表出席会议。

（"大学语文研究"网站　何二元）

11月17日　下午，先生应安徽大学文学院邀请，在学校人文楼402会议室作"自强不息，教无止境——大学语文国家精品课程与MOOCS建设的理论与实践"专题报告。

【链接】

报告会由文学院大学语文教学部主任郝敬老师主持，文学院副院长王泽庆老师，大语教学部的杨小红、毛丽蓉、聂桂菊、王卫兵等老师均参加了交流会。报告会分理论创新、教材建设、系列精品课程建设、怎样做好一名大学教师、大学母语教学的几个方法与经验、大学语文

MOOC 课程建设等六个部分的内容。王步高教授结合自己几十年的阅读、教学、研究的经验对当下高校大学语文课的开设，特别是在大学语文教材编写、大学语文慕课的录制、唐诗宋词视频课的推广等方面提出了自己的看法。交流会中，关于如何上好大学语文课程，王步高教授提出"双超"理论、大学教学的四境界说和"三不足"说。至于如何做好大学教师，王步高教授结合自己的亲身经历和教学实践对教师提出"要有坚实知识支撑""提高人格魅力、持有教学的激情、教师的亲和力、幽默诙谐的语言风格"等十条要求。

报告会最后，王步高教授针对老师们提出的相关问题——做了详细解答，精彩的回答赢得在场教师的阵阵的掌声。文学院大语教研室教师一致表示在交流中受益匪浅，对往后教学工作的更有效开展启发颇多。报告会在下午五点半圆满结束，郝敬老师对此次交流会做了总结发言，对王步高教授的指导表示衷心的感谢，也对文学院大学语文课程未来的教学提出新的展望。

（据安徽大学文学院网报道）

晚 7 点整，又做了题为《怎样读〈唐诗三百首〉》的学术讲座。

【链接】

此次讲座由文学院副院长王泽庆教授主持，大学语文教学班部分师生及文学院师生一起听取了讲座。王步高教授以一句"我敢说，中国学界目前活着的人当中，没有人比我在《唐诗三百首》上花的精力更多的了"开始了讲座，赢得现场师生的热烈掌声。

随后，王教授围绕"《唐诗三百首》是否是一本启蒙读物"等 14 个问题对《唐诗三百首》展开兼顾阅读与研究、文学与学术多方面的阐释。

讲座中，王教授结合丰富的人生阅历和学识体悟，就《唐诗三百首》为现场师生带来了一场别开生面的讲座，作为清华"神课"创造者的王教授，让安徽大学的学生也切实体会了一把名师的魅力。提问环节，学生们抓住机会积极与王教授交流。并有同学听完王教授讲座现场创作辞赋作品，朗读后获得王教授肯定同时，也赢得大家的热烈掌声。

此外，文学院、外语系同学都积极提问，就相关问题与王教授交流，现场氛围热烈而活跃。讲座最后，大学语文教学部杨小红老师针对此次讲座做了总结发言，对王教授赴安大讲学表示衷心的感谢，也对学生的未来学习提出了具体的要求。讲座于晚9点半结束，学生们热情不减，仍有很多学生留下来与王教授交流学术，并请求签名合影。

（据安徽大学文学院网报道）

11月18日　先生上午离开合肥回南京家中。下午赶往解放军南京理工大学，做学术演讲。晚上，乘飞机赶往北京。次日，他还要给清华学子上课。

12月2日　先生晨起感觉不适，午饭后加剧；遂进清华校医院就医，经检查发现问题。学校领导得知其病情，十分重视，明确表态：在京选择最佳医院进行治疗。但其与家人商量后，决定返宁就医。

12月5日　清华大学派出两辆大面包车，由十余名师生送行到北京南站，王步高乘坐高铁回宁。期间，甘肃张正春先生，曾听过王先生诗词课，感激不尽，特地坐飞机进京，送上专门在当地寺庙所请刚出关老和尚开过光之水果等物，祈祷王先生早日康复。

【链接】

2016年秋，有幸到清华访学进修，成为一条重游学海的"痴鱼"。一入校，便毫不犹豫地选择师从这位在清华园里教国文的先生。先生对我最大的影响，是令我清楚地看到自己职业理想的化身。我兴奋地对自己说：我要成为他那样的人！一位纯粹的学人，拥有一颗纯净的诗心。半生苦难，一世执着。认真地做学问，认真地爱讲台，认真地寻大道，博学、率真、谦和，堪当"星斗其诗，赤子其人"。

先生主讲"大学语文""唐诗鉴赏""唐宋词鉴赏""诗词格律与创作"等课程，课程评估长年排在清华前5%。因为太受欢迎，即便每门课程80到200人的容量，也远无法满足求知若渴的清华学子，被称为"比在北京买车摇号还难"选到的课。平均每学期开3门课，每周有3个晚上要讲2个半小时，一般22：00以后下课，还会一丝不苟地答疑到更晚。先生关注于提升课程的品质内蕴，几乎每次课都要做两三百页的课件，课上旁征博引、妙语连珠、术道相融，将人文知识传授、人文方法训练与人文精神培育融会贯通。对诗词名家及作品的评价，为多年潜心研究所得，注重考证，见解独到，很有学术价值。听先生的课是一种享受，深感只有学养深厚、乐业爱生的人文教师才能打造出如此有内涵、有品位、有情怀的人文课堂。眼前这位文化学者就是我的楷模！

课余，最期待的就是与先生畅谈，聆听教诲。先生时常给我专业方面的指点，例如他会语重心长地说从事人文教育不仅要"开河、开湖"，也要"挖井"，不仅要有广博的积淀，也要注重与学术专长有机结合。如我原本的研究方向古汉语音韵学，被称为汉语中的"绝学"，若找到与诗词教学的契合之门，便可成为教学效益的倍增器。先生是词学大家唐圭璋先生的入室弟子，以其多年的学术积淀为我启智茅塞。

先生也常与我分享他近 70 年的人生经历。这位很有骨头的知识分子，即便于苦难、贫困、孤独、落魄中，也从未低下他高贵的头。先生每讲一段过往，便会将其中体悟到的由衷感怀与哲思，传予我这兴致勃勃的听者、虔敬的后生晚辈。

不过，我也并不总是那个乖巧的学生，偶尔也会令先生皱眉。记得一次诗词格律与创作课后，先生留的作业是写一首五绝。当时因为正在学唱昆曲，便随手写了首《小旦》："点绛唇含蕊，秋波媚染霜。霞裙梅弄影，曲尽满庭芳。"诗中辙韵俱工，还巧嵌 4 个词牌名，本以为先生会赞许，孰料他说："创作诗词要用心用情，这首有点小卖弄。"诚感受教。

12 月中旬，先生因查出恶疾回南京治疗。怎敢相信，那个课堂上声如洪钟、神采飞扬的他，那个亲近自然、喜爱运动、常用脚步丈量圆明园、颐和园的他，那个热爱生活，每年端午、元旦请学生们到家中茶会赋诗的他，就这样悄无声息地谢幕于清华！而我接下来的求学之路，也倏然黯淡。遂填《青玉案》一首，以赠先生：

"浊尘漫卷残阳瘦，怎奈得，西风骤。往事常浮人寂后。忆津门旅，念商都旧，水木寻仙薮。　　华年一梦韶光负，呓语三更唤师友。且盼端阳重聚首。赏荷塘月，咏熙春柳，笑看人长久。"

（曹爽：《悼念恩师王步高先生》）

12月19日　先生为《清华学生诗词选》作跋，该书由梁东作序，清华大学出版社12月出版。"跋"曰：

我在清华开设"诗词格律与写作"等四门诗词和素质教育课，既提高学生的阅读鉴赏及写作水平，也让少数精英学点文言文，而文之精者为诗。格律诗词写作遵循古四声，保留入声，而古代格律诗词是严守四声的，掌握诗词格律，也有利于继承中华语脉。诗词也是中华传统道德的主要载体之一，学习写作传统诗词，也有利传统美德的继承。

清华历史上出现过一些领一代风骚的诗人词家，如王国维、俞平伯、徐志摩、林徽因及其他"新月派"诗人，而今之清华，毕竟理工科更为强势，人文氛围相对不足，开设此类课程，以短短一个学期，教会学生写诗、填词、对对子，甚至写出中规中矩的格律诗词，还写得颇像回事，虽只是对清华的校园文化建设洒点胡椒面或味精，却有利于改变清华学子"工科男""工科女"形象，对拓宽其知识面、提高其人文素养均大有裨益。

这本诗词选汇聚了在清华这几年开设的"诗词格律与写作"课程的学生诗词作品，由助教刘人杰、王莹、夏虞南、张洵恺精心编选，我加以补充和定稿。这几位助教本来也是这门课的学生，是同学中的佼佼者。这些入选的作品有的初露头角，有的甚至还较稚嫩，个别作品还不难挑出其措辞不当之处，但这些初入门之作已露出其过人的才气与眼力，展现了清华学子的胸襟与抱负。假以时日，持之以恒，他们中一些人可以成为未来中国诗词界的新秀和中坚，大大超越我们这辈人。吾年届七旬，殷切期望后生们站在我辈肩膀上，更上一层，乃至绍唐越宋，开创中华诗词的新天地。

【链接】

梁东，著名书法家、诗人。1932年5月生于安徽省安庆市。1953年毕业于中国矿业学院。曾任煤炭部办公厅主任，计划、财务、教育等司司长，调研室主任，中国煤矿文联主席等职。由于文化工作成果，获国务院特殊津贴。曾任中国文联全国委员、中国作家协会全国委员。中国书法家协会三届理事，中国煤矿书法家协会主席、中华诗词学会常务副会长，原《中华诗词》社社长，《中华诗词》顾问、编委。其序《回归，和再出发》曰：

清华园里诗声朗朗。莘莘学子从不同专业、不同年级，走到一起，选修王步高教授"诗词格律与写作"课程。这样一个以评点学生作品为主的文化素质课，对于一个综合性知名大学来说，本没有什么好过多关注。然而，六年过去了，人们发现，不论课堂人气和校园反响，都在不停地"发酵"。当参加过选修学生的诗稿——《清华学生诗词选》即将付梓的时候，人们惊奇地问：这里发生了什么？发生的事情又说明了什么？

让我们选切几个断面看看学生们的反响。

——"诗词格律与写作"选修课人气火爆，一座难求。学生只能在1∶7甚至在1∶10的概率中抽签，一位学生"连着三个学期都未抽中，好在有好友出国交换，才蹭来这个难得的听课机会。"

——有学生说："这是我大学课程里收获最大、印象最深的。如今也算是'初窥门径'，真觉得诗词创作是很有成就感的一件事"，是上大学以来，"最开心的课，最受教益的课"。

——有学生说："这真是一种享受！忙碌而充满烦恼的大三，诗词课成了我的期待，成了一个可以真正轻松地享受生活的盼头。"

——有学生说："每周三（上课），仿佛总有一顿'文化大餐'等待着我去品味，在这里，我学懂了平仄格律的真知识，踏实地掌握了依照格律填写、写诗的技能；我流连于古人一首首优美的诗词韵律中玩味无穷；我聆听着王老师精辟而独具一格的讲解，以新的全面的眼光看待诗词；我欣赏着同学们精彩纷呈的作品，感受着同学们的才情和进步的轨迹……"

——选修的学生，过去多半喜欢诗词，但"不知格律，只凭感觉"，现在才"切身感到格律的奥妙，以及中国文化的博大精深"，"感觉到真正属于自己的地方"。

——初期，这个选修课每周2学时，2学分，不久，根据学生们的要求，改为3学时，而且增加为3学分，课容量也由40人逐步增加到60人，2015年秋季进一步增加为80人。

学生们学习诗词的热度为什么如此之高？高等学府该不该开诗词课？该怎么开？已经成为综合性高校的清华，又该如何面对？进一步说，高等学府应当肩负什么样的历史使命去面对中华民族的未来？

清华园的诗声非自今日始。像王国维、梁启超、闻一多、赵元任、朱自清，沈从文、陈寅恪、俞平伯、吴组缃等，都是在这里浇灌过心血的诗词大师、文学巨匠，他们和许许多多资深学者一起，造就了清华"自强不息，厚德载物"的人文精神和"独立之人格，自由之思想"的治学精神。抗战时期的西南联大（清华、北大、南开），更是以"刚毅坚卓"为校训，体现了植根于民族人文传统的爱国主义和民族气节的大学精神，从而在文理兼修基础上，走出了一大批人格、气质、素养与专业知识兼备的栋梁之材。

有的学生表示"作为清华新百年第一届学子，应该向优秀的前辈看齐"，提高素养，献身国家。有的学生在总结自己收获的同时，还由衷地表达了对学校的看法："清华的通识教育大有希望了！"事实的确如此，据了解，新组建的清华大学教育委员会下设三个分支机构，通识教育就是其中之一。

学生们短暂的学习，却令人惊喜地在不同程度上领略了中华诗词蕴含的深层之义，他们说："初窥门径，惟觉泰山之巍然……收获的是观看世界的眼光……带给我一个全新的世界。"有学生说："即使仅仅是高山仰止的惊鸿一瞥，却开启了广阔的视野。毕竟诗言志，阔大而恢宏的人生，才是诗词'经国之大业'的根本前提。"一位喜欢外语的学生曾选修外文系的英文诗歌赏析，他的体会是，虽间或有隽永佳句百读不厌，但总感觉有一层隔膜，难以领略个中灵魂。曾请教过外语系教授，他们说：即使浸淫欧风美雨数十年，碰到落日，究竟心头不经意泛起的是"长河落日圆"之类，而不是莎翁的十四行诗。

诗词学习还收获着"清洗心灵"的乐趣，懂得了"支撑起诗词风范的永远是诗人高洁的品格"。老师说："要写出好作品，首先你这个人字是要大写的。"大量心性纯真的历史篇章也使学生们"深深震撼"。他们想到要不断"磨砺自己的品行"，"保持正直清白的心性""真真地对待文字，对待学问，对待生活"。

摊开学生们的总结，说到老师，几乎都是那么毫不掩饰地带着深情和感激。学生们说，他们有幸遇到的是"真真的""把知识分子的良知和诗人浪漫气质集于一身的""用生命来讲课的老师"，是一位胸腔里浸透了中华文化的、用中华诗词无数次给学生以"心灵的冲击"的值得尊敬的老师。一位同学说："先有亲其师，再有信其道"，应该是对老师最好的褒奖了。

这是一次成功的实践。我甚至认为是一种机缘巧合，一个是改革开放三十多年来回归精神家国民族认同的迫切愿望，一个是通识教育的探索和追求在重点名校有说服力的实践；一个是背负着光荣传统、有出息的清华学子交出优异的答卷，一个是备受欢迎的有能力、有担当的优秀教师。可以说是天时、地利、人和兼备。我以为，如果还要往深里论，那就是最具本质属性的、最根本的原因，是中华诗词无与伦比的至高、至美的伟大诗学传统，这是第一位的。

清华学生的诗词，力求面向世界、贴近生活、有思想、不跟风，对国计民生较为关注，对雾霾、贫富差距加大、钱学森之问、教育制度、"低头族"等问题有清晰冷静的看法，令人耳目一新；亲情孝道、思乡怀旧、相思离别等传统题材，也都写得别有风致，品位高。诗味浓，他们的作品，体裁多样，古风，五绝、七绝、五律、七律、词均能写出严守格律的佳作，词之佳作尤多。这些作品既透着强烈的青春气息，又不失典雅的韵致，有的尚显稚嫩，可有不少却给人以老辣和成熟的感觉。甚至如王老师所说，令人感到"震撼"和"自愧不如"。

从总体说，我们有理由为他们鼓掌，寄望于他们张开双臂，去拥抱今后的生活——那是中华崛起又面临数不清挑战的苍穹大野，去创作，去创造，为世界的文化宝库，科技的，人文的，增添中国人的新的贡献吧。

回归中华文明的伟大传统是绝对必要的，然而，回归不是一切，是为了再出发，让我们千百倍地努力！

（梁东二〇一五年七月二十八日修改稿）

是年　偕夫人刘淑贞，赴美国探亲、旅游，参观哥伦比亚大学、普林斯顿大学及时代广场等处，并留影纪念。

是年　作诗一首《题耿心华〈江洲放歌〉》：

酸甜苦辣话人生，法槌道义怎量衡？

莫羡他人皆富贵，但思无愧赛公卿。

（舒贵生主编：《春华秋实》）

【链接】

耿心华，原扬中市人民法院刑事审判庭庭长、审判委员会委员、高级法官；现为江苏唯悦律师事务所主任。其文集初名《江洲放歌》，后改为《蓬牖茅椽》。

是年

为东南大学第十八届研究生支教团做校史培训。此事他早已驾轻就熟，仍一口气掏出十余 U 盘，见众人诧异，便笑言："我上课，总要多做备份才能放心！"

【链接】

王步高对讲台和学生的爱到了痴迷的程度。有一次，他在四牌楼校区上课，不巧停电了。正当学生们一筹莫展，以为享受不了王老师带来的精神大餐的时候，王步高对学生说："我们今天上'黑课'，我把要讲的诗词都背出来，要求大家下课时也会背。"两节课完全在黑暗中进行，到了下课，学生们竟然真的全都能把当天学的诗词背出来。多年以后的今天，曾经上"黑课"的学生仍然对当时的情景记忆犹新。

（晓东：《那首临江仙，永远萦绕在我们心间》）

2017 年（丁酉）71 岁

1 月 9 日　先生在宁养病期间，为老友陈莲生《莲生诗文选》写序：

与莲生兄相识于"文革"后期，我被隔离审查的"学习班"中，我是被审查对象，他是专案组成员。在我这次落难时，昔日的朋友中捏造罪名诬告以图升官者有之，落井下石者有之，避之唯恐不及者有之，而敢于主持公道甚至赴汤蹈火者亦有之，而莲生兄是这后者中唯一与我原来并不相识的。患难见真情。我情绪低落时，他经常安慰我；我被一次次批斗时，是他鼓励我；我与专案组领导冲突时，又是他及时提醒我，让我不因情绪失控而酿成大错。学习班内有吴俊禄、张舜、莲生兄和金家礼等专案组成员；学习班外有我的妻子、亲人、杨九林校长、一些不离不弃的朋友、学生，让我感到还有公道，还有温情，还有希望。309天的"牢狱"之灾，便不都是凄苦与眼泪，反而带有某些戏剧和传奇色彩。也是在吴俊禄校长、我的爱人及朋友的鼓励下，我卧薪尝胆，三年后，成为扬中土地上考取研究生的第一人。无论是东北、南京、北京、扬中，我与莲生兄的联系一直密切。故乡在我心上划上的深深伤痕，是他们帮我愈合。我甚至比其他许多离开家乡的学子更深爱故乡的土地，因为这不仅是生我养我的地方，更有许多高尚、纯朴、关爱着我的亲人、朋友、学生。近四十年来，我南北播迁，尤其是就读吉林大学、任教东南大学和清华大学，都要强调，我是扬中人，我教过的成千上万学生都知道，扬子江中有个岛县叫扬中。这是一个非常可爱的地方。

作为一位职业教育老师，莲生兄堪为江洲翘楚，看了本书附录的两篇关于他的报道，更对他增添敬意。莲生兄道德高尚，为人淳朴，而且爱岗敬业，成绩卓著。我一直认为，一个人不在于他做过什么，而在于他做好过什么。由于机遇环境不同，并非每人均能尽其所能，但这绝非无所事事的理由，注重当下，尽我所能为，逆境中多学习，顺境中多工作，仍可以不虚度人生。莲生兄便是表率。

5月 教育部在线教育研究中心（清华大学代章）颁发《荣誉证书》：

清华大学 王步高荣获"教育部在线教育研究中心在线教育奖励基金（全通教育）2017年度在线教育先锋教师"称号。

本月初 老友黄寿年等赴宁探望先生，事后著文回忆：

"他神采奕奕地谈了一个多小时，只字未提自己的病情。9月12日，我再次去看望他时，他显然消瘦得很，他仍有精神地谈起前几天他被聘为清华大学素质教育基地顾问的事，自信地说：'看来，我病一好，就得回清华，有许多事待我去做……'，我劝他好好休养，早日康复，哪知，这竟成了诀别。

（黄寿年：《追思王步高教授》）

6月14日　先生病中修定高职高专本《大学语文》之《前言》于东南大学。

8月13日—9月7日　在东南大学附属中大医院住院治疗。

期间，好友、初中同学张立才特地赴宁探望。

9月　担任《春华秋实》编委会主任。该诗词集30万字，由舒贵生主编，中国楹联出版社2017年9月出版。

9月12日　上午，在南京龙江小区阳光广场2号楼寓所，先生会见特地前来探望之挚友王剑偕夫人，同行还有王剑同窗徐复兴，以及家乡刊物《三茅诗词》总编虞兴谦。分别前，主人提议并强撑病体，到客厅与客人留影纪念，背景即其《爱国诗词鉴赏辞典》代序之《永遇乐·用辛弃疾北固楼韵》词作，常国武手书。

9月22日　《草地》周刊第347期上，发表该刊记者、编委张修智文章《因为他，清华理工学子写出让诗人"震撼"的诗》：

一本不到300页的小书，让人领略到清华园里诗教复兴的峥嵘气象。

【链接】

这本名为《清华学生诗词选》（下称《诗词选》）的书，由清华大学出版社于2016年底出版，是清华大学"清华学生原创优秀作品"项目之一。

《诗词选》收录2009年以来清华大学选修"诗词格律与写作"课程的学生诗词作品，凡600余首，出版以来，尚未在大众层面引起广泛注意，但在国内诗词界，却已是赞声一片。

《诗词选》的引人注目之处在于，有241位清华学子的作品入选，其中82%为理工科学生。更重要的是，这些大多出自理工科学子之手的作品，品质颇为不俗。

"有诗味，有深变，有高度。"中国工程院院士、清华大学荷塘诗社名誉社长王玉明先生接受本报记者采访时，这样评价《诗词选》中的作品。王玉明同时也是一位享誉国内诗词界的诗人。

……

南京龙江小区阳光广场的一座公寓楼，当记者如约敲开王步高先生的家门，步入主人的书房兼卧室，尽管已有精神准备，但仍被眼前这位老人的羸弱所震惊。

对于清华，王步高显然抱有精神上的皈依之感。清华的讲台，是王国维、陈寅恪、梅贻琦、黄万里等站立、授课过的地方，每每提到这些学问博大精深、思想人格独立的前辈先贤，王步高都用"敬畏"一词表达自己的敬仰、惕厉之情。

9月28日 国庆和中秋佳节来临之际，清华大学副校长、教务长杨斌教授在清华大学国家大学生文化素质教育基地常务副主任王巍教授、吴艳菊老师陪同下，专程来宁看望王步高，并聘请他为基地顾问。

【链接】

（一）

中秋节，先生在电话里说他不怎么到室外活动了……怎会想到，电话那端微弱的语声，竟是先生与我最后的话别。正如一年前走进先生的课堂，聆听到的竟是他的清华绝唱！说好的"拼到50，苦到60，教到80，活到90"呢?! 先生，这次您食言了！

（曹爽：《悼念恩师王步高先生》）

（二）

去世前的几个月，他变得很难入眠，原本健硕的身躯形销骨立，腹部却因腹水积聚，肿得巨大。他仍然记得每一拨来探访的学生，嘱咐诗词选要继续出下去，三本未写完的书要找谁收尾，告诉清华大学校方，《清华百年赋》要用他今年8月刚修改过的第54版，还想方设法推荐人选，让诗词课能开下去。

（王嘉兴：《追忆王步高：我的学术生涯才刚刚开始》）

9月 先生作诗一首《病中忆清华》，盖为其绝笔诗：

每忆荷塘涕泪潸，纵经沉疴亦开颜。

清华值得终身许，重上讲坛日夜盼。

10 月 1 日　先生与老友陈莲生通了电话。据陈日后回忆："他声音洪亮，精神很好，还说最近回扬中看看，与我畅叙友情。"

10 月初　潘金陵去龙江小区看望恩师。

【链接】

那时，他的病情已恶化，人瘦得形销骨立，但精神状态还很好。也许知道自己的病情，王老师和我谈起了他的一生。他说："我还是很幸运的，出生不久，中华人民共和国就成立了，一辈子没遇到战争，生活在和平的环境里。虽然'文革'中受了折磨，但我还是拥护我们的党，热爱我们的国家。最欣慰的是，能在讲台上站了一辈子，让中国文化宝库中最亮的一笔——诗词，一代一代传下去。尤其在清华大学的 8 年多时间里，让那么多理工科的学子爱上中华诗词，是我始料不及的。当然，我的目的不仅仅让年轻人爱上诗词，爱上中国文化，最理想状态就是，从提高文学修养中，学会思考人世间的美丑，释放人性中最善、最真的一面。这样，官员就会少贪腐，医生就会更仁慈，老师就会更敬业，人生就会少走弯路，社会就会更和谐。可惜，这几十年来，教育太功利化了，学前辅导、课外辅导、代写论文、买卖文凭等滋生出一条条产业链，这是令人不安的事。可喜的是，现在国家已重视传统文化的传承。传播文化，学校的讲台是重要的地方，假以时日，会慢慢好起来。"

（潘金陵：《老师，再教我一次》）

10 月 9 日　先生入住省人民医院。

10 月 11—16 日　先生当年中学同事、相知相交几十年之挚友缪启琨先生，接学生潘金陵从镇江来电，得知步高先生病重，遂偕夫人聂京南女士，从南通赶赴南京省人民医院，陪伴、安慰先生。

【链接】

因缪从事心理学教育，便对先生进行心理疏导。先生对夫人说："淑贞，我从来没有这样强烈的求生欲望。"后来淑贞对缪先生说："要是早一点跟你联系，步高不至这么快就走了。"

（据 2018 年 10 月 21 日缪启琨微信追述）

10 月 13 日　清晨，省人民医院病房，先生会见了家乡中学学弟徐复兴。徐趁来宁参加省残联之文联筹备会之机，起早赶来探望，顺便请教其诗词作品中几个疑问。

10 月 14 日　清晨，徐复兴再次从江苏饭店打的前往省人医。然而久等不见病房内起床动静，不忍打扰，便在门外走廊等候，一个多小时后才见到王教授。王憔悴不堪，强撑病体，指点他去网上查阅新华社记者所写文章《因为他，清华理工学子写出让诗人"震撼"的诗》。就此一别，竟成永诀。

10 月 16 日　先生家乡扬中市门户网站上，刊登申扬秋翁文章《作为"诗词之乡"的扬中人，应当为他——王步高教授而骄傲》。文曰：

许多人还记得：十三年前，方志出版社曾推出《星河之光——扬中杰出人物纪事》一书。其中有一篇《斯人如诗——记词学家王步高教授》。读毕该文，足以让人领略他的非凡风采。而今我要推荐的，是关于他后来的动人故事，由新华社记者不久前采写的文章：《因为他，清华理工学子写出让诗人"震撼"的诗》……

11 月 1 日　中午 12 时 10 分，先生病逝于江苏省人民医院，享年71 周岁。

【链接】

当天晚上 9 点，上百名东南大学学生来到体育馆前，齐唱他于 2002 年作词的校歌。数百名学生、朋友到他南京家中吊唁，把公寓楼的 3 部电梯全都压坏了。

（王嘉兴：《追忆王步高：把诗种进清华园授课量每年 288 课时》）

11 月 3 日　先生遗体告别仪式在南京殡仪馆举行。

【链接】

（一）

南京殡仪馆，参加告别仪式的有东南大学党委常务副书记左惟先生，南京电视台副台长马正华先生，清华大学国家大学生文化素质教育基地副主任程钢先生，南京师范大学文学院原党委书记鲁同群先生，上海交通大学周武忠教授，华东师范大学中文系朱国华教授，镇江市委统战部、教育局，扬中市一中，东南大学机关部门领导，各学院领导，人文学院教师代表、学生代表、退休教师代表以及王步高教授家属、学生和亲朋好友等。

敬献花圈花篮的有：东南大学党委书记易红，东南大学校长张广军，东南大学党委常务副书记左惟，东南大学党委副书记郑家茂，原东南大学党委书记、原北京航空航天大学党委书记胡凌云，原东南大学党委书记郭广银，中国矿业大学党委书记刘玻，清华大学副校长、教务长杨斌，江苏省社科院副院长、东南大学人文社会科学学部主任樊和平教授。

中共东南大学委员会，东南大学，东南大学党委组织部，党委宣传部，人事处，教务处，工会，团委，档案馆、校史研究室，机关党委，艺术学院，法学院，生医学院，土木学院党委，土木学院党委，土木学院，建筑学院，电子学院，微电子学院，信息学院，外国语学院，数学学院，人文学院党委，人文学院，人文学院哲科系、中文系、旅游学系、社会系、公共管理系、医学人文学系、学院退休教师协会以及王步高教授历届学生等。

发来唁电和挽联的有：清华大学，南京大学，南京师范大学，吉林师范大学，安庆师范大学文学院，安徽大学文学院，南京大学文学院，扬州大学文学院，全国大学语文研究会，陕西省大学语文研究会，湖北省大学语文研究会，全国大学教师联盟，东南大学南京校友会人文分会，北京世纪超星信息技术发展有限责任公司，南京大学莫砺锋教授、南京大学图书馆馆长程章灿教授，南京师范大学陈美林教授、高兆明教授，上海交通大学周武忠教授，华东师范大学中文系朱国华教授，上海体育学院朗净教授，中南民族大学王兆鹏教授、肖鹏教授，文化在线王抗战教授和东南大学喻学才教授、毛桃青教授等。

王步高教授生病和住院期间，学校领导，学校机关部门领导，各学院领导，人文学院领导、教师代表、学院退休协会领导，王步高教授学生和生前好友等多次到医院和家中看望，并帮助联系转诊转院医疗事宜。王步高教授病重病危之际，各位领导多次打电话表示关切。

东南大学常务副校长王保平同志在校办主任金志军同志、人事处退

189

休科科长吴荣同志陪同下，前往王老师家中吊唁慰问。

清华大学副校长、教务长杨斌同志多次到医院、王步高教授家中看望慰问，并带去陈旭书记和邱勇校长亲笔签名的慰问信和慰问金。清华大学学生代表也多次到医院、王步高教授家中看望拜访。

王步高教授去世，东大师生深感悲痛。东南大学官方微信平台、校团委、校学生会、校研究生会、东南文苑及学生会、研究生会微信平台均发布多篇专题纪念文章。王步高教授逝世当晚，东南大学校园广播循环播放校歌、学生自发聚集在体育馆前齐唱校歌。

（东南大学人文学院党委书记李涛：《王步高教授遗体告别仪式主持词》）

（二）

我认为，用"学为人师，行为世范"八个字来评价王步高先生是很确切的。据查，"行为世范，学为人师"出自宋高宗赞颂孔子及其弟子的诗。人民教育家陶行知曾提出"学高为师，身正为范"。1996年，北师大征集校训时，启功先生建议用"学为人师，行为世范"作为北师大校训，得到全校的认同。他将两句顺序换了一下，可能是考虑句尾两个字连起来恰好读为"师范"，表明学校的性质。作为人师，步高先生满腹经纶，著作等身，桃李满天下。作为世范，他充满了爱，如闻一多先生所说"诗人主要的天赋是爱，爱他的祖国，爱他的人民"，步高先生深爱着祖国，深爱着家庭，深爱着教育事业，深爱着东南大学，深爱着清华，深爱着学生，深爱着他所从事的语文教学。他的爱是深沉的，又是刚正不阿的。我明显地感到，他崇拜岳飞、文天祥、闻一多，直到我的老师黄万里先生。作为同龄人，我能理解他。在"文化大革命"那个特殊的年代，他经受了磨难和迫害，体察了世态炎凉。他的品格，不是念书念出来的，而是社会现实炼成的。可以说历史造就了王步高，王步高见证了历史。

（李树勤教授在纪念王步高先生逝世两周年暨大学语文教育学术研讨会上的发言：《肯投入，肯下功夫，就一定能开出深受学生欢迎的大学语文》，2019年11月3日）

附录一 王步高作品编年目录

△ 1965 年（乙巳）19 岁

古绝・望乡 新诗・我登上紫金山巅

五古・舟过焦山 新诗・炼

新诗・我站在月台尖尖上

△ 1966 年（丙午）20 岁

古绝・期待

△ 1969 年（己酉）23 岁

七言・阳春三月太湖畔 七言・中秋诗赠淑贞淑贞君二首

新诗・回溧阳

△ 1971 年（辛亥）25 岁

新诗・迎亲人 新诗・五年总结・跋

新诗・扬子江颂

△ 1972 年（壬子）26 岁

七言・丰裕桥变了样

△ 1973 年（癸丑）27 岁

新诗・斗争就是生活 新诗・寄给子弟兵的

△ 1974 年（甲寅）28 岁

七言・月下漫步 七言・送启琨离丰中

七言・题赠谢其福同志

△ 1975 年（乙卯）29 岁

五言・春节前遥寄庆生弟皖南从军

△ 1978 年（戊午）32 岁

古绝·观《七品芝麻官有感》　　　临江仙·十月柏台囚
浪淘沙·受辱有感

△ 1979 年（己未）33 岁

灌菊　　　　　　　　　　　　　满江红·咏怀

△ 1980 年（庚申）34 岁

十六字令·晨读　　　　　　　　七律·春夜

△ 1981 年（辛酉）35 岁

古绝·梦与官争盛怒致捶床而伤手

△ 1982 年（壬戌）36 岁

给"老陈同志"的信之一　　　　给"老陈同志"的信之二
自我鉴定　　　　　　　　　　临江仙·壬戌中秋
稼轩词《青玉案》写作年代质疑

△ 1983 年（癸亥）37 岁

给"老陈同志"的信之三　　　　临江仙·忆松花湖三首
给"陈老师"的信之四

△ 1984 年（甲子）38 岁

给陈莲生的信之五　　　　　　给陈莲生的信之六
给陈莲生的信之七　　　　　　给陈莲生的信之八

△ 1985 年（乙丑）39 岁

论梅溪咏物词　　　　　　　　梅溪琢句炼字琐议
《广陵潮》责编

△ 1986 年（丙寅）40 岁

变机械识记为意义识记——一谈学生记忆能力的培养与提高
明清诗文论文集责编
变无意识记为有意识记——二谈学生记忆能力的培养与提高
要会记，也要能忘——三谈学生记忆能力的培养与提高
介绍几种提高记忆效率的方法——四谈学生记忆能力的培养与
提高

增进记忆品质和大脑机能——五谈学生记忆能力的培养与提高

鹊桥仙·淀山湖大观园留题潇湘馆

菩萨蛮·声声布谷梅初熟

《唐宋词鉴赏辞典》出版说明

史达祖词赏析文章4篇：

双双燕·咏燕　　　　　　　三姝媚·烟光摇缥瓦

湘江静·暮草堆青云浸浦　　满江红·九月二十日出京怀古

辛弃疾　贺新郎"青山"句假说

△ **1987 年（丁卯）41 岁**

为瞿世云等同志入党感赋　　给"莲生兄"的信之九

悼恩师郭石山先生　　　　　再悼恩师郭石山先生

给"莲生兄"的信之十　　　《梅溪词》语言艺术初探

给"陈老师"的信之十一　　鹊桥仙·青云梦杳

历代田园诗词选前言　　　　宋代堂吏、省吏小考

△ **1988 年（戊辰）42 岁**

在激烈竞争中夺取胜利——《唐宋词鉴赏辞典》编辑手记

史达祖对词坛的影响　　　　给陈莲生的信之十二

历代田园诗词概说

满庭芳·代东瑜兄为南京金陵中学建校百周年作

△ **1989 年（己巳）43 岁**

给"莲生兄"的信之十三

师范院校的研究生教育要面向中学

李白吟唱《蜀道难》，雄豪诗歌为谁作

史达祖的人品应否受指斥　　给"莲生兄"的信之十四

金缕曲·代序

赏析文章7篇：

高永：大江东去·滕王阁　　　萨都剌：百字令·石头城上

庄棫：思佳客·一曲歌成酒一杯　定风波·为有书来与我期

文廷式：水龙吟·落花飞絮茫茫

永遇乐·落日幽州　　　　邵曾鉴：金缕曲·薄幸仍归矣

《金元明清词鉴赏辞典》编后　给"莲生兄"的信之十五

史达祖身世考辨

△ **1990 年（庚午）44 岁**

《苏轼词赏析集》收录《江城子·东武雪中送客》赏析

《吴梅村年谱》责编　　　　个人总结

《古代爱情诗词鉴赏辞典》4 篇赏析文章：

史达祖：寿楼春·寻春服感念

三姝媚·烟光摇缥瓦

纳兰性德：金缕曲·此恨何时已

黄燮清：浪淘沙·秋意入芭蕉

鹧鸪天·庚午中秋，为调动事夜访东大文学院院长刘君

李白乐府诗《白头吟》考索

△ **1991 年（辛未）45 岁**

历代田园诗词选

《中国古典诗词名篇分类鉴赏辞典》赏析文章 5 篇：

陈亮　念奴娇·危楼还望

贺新郎·老去凭谁说

水调歌头·不见南师久

刘过　沁园春·万马不嘶

贺新郎·弹铗西来路

临江仙·春雨

《全宋词》辑佚四首之马晋、孟昭二首

论爱国主义与爱国诗词

浪淘沙·见对面楼顶漏水不止感慨系之

给"莲生兄"的信之十六　　　给"莲生兄"的信之十七

△ **1992 年（壬申）46 岁**

《爱国诗词鉴赏辞典》代序　　永遇乐·次稼轩北固楼词韵

赏析文章 13 篇：

杨素：出塞二首　　　　　　　王维：老将行

西鄙人：哥舒歌

张籍：将军行、征西将、没蕃故人、老将、凉州词

杜牧：泊秦淮　　　　　　　　李若水：衣襟中诗

朱熹：伏读二刘公瑞岩留题感事兴怀至于陨涕追次元韵偶成二篇

金缕曲·九二年校庆同学重会有感

给"莲生兄"的信之十八　　给"莲生兄"的信之十九

给"莲生兄"的信之二十

△ 1993 年（癸酉）47 岁

给"莲生兄"的信之二十一

我怎样主编《爱国诗词鉴赏辞典》

给"莲生兄"的信之二十二　　庚辰读词札记（八则）

台城路·贺东大中文系重建　　乳燕飞·代友人赠别

时代的血泪　壮士的悲歌——略论梅溪词的思想价值

博观约取　点铁成金——毛泽东诗词运用语典刍议

△ 1994 年（甲戌）48 岁

斫雕为朴及隋代南北诗风的融合

略论隋诗对唐宋诗词的影响　　鸡笼山，六朝松与中华词学

《梅溪词校注》后记

临江仙·贺扬中县改市及长江大桥通车

△ 1995 年（乙亥）49 岁

题谢稚柳《荷花》　　　　　　题钱松嵒《岗陵永固图》

给"莲生兄"的信之二十三　　《容斋随笔》序

一新耳目　泂然绝妙·读《分类新编两宋绝妙好词》

△ 1996 年（丙子）50 岁

怎样读《唐诗三百首》　　　《二十四诗品》非司空图作质疑

金缕曲·为母校五十周年校庆作

△ 1997 年（丁丑）51 岁

水调歌头·与春华诗友登紫金山作

《元明清词三百首注》前言

试论周济的词学观及其诗学理论基础

△ 1998 年（戊寅）52 岁

对唐诗三百首的再认识

李白吟唱《蜀道难》，雄豪诗歌为谁作？

《燕歌行》主题辨　　　　　行香子·送别东大 98 届学子

临江仙·名家莅会，书以志感

关于《二十四诗品》作者问题的争鸣

△ 1999 年（己卯）53 岁

《大学语文》序言

行香子·代研究生精英大奖赛东大代表队作

△ 2000 年（庚辰）54 岁

《李贺全集》序言　　　　　《辛弃疾全集》序言

鹧鸪天·贺东大浦口校区建立十周年

诛茅旧圃创新篇——记东南大学文学院中国语言文学系

王步高牵头申请江苏省九五社科重点项目"词学研究电脑专家系统"，2000 年通过专家鉴定。

△ 2001 年（辛巳）55 岁

唐门立雪二三事——纪念唐圭璋师逝世 10 周年

临江仙·东南大学校歌　　　百年校庆碑记附诗

东南大学百年庆鼎铭　　　　漫话东南大学校歌

迁龙江新居感赋和白坚

试析史达祖"梅溪"之号的来历

《大学语文》教材编写中的开放性与多元化思维

《李商隐全集》序

关于中文系促进学科发展的几点思考

△ 2002 年（壬午）56 岁

试论新时期"大学语文"课程的学科定位

《李清照全集》序　　　　　李清照研究综述

四牌楼校区历史沿革考略

中大校友百年诗词选　　　　题望湖岭山庄

△ 2003 年（癸未）57 岁

《大学语文》前言　　　　　《唐宋诗词鉴赏》前言

《江苏中青年诗词选》编后　《译注焦氏易林》序

让大学校园成为复兴中华传统诗词的主阵地

△ 2004 年（甲申）58 岁

南乡子·甲申元旦书赠文学院研究生诸同学

临江仙·教师之歌

谈高校语文教学与道德情感教育的统一——新时期大学生道德情感教育散论之一

论毛泽东《答友人》诗的艺术美

△ 2005 年（乙酉）59 岁

司空图晚年行迹考　　　　　评析王龙烈士遗作二篇

一剪梅·纪念乡贤王龙先生牺牲六十周年

驳"虞集作《二十四诗品》"说

嘤其鸣矣　求其友声

认真学好母语·增强民族文化认同感

鹧鸪天·为南京十六高校诗歌节而作

一剪梅·荣膺东大"十佳共产党员""学生最欢迎的教师"志感

△ 2006 年（丙戌）60 岁

《司空图评传》跋　　　　　《司空图评传》撰写拾零

△ 2007 年（丁亥）61 岁

母语文化与母语教育的危机琐议

我国大学母语教育现状——对全国 300 所高校"大学语文"教学

现状的调查

鸡鸣寺端午诗会联句

《春华秋实——春华诗社二十年诗词选》序

高启 念奴娇·自述 赏析 　　　陈维崧 水龙吟·秋感 赏析

△ 2008 年（戊子）62 岁

东大精神与办学特色 　　　《东南大学校园诗词选》序

《大学语文（全编本）》前言

试论"大学语文"教材中与教学中的"双超"理念

浅论诗人丁芒和他的创作

△ 2009 年（己丑）63 岁

探寻词苑的艺术与人生 　　　临江仙·自嘲

△ 2010 年（庚寅）64 岁

诗词美与自然美的和谐融合——评《我见青山多妩媚——人与自然主题历代诗词选》

乌台诗案与苏轼诗词 　　　回眸

《春华秋实——春华诗社二十五周年诗词集》序

从名校校史看中国大学校长的素质——读清华大学、东南大学、北京大学等名校

校史有感 　　　大师远去后的思考

《岁月流年》序 　　　《钟山诗文精选》序

《扬中风情》序 　　　空中望月

△ 2011 年（辛卯）65 岁

大学语文应先行迈入高校研究性教学殿堂——试论重点高校大学语文教学

清华大学百年赋 　　　《名著零距离（初版）》序言

贺新郎·黄万里先生故居

行香子·贺陆挺、尉芹溪新婚之喜

《石室诗社诗词选》序

△ 2012 年（壬辰）66 岁

《扬中市教育志》序　　　　　我对故乡扬中教育的回忆与反思

中国诗词中的爱国传统　　　　《大江清韵》第二集序言

△ 2013 年（癸巳）67 岁

金缕曲·题第八届江苏省园博会

我在清华教大学语文

△ 2014 年（甲午）68 岁

对当前大学师生关系的几点思考

祭江洲革命先烈文

沧桑百载话东大——科学的东南与人文的东南

《袁枚选清诗》序

行香子·为南大德文 64 级学友入学 50 年返校活动作

终生的导师——深切怀念喻朝刚教授

不断进取　建设大学语文系列开放性课程

△ 2015 年（乙未）69 岁

七绝·贺张正春老师为赵磊女士题照

七绝·赠陈爱民律师

给东大同学们的新年祝福词　　七绝·圆明园闻笛

△ 2016 年（丙申）70 岁

讲解《南京诗词》

西江月·访丰裕中学旧址有感　怎样当好大学语文教师

《清华学生诗词选》序跋　　　题耿心华《江洲放歌》

△ 2017 年（丁酉）71 岁

《莲生诗文选》序　　　　　　《清华百年赋》修改版

病中忆清华　　　　　　　　　试论当代国文教育的历史责任

附录二　参考书目

［1］黄锡珪编：《李太白年谱》，北京：作家出版社，1958年2月。

［2］唐圭璋编：《全宋词》，北京：中华书局，1965年6月。

［3］王步高：《稼轩词〈青玉案〉写作年代质疑》，《吉林大学社会科学学报》，1982年第6期。

［4］苏州大学明清诗研究室编：《明清诗文论文集》，南京：江苏古籍出版社，1986年6月。

［5］唐圭璋编：《词话丛编》（全六册），北京：中华书局，1986年10月。

［6］唐圭璋主编：《唐宋词鉴赏辞典》，南京：江苏古籍出版社，1987年4月。

［7］王步高：《〈梅溪词〉语言艺术初探》，《徐州师范学院学报》，1987年第2期。

［8］江苏省出版总社图书管理处、江苏省出版工作者协会编辑工作委员会编：《编辑纵横谈》，南京：江苏人民出版社，1988年7月。

［9］《词学》编辑委员会编：《词学》（第七辑），上海：华东师范大学出版社，1989年2月。

［10］王步高执行主编：《金元明清词鉴赏辞典》，南京：南京大学出版社，1989年4月。

［11］唐圭璋、钟振振主编：《金元明清词鉴赏辞典》，南京：江苏古籍出版社，1989年5月。

[12] 人民文学出版社古典文学编辑室编：《中国古典文学论丛》（第7辑），北京：人民文学出版社，1989年10月。

[13] 江苏省《汉语大词典》办公室主编：《语言研究集刊》（第三辑），南京：江苏教育出版社，1989年12月。

[14] 王思宇主编：《苏轼词赏析集》，成都：巴蜀书社，1990年2月。

[15] 冯其庸、叶君远著：《吴梅村年谱》，南京：江苏古籍出版社，1990年5月。

[16] 李文禄、宋绪连主编：《古代爱情诗词鉴赏辞典》，沈阳：辽宁大学出版社，1990年7月。

[17] 王步高编：《历代田园诗词选》，南京：江苏文艺出版社，1991年1月。

[18] 夏传才主编：《中国古典诗词名篇分类鉴赏辞典》，徐州：中国矿业大学出版社，1991年4月。

[19] 朱斐主编：《东南大学史》（第一卷）：南京：东南大学出版社，1991年10月。

[20] 永济县志编纂委员会编：《永济县志》，太原：山西人民出版社，1991年12月。

[21] 邢雁主编：《东南大学》，北京：人民画报社，1992年3月。

[22] 王步高主编：《爱国诗词鉴赏辞典》，南京：南京大学出版社，1992年5月。

[23] 王步高：《庚辰读词札记（八则）》，《吉林大学社会科学学报》，1993年第5期。

[24] 中国人民大学书报社资料中心：《中国古代近代文学研究》，1994年4月。

[25] 周慰曾：《周叔弢传》，北京：北京师范大学出版社，1994年4月。

[26] 东南大学中华词学研究所：《中华词学》（第一辑），南京：

南京：东南大学出版社，1994 年 7 月。

　　［27］吉林大学研究生院编印：《吉林大学研究生院院友录》，1994 年 9 月。

　　［28］王步高：《梅溪词校注》，天津：天津人民出版社，1994 年 10 月。

　　［29］朱成山主编：《侵华日军南京大屠杀幸存者证言集》，纪庚责编，南京：南京大学出版社，1994 年 12 月。

　　［30］原郁编：《谢稚柳—当代书法家传记文学丛书》，北京：中国文联出版公司，1995 年 4 月。

　　［31］刘道镛主编：《西方社会与西方思潮》，南京：东南大学出版社，1995 年 12 月。

　　［32］吴熊和、喻朝刚、曹济平、王步高主编：《中华词学》（第二辑），南京：东南大学出版社，1995 年 12 月。

　　［33］国家古籍整理出版规划小组主办：《中国古籍研究·第一卷》，上海：上海古籍出版社，1996 年 11 月。

　　［34］吴熊和、喻朝刚、曹济平、王步高主编：《中华词学》（第三辑），南京：东南大学出版社，1996 年 12 月。

　　［35］朱斐主编：《东南大学史》（第二卷），南京：东南大学出版社，1997 年 4 月。

　　［36］丁芒名誉主编，王步高、陈永昌主编：《春华秋实——春华诗社十周年作品选》（内部交流），1997 年 10 月。

　　［37］王丽主编：《中国语文教育忧思录》，北京：教育科学出版社，1998 年 11 月。

　　［38］张立文著，王步高编：《朱熹评传》，南京：南京大学出版社，1998 年 12 月。

　　［39］杨耀坤；伍野春：《陈寿　裴松之评传》，南京：南京大学出版社，1998 年 12 月。

　　［40］王步高主编：《大学语文》（第一版），南京：南京大学出版社，1999 年 8 月。

［41］王步高、邓子勉选注：《元明清词三百首注》，天津：天津人民出版社，2000 年 1 月。

［42］陈尚君：《陈尚君自选集》，桂林：广西师范大学出版社，2000 年 11 月。

［43］钟振振：《词学的辉煌：记文学文献学家唐圭璋》，南京：南京大学出版社，2001 年 3 月。

［44］清华大学校史研究室编：《清华大学九十年》，北京：清华大学出版社，2001 年 4 月。

［45］（宋）李清照著；（宋）辛弃疾著：《李清照辛弃疾全集》，王步高、刘林辑校汇评，珠海：珠海出版社，2002 年 1 月。

［46］（唐）李商隐著，（清）冯浩注：《李商隐全集》，王步高、刘林辑校汇评，珠海：珠海出版社，2002 年 1 月。

［47］陶礼天：《司空图年谱汇考》，北京：华文出版社，2002 年 3 月。

［48］王德滋主编：《南京大学百年史》，南京：南京大学出版社，2002 年 4 月。

［49］高恒文：《东南大学与"学衡派"》，桂林：广西师范大学出版社，2002 年 4 月。

［50］王步高执行主编：《中大校友百年诗词选》，南京：东南大学出版社，2002 年 5 月。

［51］孙建军、陈彦田主编，于念撰稿：《全唐诗选注》，北京：线装书局，2002 年 1 月。

［52］闵卓主编：《东南大学文科百年纪行》，南京：东南大学出版社，2003 年 6 月。

［53］王步高主编：《江苏中青年诗词选》，南京：南京大学出版社，2003 年 12 月。

［54］马群主编：《星河之光：扬中杰出人物纪事》，北京：方志出版社，2004 年 12 月。

［55］王庆生：《金代文学家年谱》，南京：凤凰出版社，2005 年

3月。

［56］王广仁、周毓方编著：《公木年谱》，长春：东北师范大学出版社，2005年6月。

［57］王步高：《司空图评传》，南京：南京大学出版社，2006年7月。

［58］王步高主编：《大学语文》（普及本），南京：南京大学出版社，2006年7月。

［59］王步高主编：《大学语文》（简编本），南京：南京大学出版社，2006年8月。

［60］《吉林大学校史》编委会编：《吉林大学校史（1946—2006）》，长春：吉林大学出版社，2006年8月。

［61］王步高主编：《唐宋诗词鉴赏》，北京：北京大学出版社，2007年8月。

［62］王步高主编：《春华秋实（春华诗社二十年诗词选）》，北京：中国文联出版社，2007年9月。

［63］王步高、单建主编：《东南大学校园诗词选》，南京：东南大学出版社，2008年4月。

［64］郑立琪主编：《百年回望话精神》，南京：东南大学出版社，2008年4月。

［65］王步高主编：《大学语文》（简编本第3版），南京：南京大学出版社，2008年8月。

［66］王步高著：《探寻词苑的艺术与人生》，福州：福建教育出版社，2009年8月。

［67］王步高、何二元主编：《大学语文教育与研究》，南京：南京大学出版社，2009年12月。

［68］王步高：《披沙拣金说唐诗》，福州：福建教育出版社，2010年2月。

［69］罗鹭：《虞集年谱》，南京：凤凰出版社，2010年3月。

［70］水木清华编辑部编：《水木清华　聚焦百年校庆》，2011年

第 3 期。

[71] 陈建男主编：《探索与改革——北京市艺术院校人文社科公共课程教学改革研讨会论文集》，北京：中国电影出版社，2012 年 5 月。

[72] 李麟编：《清华大学凭什么出名》，北京：北京日报报业集团同心出版，2012 年 6 月。

[73] 扬中市地方志编纂委会编：《扬中市教育志》，倪昌国执行主编，北京：方志出版社，2012 年 9 月。

[74] 葛渭君编：《词话丛编补编》（全六册），北京：中华书局，2013 年 3 月。

[75] 蔡龙、王步高主编：《钟山诗文精选》，南京：南京出版社，2013 年 4 月。

[76] 何平：《徐渭艺术风格研究》，北京：中国社会科学出版社，2014 年 11 月。

[77] 王步高主编：《大学语文》（全编本第 5 版），南京：南京大学出版社，2015 年 3 月。

[78] 曹莉主编：《清华精神与大学文化》，北京：清华大学出版社，2015 年 6 月。

[79] 杨忠虎、王明主编：《中共党史简明读本》，北京：人民日报出版社，2016 年 4 月。

[80] 王步高主编：《清华学生诗词选》，北京：清华大学出版社，2016 年 12 月。

[81] 乔光辉：《明清小说戏曲插图研究》，南京：东南大学出版社，2016 年 12 月。

[82] 扬中市史志办公室主编：《扬中县志》（修订版），北京：方志出版社，2016 年 12 月。

[83] 胡显章主编：《清华大学荐读书目》，北京：清华大学出版社，2017 年 9 月。

[85] 陈莲生：《莲生诗文选》，南京：江苏凤凰文艺出版社，

2017 年 9 月。

　　［86］孙蔚斌：《水墨悠悠》，南京：江苏凤凰文艺出版社，2017年 9 月。

　　［87］郑叔裔：《江洲草》，南京：江苏凤凰文艺出版社，2018 年1 月。

　　［88］中国作家协会主管、作家出版集团主办：《中华辞赋》，2018 年第 3 期。

　　［89］王步高主编：《大学语文》（高职高专本），南京：南京大学出版社，2018 年 6 月。

　　［90］王步高著，白朝晖整理：《诗词格律与写作》，南京：南京大学出版社，2020 年 8 月。

附录三　诗文纪念

（一）挽联

王者气，君子风，气振东南，风清华北，此去西天犹独步；
高以行，博之爱，行芳诗苑，爱洒杏坛，梦回春社共招魂。

（南京　舒贵生敬挽）

记城边春鸟秋虫，应低回古林风草、清园水木；
惊灯下白头黄叶，再难问三五诗交、重九吟魂。

（南京　李静凤敬挽）

心有光明，壮怀犹在风云上；
神归宇宙，诗卷长留天地间。

（南京　沈道初敬挽）

执教杏坛，育李培桃，丰功赫赫；
弘扬国粹，撰书立说，大著煌煌。

（南京　陈永昌敬挽）

步履艰辛扬国粹；
高山仰止奏箫韶。

（南京　赵怀民敬挽）

步骑东海鲸，绛帐传经华胥国；
高跨南天鹤，玉楼修月广寒宫。

（南京　袁裕陵敬挽）

步履振诗坛，笔赋校歌，堪恨病魔摧大纛；
高风扬学府，文濡汉语，聊当天际嵌新星。

（南京　刘建平敬挽）

妙语天真，诗书抛却作逴步；
高风烂漫，心血凝成遗翰词。

（南京　陈克年敬挽）

步昊骑箕，大星虽陨，循先生之迹，梯磴追随，犹可探堂奥；
素帏绛帐，蜡炬长明，嗟后学之伤，典型仰望，应能企德高。

（无锡　袁宗翰敬挽）

忍听满树梧声，悲风雷大笔，梦远天长秋水冷；
犹忆万家灯火，照事业名山，唐诗宋韵墨花香。

（南京　魏艳鸣敬挽）

历经坎坷，阅尽峥嵘，七旬步伐本如大吕黄钟，何故匆行天
国路；
才德修身，文章充栋，半百汗劳业付唐诗宋典，于今忍别世
间情。

（泰州　程越华敬挽）

208

深秋传噩耗，三尺讲台，唐诗宋韵在回响；
化鹤驾空云，满天挥笔，大道华章又复书。

（南京 汤洁敬挽）

秉节东来，风骨精神犹在；
乘云西去，文章事业已传。

（《南方诗联》编辑部敬挽 金立安执笔）

作春华一路先驱，大笔系苍生，秋实沉沉君遽去；
吟水墨几痕浅韵，敦言遗后学，西风飒飒我长悲。

（南京 江海敬挽）

一面憾无缘，痛倚凄风心怅怅；
初冬惊化鹤，欲思大德泪潸潸。

（南京 何国衡敬挽）

撒手别尘寰，跨鹤未辞仙路远；
修身留懿范，流芳永让世人尊。

（南京 何国衡敬挽）

惊闻噩耗，忆王者乍来，步韵高低寻鹤迹；
哀念音容，挽斯人杳去，诗香遐迩觅云踪。

（南京 刘晓敬挽）

王气绕金陵，诗仙阔步高天去；
人间留逸韵，海雨江风峻岳回。

（泰州 王庆农敬挽）

爱撒杏坛，约唐宋雅集，颜开桃李春风里；
星回仙界，成诗词绝唱，魂断东南秋雨中。

（无锡　蒋东永敬挽）

东南秉铎，清华客序，览一生国学传薪，桃李纵无言，所慰人间闻绝响；
唐宋呕心，编著等身，仰千古文星垂耀，风骚诚有望，欲酬天下恸知音。

（邳州　闫长安敬挽）

一代文星陨落；
三春泪雨哀抛。

（南京　于炳祥敬挽）

笃诗文，重编修，有生栽下春华艳；
呕心血，披肝胆，跨鹤送来秋实丰。

（南京　于炳祥敬挽）

遗响戛然而止，留几多绝唱任风流？碧水含悲，落木萧萧同下泣；
此生必定永恒，况千百瑶篇为序曲，青山作证，树兰默默继余馨。

（宜兴　王曙敬挽）

大笔如椽，前生，今生，来生，洵为圣手；
令名遗世，学界，诗界，联界，的是哲人。

（南京　顾德梅敬挽）

数十年振铎诗坛，妙语连珠犹在耳；
古稀龄登仙天国，华章传世永留名。

（南京　李行敏敬挽）

有幸聆教诲，谁知分别竟千秋，但余一片诗心昭日月；
无情叹惘然，且许望空行几拜，暂借数丛黄菊悼英魂。

（句容　戴永兵敬挽）

无缘谋面，只为屏音传宇内，任凭无数诗囚空落泪；
有梦冲天，永留绛帐在人间，怎教万千学子不长思。

（南京　陈云华敬挽）

天不倾西北，独毁东南，何也；
时难振国文，重修大学，哀夫。

（南京　来均敬挽）

痛文星陨落；
志韵赋潜升。

（常熟　贺亚铭敬挽）

秋雨空山，驾宋唐，君自步高登彼岸；
诗风雅韵，离江海，我为教益惜遗才。

（常熟　仲伟行敬挽）

诗词通古今，可惜文坛亡巨匠；
桃李育天地，定将生愿发新花。

（常熟　王建康敬挽）

王攀峰顶步岚去；
高入云端驾鹤归。

（常熟　曹利生敬挽）

恨记识迟，开卷学遗风雅韵；
惜归去早，慕名思大德高才。

（常熟　赵怡敬挽）

当智慧阶梯，传道解疑留厚著；
为诗词泰斗，陶情修德显高风。

（常熟　殷立宏敬挽）

再高己步；
还作人梯。

（常熟　舜梁敬挽）

赋韵大家，解惑释疑桃李满；
诗词巨匠，著书立说德名扬。

（常熟　钱政敬挽）

相识恨迟，二十四时何解渴；
别离惜早，八千里路苦难行。

（常熟　钱政敬挽）

王教神游，倚云步韵；
天才仙逝，携圣登高。

（常熟　钱政敬挽）

日前闻课欣知韵；
从此绝音黯失神。

（常熟 陶卫峰敬挽）

求学步高，人间痛失一文杰；
春花朵放，天上永留万韵联。

（常熟 郑棣青敬挽）

独步韵坛王者气；
高行梦里鹤之魂。

（常熟 沙荣淦敬挽）

恸乎，慈颜已逝；
惜也，文卷长留。

（常熟 贺倩敬挽）

泣送英才，诗韵为君轻伴路；
悲怀俊杰，骊歌饰梦慢行身。

（常熟 张雪良敬挽）

士民哀，雅韵竟成绝响；
天地恸，神魂权化清风。

（常熟 赵旦敬挽）

著卓等身，为师风范；
德高是表，当学楷模。

（常熟 冯向红敬挽）

迎风磨砺，诗卷长留天地上；
驾鹤遨游，佛心已驻水云间。

（句容　胡红林敬挽）

书海挂云帆，桃枝绽遍瀛洲远；
诗山寻蝶径，步迹绕成王屋高。

（溧阳　马建华敬挽）

秋雨洒金陵，鸿儒驾鹤游仙界；
人间留绝唱，高韵随风播海寰。

（南京　李红彬敬挽）

萧萧落木咽秋声，先生驾鹤西行，忍教泪恸东南，风悲浦雨；
滚滚长江横素练，愁浪连天上涌，只为诗坛柱折，韵宇星沉。

（泰兴　缪旭东敬挽）

苦雨凄风，哀音犹自声声慢；
呕心沥血，国学唯凭步步高。

（姜堰　王慕农敬挽）

叹钟山肃穆，江水呜咽，难让先生止步；
有远客悲伤，檀香祭拜，当知何处登高。

（盐城　薛太纯敬挽）

秋声哽咽悲先生止步；
春韵流觞赖后学传承。

（南京　杨学军敬挽）

一面之缘，竟成诀别；
三缄其口，唯哭秋风。

（句容　文德忠敬挽）

休惊醒，诗翁长睡佑天福；
且缅怀，玉作永存歌步高。

（兴化　魏新义敬挽）

聆听教诲，乡音犹在；
静默哀思，风范永存。

（南京　朱向青敬挽）

一曜划长空，声震寰区，文星陨落留遗响；
三秋惊噩耗，情催诗国，绛帐空悬恸硕儒。

（泰州　储质卿敬挽）

步趋坛坫，诗风钦大雅；
身在黉门，人品仰清高。

（昆山　郭鸿森敬挽）

韵藻熏人，春华诗社清芬远；
真知兴教，大学语文硕果多。

（常州　严金海敬挽）

紫陌风凄，满眼秋风吹落叶；
青郊雨泣，一天花雨送先生。

（镇江　蒋光年敬挽）

雨泣石头，学人尽涕；
风悲黄叶，乡梓俱哀。

（《多景诗词》编辑部敬挽　丁小玲执笔）

四十岁领创春华，英姿犹在；
三十年丰收秋果，人品堪书！

（南京任燕霞敬挽）

园外案前育才施教，四海频音存手泽；
行南走北传道修文，五湖桃李奠神光。

（南京　高淑珍敬挽）

"帽子"枉加两度，投狱一年，困苦渍心田，春枝无折；
案头鸿撰千篇，授徒两校，才情迎门下，秋朵惜凋。

（常州　梁志方敬挽）

东大校歌今犹响；
斯人灵气具已存。

（灌云　杜守京敬挽）

步趾圭璋，淹贯古今，曾才展春华芳烈烈；
高名德艺，植培桃李，见泪凝冬叶露珠珠。

（南京　毛国迁敬挽）

桂落寒烟，诗人骨韵染霜雪；
鹤游清梦，学苑书声曜艺德。

（南京　谢千里敬挽）

呕心沥血人间未遂青云志；
沥胆披肝天上先成白玉楼。

（扬中 缪加俊敬挽）

巨星陨落高风传乡里；
泰斗仙升亮节昭后人。

（扬中 缪加俊敬挽）

（二）挽诗

悼念王步高先生

南京 马星慧

平仄途中水一泓，春华汲露渐繁荣。

心声借着心香绕：还想当您网授生！

南乡子 悼念王步高先生

泰兴 石英华

肝胆自清淳，何况铮铮铁骨身？证得冰心凭雪雨。诗魂，历炼三秋始见真。

留墨已弥珍，彩笔横飞自有神。莫痛人间凭鹤去。当巡，桃李千山一派春。

（以上均录自 2017－11－03 江苏省楹联研究会《悼念王步高先生挽联集》。以下均录自《扬中诗词》《三茅诗词》《新坝诗词》。）

追悼步高

扬中 张纪龙

踏破春秋凤愿缠，畅游书海翰墨船。

云翻浪涌岿然定，八斗在胸魏武鞭。

观视频讲座追念王步高教授

扬中　郭春红

人生悲苦短，更恨识师迟。

岭上烟云绕，窗前碧柳垂。

翻书强忍泪，握笔不成诗。

西路遥知远，存疑试问谁？

悼江洲骄子王步高教授

扬中　郭春红

秋风瑟瑟百花残，落叶纷飞冰魄寒。

珠露有情流玉泪，华章遗世恸诗坛。

一生培育李桃兴，半辈行经道路难。

骄子如今非远去，仰天观望立云端。

临江仙·缅怀王步高教授

扬中　虞兴谦

驾鹤仁君西去，鲜花丛里何求？红流击水陷渠沟。三年江令泪，十月乌台囚。　　刺股悬梁攻读，东南学府新鎏。诗词歌赋吐骚愁。清华门槛内，骄子壮心酬。

悼念王步高先生

扬中　张开良

教育明星已落花，人间悲痛掩千家。

西方极乐迎新秀，粉笔先生永不拿。

悼王步高老师

扬中　朱玉海

国学精英绿岛骄，耕耘半世不辞劳。

清华园内高风亮，建邺城中大雅标。

妙语千言传国粹，绿洲百里涌春潮。
斯人驾鹤归西去，李杜从今伴步高。

痛挽良师王步高先生

扬中 张桂生

联小校园初识君，从容论道见精神。
清华园里传经典，诗界从今少一人。

悼王步高先生

扬中 田云龙

惊闻噩耗满州悲，江水呜咽岸柳垂。
犹忆登堂诗道授，难忘举酒韵风持。
擒文八斗名中外，研古一生捍律规。
乡岛骚坛哀痛失，精神不死永丰碑。

闻王步高老师驾鹤西去，重读先生《临江仙·春雨》后作

扬中 田云龙

鲤跃河津顿化龙，拳拳心系故园中。
几番泪眼长天望，竹笋河豚香正浓。

悼王步高先生

扬中 叶贵

临江频念恸河山，水木文章垂万年。
剑胆琴心真雅士，名标太学出才贤。

五绝·悼念王步高先生

扬中 耿惠芳

君去众生惊，长歌万里情。
谁怜骑鹤影，花雨落无声。

悼念王步高先生

扬中 孙登发

有幸初交在二中，才高德厚显儒风。

惊闻骑鹤西行远，痛失诗坛十万兵。

痛悼王步高教授

扬中 陆晨光

西辞霜鹤影迢迢，云汉低垂掩碧霄。

傲骨犹存非是恨，深眸莫试或漂遥。

清华虚竹怀桃李，江岛清波失俊娇。

沥胆披肝弘义久，喁望天地尽贞标。

挽王步高教授

扬中 耿心华

嗟乎高师兮，万世景仰。学富五车兮，诗坛隆昌。才高八斗兮，名垂天壤。巨星陨落兮，山河同惶。钟山挥泪兮，扬子涌浪。毕生多舛兮，大风雄唱。呕心沥血兮，盛举共襄。披肝沥胆兮，倒卧残阳。追忆先师兮，恢宏学业，赫赫煌煌，永赞永昌，永赞永昌。呜呼哀哉！大礼斯毕，伏惟尚飨，驾鹤天堂。

悼王步高

扬中 朱务清

晨兴夜寐读年谱，涕泪湿衿感汝艰。

褓襁即遭饥馁苦，青春更悟狱囚寒。

宵深黾勉遨书海，学富谦冲授俊贤。

遽尔杏坛折彦士，洪生妙笔着奇篇。

哭步高

扬中　蔡德才

系谱依然入字篇①，风华一路叹流年。
鲲栖镜泊当歌哭②，践卧薪莞化祖鞭。
一夜惊雷词着色，万家学子力超前。
早莺遽视鹤西去，学海空余圭臬编。

七绝·访松花湖③

扬中　徐复兴

秋雁南飞谁向北？残翁千里探先踪。
松花湖畔思遗作，山水苍茫不见公。

行香子·王公步高

扬中　徐复兴

　龙困沙滩，犹有余威。大难不死显奇瑰。乌台闹剧，你
是他非。刺股悬梁，逼成后，便腾飞。　　词坛巨擘，清华
奋斗，压力山大一身背。披星戴月，不负朝晖。李桃天下，
等身作，永生辉。

（三）纪念文章（存目）

顾明社：忆步高

潘金陵：老师，再教我一次——怀念恩师王步高

---

　①　步高当年考入吉林大学研究生，导师向其求助两本稀世之书，其一是黄锡珪之《李太白年谱》，向多家古籍书店求购未得，余知之，将个人所藏之该本慨然赠之，步高感念不已。遂为词交。

　②　镜泊湖在吉林省。先生在吉大读研究生期间，与余互有赠和之作。至今仍能回忆儿，其中有"鲲栖镜泊当长歌"句。

　③　注：指王步高《临江仙·忆松花湖》三首。

陈莲生：斯人离世　音容宛在——怀念王步高教授

晓东：那首临江仙，永远萦绕在我们心间

曹爽：悼念恩师王步高先生

王嘉兴：追忆王步高：我的学术生涯才刚刚开始

黄寿年：追思王步高教授

陈江英　窦旭峰：大学语文教师

李树勤：肯投入，肯下功夫，就一定能开出深受学生欢迎的大学语文——在纪念王步高先生逝世两周年暨大学语文教育学术研讨会上的发言

张康伟：和王步高老师"相会"

（四）纪念活动

"清华大学王步高教育基金"成立

清华新闻网 11 月 14 日电（通讯员　吕婷）

　　11 月 13 日，"清华大学王步高教育基金"成立仪式在工字厅举行。王步高教授的夫人刘淑贞女士，女儿王海寰、王岚，友人高士元先生，清华大学副校长、教育基金会理事长、国家大学生文化素质教育基地主任杨斌，校党委原副书记、国家大学生文化素质教育基地顾问胡显章，清华大学国家大学生文化素质教育基地原常务副主任李树勤出席仪式。

　　受到王步高教授精神的感召，在副校长杨斌大力支持下，一位入学 20 年的清华校友匿名发起设立"王步高教育基金"。本基金为留本基金，由清华大学教育基金会负责基金资产的保值和增值。基金用于支持清华大学通识教育与国家大学生文化素质教育基地的建设和发展。

　　杨斌代表学校对王步高教授及其亲友、捐赠校友表示感谢。杨斌表示，王步高教授与清华深厚的感情难以用时间来衡量。如何把他最热爱的育人事业延续、传承下去是我们必须承担的责任。今年 9 月去

南京看望王步高教授时，他曾表示，非常希望清华同学培养起来的对通识教育、对中华文化的热望能继续燃烧下去。成立"清华大学王步高教育基金"来支持学校通识教育和学生文化素质教育的发展，正是一个非常有意义的方式。

胡显章在发言中表示，王步高教授的去世不仅是家人的损失，也是清华的损失。一位逝去的教育家留下的空白很难弥补，但灵魂留下的影响却可以延续。设立该项基金正是将王步高教授的影响传承下去的有力途径，"以文化人，以文育人"，让他伟大的精神品格成为清华教师立德树人、学子自强不息的不懈动力。

李树勤说，王步高教授做到了三个极致：讲课讲到极致；爱学生爱到极致；爱清华爱到极致，他为清华教师树立起一面旗帜。成立"清华大学王步高教育基金"，对发扬王步高教授的优秀品质、继承他未竟的事业、鼓舞清华师生提升精神文化修养，作用不可估量。

王步高教授的亲友分别表达了对他的追忆与哀思。夫人刘淑贞女士回忆，王步高十分热爱清华的课堂和清华的学生，暑假里他无比盼望着开学去清华授课。所有的时间都花在备课、上课上，每节课上课前都要重新备课，每一份作业都要亲笔批阅，有时凌晨4点就要起床为学生们批改诗词作业。

女儿王海寰、王岚表达了对父亲的深切怀念。她们表示，他成就了清华的一部分学生，清华也成就了他。感谢清华让她们的父亲度过了一段幸福而有成就感的时光。

王步高教授的朋友、1987级清华校友高士元说，王步高教授在去世的前几天，躺在病榻上的他见到我们说的第一句话是："清华的《百年赋》我一直在修改，现在已经改到54稿，你们将它带回清华，看能不能发出来。"王步高教授走到生命的尽头，惦记的仍是清华，实在令人感动。

仪式上，杨斌将王步高教授创作的《清华大学百年赋》的节选送给了他的家人。

（来源：学在清华 2017.11.03　21：48）

王步高教授追思会暨大学生古典文学教学座谈会举行

12 月 23 日下午，王步高教授追思会暨大学生古典文学教学座谈会在清华大学甲所第三会议室举行。王步高教授于 2017 年 11 月 1 日仙逝，亲人朋友、同事学生伤悼至深，感怀无尽。清华大学国家大学生文化素质教育基地举办追思会，在座嘉宾、师生共寄哀思，回顾了王步高教授充实而光辉的一生，决心继承其诗教理想，一同推动古典文学教学与通识教育的发展。

清华大学副教务长、教务处处长彭刚教授首先发言，介绍了自己所观所感清华师生与王步高教授的深厚情谊。他认为，清华大学于 2014 年明确了价值塑造、能力培养、知识传授"三位一体"的人才培养模式与教育理念，高水平教师的言传身教是此"三位一体"最彻底的体现，王老师无疑正是这样的教师。王老师课堂上的精彩讲授与课堂外一言一行的感染将成为同学们今后思想世界的一部分，风骨永存。王老师作为师者与学者是令人羡慕的，他丰满完美的形象将被长久追忆怀念。

中华诗词学会原常务副会长梁东与王步高教授相识多年，因为中华传统文化和中华诗词而心意相近。梁东提出，王老师在清华的时光是王步高、清华、中华诗词三者的相合。清华具有由历史上许多学者共同造就的人文思想与学术氛围，多年来卓有成效地开展文化素质教育。这样的环境促成了一位有作为、有理想的教师发挥了难以想象的作用。梁东为王步高教授写下挽联："赓续人文，金声木铎，难得风柔雨润；燃烧生命，国运诗心，唯期薪尽火传。"他期望，"王步高+清华"在中华传统文化沃土上洒下的种子能够继续生根发芽，带动形成传承、普及中华文化精髓的合力。

东南大学人文学院副院长乔光辉教授感佩地陈述了王步高教授在东南大学中国语言文学系创立与人文学科发展中不可磨灭的功劳，及其对"大学语文"通识课程精益求精的要求。他认为，王老师将中国古代文学这一中华文化之载体与当代大学生的通识教育天然地结合在一起，将科研与课堂教学育人结合在一起，在教学中利用民族优秀文化遗产给予学生人格的滋润。王老师的教学科研经历引导我们思考如何在大学做一名真正合格的教师。

清华大学国家大学生文化素质教育基地原常务副主任李树勤教授当年的邀请成就了王步高教授与清华结缘的佳话。李树勤谈到，王步高在清华的八年做到了三个极致：讲课讲到极致；爱学生爱到极致；爱清华爱到极致。通过他的例子，我们能够确认学生的反应才是评价一位教师是否合格、优秀的标准。在文学成就方面，王步高教授54度易稿的《清华百年赋》实属文坛极致精品，内容极其丰富深刻，应该成为清华师生的必读文章。在教学实践上，王老师的课堂启发我们高度重视清华大学量大面广的文化素质教育课程，坚持名师授课。

清华大学教育基金会副秘书长王丹介绍了"王步高教育基金"的成立情况。该项基金由一位入学20年的清华校友匿名捐资百万发起成立，于11月13日举行了成立仪式，为留本基金，将主要用于支持清华大学通识教育与国家大学生文化素质教育基地的建设和发展。此后的大量捐赠来源于在校学生，一位理工科老师也匿名将教学奖项的奖金捐入基金，清华人通过各种形式怀念着王老师。

《中华辞赋》杂志社副主编王改正见证了王步高教授写就人生中最后一篇文章。王步高教授的绝笔是其于《中华辞赋》新栏目"校园诗赋"首期刊登清华学生诗词之际所著开栏跋文，其中倾注了王老师对清华学子的情意与期望，以及对清华讲坛的珍重。

《新华每日电讯》编委张修智是最后一位有缘采访王步高教授的媒体记者。他回顾了逐渐了解、敬佩王老师的过程，以及王老师在最后的采访中镇定的气度与清晰的思路。张修智也转述了王步高教授对选择清华"我不后悔"的态度，令人动容。

清华校友高士元是王步高教授生前的忘年交。高士元以丰富动人的细节说明了为何王老师的课能够在清华广受欢迎且备受好评。这既得益于王老师丰富渊博的古典文化知识，更是由于王老师的每一堂课都能使人深刻鲜明地感受到情感与人格的教育，其中蕴含着浓厚的家国情怀及对传统文化的强烈热忱与忧虑意识。同时，王老师的教学所贵在"严",既严于律己也严肃对待学生作业和课堂表现；鼓励学生提出不同见解，教学相长。

清华大学国家大学生文化素质教育基地副主任程钢是王步高老师来到清华的"引荐人"。程钢介绍了王步高教授编著《大学语文》教材的贡献和其中的教学理念，即"大学语文"之"大"体现在阅读量与难度之大。他同时提到，在清华之外，王老师为"北京市大学生人文知识竞赛"担任评委，其精彩绝伦的现场点评为华北地区和北京市的大学生带来了教学上的新思潮。王老师关于中国古代文学教育应抓德脉、文脉、语脉的观点与志向也值得研究与发挥继承。

中央民族大学文化与传播学院曹立波教授即与王步高教授结缘于"北京市大学生人文知识竞赛"。回首往昔向王老师问学、互相切磋的诗情暖意，她感慨王老师的一生确实有"春蚕到死丝方尽，蜡炬成灰泪始干"的辛苦，但也有"生如夏花之绚烂，死如秋叶之静美"的无悔。

北京科技大学文法学院张梅副教授与王老师同样因人文知识竞赛相识。张梅阐释了"大学语文"课程的重要性和教学原则，提出王老师的课堂风格值得借鉴，其所编教材是学生足以珍藏一生的财富。王老师不带表演性的赤子之心令所有学生受益、感念。

高等教育出版社文科事业部主任迟宝东与王步高教授相识较早，多年来始终敬佩王步高教授有情有义、有始有终的品格及书生报国的情怀。迟宝东先生期望，王老师未竟的《诗词鉴赏与写作》等书稿能够在共同努力与推动下完成并出版，不留遗憾。

清华大学学生处思教办主任兰旻因《清华学生诗词选》的出版与王步高教授结缘，在出版过程中充分感受到同学们对王老师的爱戴，以及王老师以学生为荣的大家风范。王老师对诗词选的出版亲力亲为，其留下的包括诗词选在内的诗教余音将永远为大家带来力量。

东南大学人文学院副教授何平是王老师的第一届硕士。他认为，王步高教授在清华教书育人是以诗教的形式传承德脉、文脉、语脉，蕴含了以培养社会中坚、行业领袖而振兴国运的志愿，同时也获得了得天下英才而育之，实现知识分子社会担当的满足。何平代表王步高教授在南京的学生向清华大学的领导、老师、同学表示真诚的感谢，感谢清华园让王老师在最后八年绽放出最绚烂的人生之光。

王步高教授事事以育人为重，处处为学生着想。在他生病期间，一批又一批学生自发到南京探望；生前身后，学生们不断地述说着他的赤子之心。追思会也以学生发言与诵读为线索，串联起王步高教授的诗心师德。杨晋焱、吕一铮、周圣凯三位同学作为清华大学学生代表分享了与王老师在课堂内外共度的年年岁岁、分分秒秒。师生一室而其乐无穷的场景如在目前，王老师温柔敦厚而狷介刚正的君子之风则见于言外。同学们也表达了在王步高教授言传身教的感召下继承诗教事业，认真对待人生的决心。来自清华大学好读书协会与清莲诗社的同学们先后朗诵了王步高教授孜孜矻矻而就的第 54 版《清华百年赋》。悼念王步高老师的同学诗作。王步高教授的《永遇乐》以及吕一铮同学撰写的悼念诗词，满堂肃然。

追思会最后，王步高教授的外孙王子航代表到场家属——王步高教授夫人刘淑贞、女儿王岚及其他家属发言。王子航感谢清华大学给予王步高教授的殊荣，回忆外公的爱护与期许，立意继承遗志，找寻中华文化自信，发扬优秀传统文化。他介绍了王步高教授的故乡江苏省扬中市改造先生故居，筹建纪念馆的情况，在座嘉宾均表示了鼎力支持的愿望。

追思会结束后举行了大学生古典文学教学座谈会，与谈嘉宾纷纷表达了对王步高教授教学理念的认同及共同传承的决心。

追思会与座谈会分别由文化素质教育基地常务副主任王巍及基地副主任程钢主持，到场的还有江苏省作协会员徐复兴、北京大学出版社魏冬峰、清华大学出版社文化与传播工作室主任纪海虹、清华大学在线教育办公室崔琳琳、清华大学国家大学生文化素质教育基地副主任蔡文鹏、王步高教授友人潘金陵、赵磊。

绵绵哀思，岂能尽抒。先生之风，山高水长，追思会哀而不伤；与会者心愿相同，不诉别离。

斯人离世　音容宛在。

（供稿：国家大学生文化素质教育基地　编辑：华山）

东南大学原教务处处长陈怡教授获首届清华大学"王步高通识教育奖"

清华新闻网 5 月 22 日电（学生通讯员　曹翰林）　5 月 18 日，首届清华大学"王步高通识教育奖"颁奖仪式于六教举行，清华大学外聘教师、东南大学原教务处处长和高等教育研究所原所长陈怡教授获此奖项。清华大学副校长、教育基金会理事长、文化素质基地主任杨斌颁奖并致，辞颁奖仪式由清华大学国家大学生文化素质教育基地常务副主任王巍主持。随后，陈怡还带来了题为"中国人的大学问《大学》解析"的学术报告。

王巍介绍了清华大学"王步高通识教育奖"的缘起。王步高先生是享有盛誉的大学语文教学名师，2009 年于东南大学退休后应邀到清华大学任教，他的课程深受学生欢迎，在清华执教期间与清华师生结下了深厚情谊，为清华的文化素质教育做出了重大贡献。2017 年 11 月王步高先生去世，清华师生深切缅怀，一位清华校友匿名捐资百万正式成立"清华大学王步高教育基金"，以此纪念王步高先生，支持清华大学的文化素质教育。

经教务处、人文学院、文化素质基地协商，决定设立清华大学"王步高通识教育奖"，每年由相关单位组织专家与学生评选，奖励一位对清华大学通识教育与文化素质课程建设做出重要贡献的教师。杨斌为陈怡颁奖并致辞。他在致辞中指出，清华第 25 次教育工作讨论会正在进行中，要把价值塑造、能力培养、知识传授的"三位一体"的教育理念进一步落到实处。陈怡教授在清华大学的教学中既传授了中国传统文化的知识，也培养了同学们阅读经典的能力，他本人更是中国传统人生价值观念知行合一的践行者；陈怡教授身患重症十多年，但他坦然面对，乐观开朗，教书育人；清华同学不仅可以从陈怡教授身上学到中国传统文化知识，更是在面对一位践行中国优秀传统文化的行道者。

陈怡表示，自己始终深受王步高教授之影响，不仅对于生活与生命抱有乐观精神，同时誓为教育事业奉献毕生之精力与能量。他认为，经典阅读与经典文献教学应成为大学教育的重要组成部分，这些内容既是民族精神之血脉，更是人类智慧的结晶。陈怡在学术报告中以翔实的文献材料与精彩的讲述，结合朱熹注本《大学》，为现场听众详细分析了《大学》中的儒学之道，解读儒家"德"之深刻内涵，并分享《大学》带给读者的深刻启示。

出席本次颁奖仪式的还有北京大学原常务副校长王义遒，清华大学原校长助理、文化素质基地原常务副主任李树勤教授，清华大学教育基金会副秘书长王丹，王步高先生的外孙王子航，文化素质教育基地副主任程钢副教授，人文学院副院长、文化素质基地副主任蔡文鹏副教授等。

荣获首次"王步高通识教育奖"的陈怡教授是一位出色的教学管理者，曾任东南大学教务处处长与高等教育研究所所长、江苏省高教学会高校教学管理研究会理事长、《中国大学教学》杂志主编、教育部大学文化素质教育教指委委员等职，曾获评"全国大学优秀教务处长"。同时也是优秀的大学教育与中国文化的研究者，曾获国家优秀教学成果奖5项，出版了《〈老子〉〈论语〉今读》《庄子内篇精读》《〈道德经〉讲读》等多本关于中国文化的教材。陈怡更是一位杰出教师，他自2000年以来在多个学校开设中国传统经典阅读的课程，每年教学128学时，教学效果优秀，并于2014年获清华大学首届"龚育之奖教金"。

当时只道是寻常——纪念王步高先生逝世一周年雅集

地点：清华大学人文社科图书馆大同厅

时间：2018 年 11 月 1 日　周四：14：00—16：00

主办单位：清华大学国家大学生文化素质教育基地

清华大学图书馆　清华大学学生清莲诗社

清华大学学生茶文化协会

清华大学学生古琴社　清华大学学生书法协会

追思王步高

11 月 25 日，由人文社会科学部承办的第九届北京市大学生人文知识竞赛决赛经过一天紧张激烈的角逐终于落下帷幕。经过激烈的比拼，由 2015 级汉语国际教育专业学生张世霖、张嘉威，2017 级汉语国际教育专业学生刘经语，2017 级国际事务与国际关系专业学生郭彦君，2017 级汉语言文学专业刘婉眉等五人组成的北京语言大学代表队再度荣获一等奖，并取得了北京市第二名的历史最佳战绩，将代表北京市参加华北五省（自治区）大学生人文知识竞赛。

本次决赛共有十二支队伍参加。决赛历时一天，上午的比赛包括人文知识闭卷测试和经史策问两个环节，考试形式为笔试。下午的比赛包括古诗创作及誊抄、知识问答、经史策问答辩与剧本答辩、人文演绎和古诗创作及硬笔誊抄五个环节……

此次比赛还专门设置了一个追思环节，纪念已故的著名大学语文教育专家和古诗词鉴赏家、东南大学、清华大学教授王步高先生，以纪念他对北京市大学生人文知识竞赛所做出的卓越贡献。

（据北京语言大学社会科学学部《第九届北京市大学生人文知识竞赛决赛在我校举行，北语学子创历史最佳战绩》，2018－11－26）

传承王步高先生精神　推进文化素质教育
阎学通获颁第二届清华大学"王步高通识教育奖"

清华新闻网 5 月 22 日电（学生通讯员陈韵青）　5 月 17 日下午，第二届清华大学"王步高通识教育奖"颁奖仪式于六教举行，国际关系研究院院长、世界和平论坛秘书长阎学通教授获此奖项。清华大学副校长、教育基金会理事长杨斌教授颁奖并致辞。随后，阎学通作题为"网络时代的中美战略关系"的学术报告。

杨斌在致辞中指出，阎学通是把科研应用于教学的教授典范：一方面，他创建了国际关系学中的道义现实主义，多年连续入选爱斯唯尔高被引学者，也是迄今唯一进入过这一榜单的政治学学者；另一方面，尽管工作繁忙，他仍然每年坚持面向全校本科生开设《国际关系分析》课程，寓研于教，是一位名副其实的超越院系的"校座教授"。他希望有更多像阎学通教授这样践行通识教育理念的教师，弘扬王步高先生的精神和遗愿，相信清华大学的人文教育、通识教育、文化素质教育一定会越来越好。

国家大学生文化素质教育基地原常务副主任李树勤教授也表示，阎学通对清华大学国际关系学院的滋兰树蕙之功。他是一位坚定的爱国者，不仅开阔了学生的全球视野，而且培育了学生的家国情怀。

阎学通答谢了奖项所承载的肯定，并对清华大学重视教学的理念表达了高度认同。

阎学通在学术报告中指出，数字经济快速增长是当今时代的重要特征，数字经济三定律（梅特卡夫法则、达维多定律、摩尔定律）表明，中美之间是一场既具有垄断性又富有跳跃性的竞争。

演讲结束后的互动环节，阎学通对中美两国的改革方向、新格局下清华大学的责任及青年一代的使命等问题回答了现场提问。

颁奖仪式暨学术报告会由清华大学国家大学生文化素质教育基地常务副主任王巍主持。出席本次颁奖仪式的还有北京大学原常务副校长王义道教授，清华大学党委原副书记、国家大学生文化素质教育基地原主任胡显章教授，中国高等教育学会大学素质教育研究分会秘书长、北京理工大学教育研究院党委书记庞海芍教授，王步高先生导师喻朝刚教授的夫人、北方妇女儿童出版社原副总编辑周航，清华大学教育基金会副秘书长王丹，文化素质教育基地副主任程钢，人文学院副院长、文化素质基地副主任蔡文鹏等。

人物介绍：

阎学通，1952 年出生于天津，2018 年入选清华大学首批文科资深教授，现任清华大学国际关系研究院院长、世界和平论坛秘书长。1992 年毕业于美国加州大学伯克利分校政治学系，获博士学位。2014 年至 2018 年连续 5 次入选爱斯唯尔高被引学者，也是迄今唯一进入过这一榜单的政治学学者。2005 年创办中文学术期刊《国际政治科学》（CSSCI 收录），2006 年创办英文学术期刊 The Chinese Journal of International Politics（SSCI 收录）；2008 年被美国《外交政策》杂志评为全球百大知识分子之一。他创建道义现实主义，坚持以现实主义的国家利益为出发点，提倡科学研究方法和预测。获评教育部"国家精品课程教材"、国家精品课、全国教育系统职业道德建设标兵、北京市哲学社会科学优秀成果奖、北京市高等学校教学名师、北京市教育先锋教书育人标兵等奖项。2005 年获国务院颁发的高等教育事业政府特殊津贴表彰。

（国家大学生文化素质教育基地　清华新闻网，2019 - 5 - 22）

纪念王步高先生逝世两周年雅集

10 月 26 日晚，他年应识老师心——纪念王步高先生逝世两周年雅集在邺架轩举行。雅集由国家大学生文化素质教育基地、图书馆、学生清莲诗社、学生茶文化协会、学生古琴社、学生书法协会联合主办。教务处副处长、文化素质教育基地常务副主任王巍，文化素质教育基地副主任程钢、法国电信高级框架设计师高士元学长以及学生社团成员参加了活动。王步高先生外孙王子航也参加了活动。程钢主持了雅集。

雅集分为三个主题：亲情、爱情和友情。清华师生现场分享三首选自王老师主编《清华学生诗词选》中的作品，伴以《忆故人》《长门怨》《阳关三叠》三首古琴曲，配以易武荒山生普、红玉、白牡丹三道茶，在淡淡墨香中，品味词韵诗风，并与在场师生进行了深入交流。

学生清莲诗社宋飀瑞分享《忆祖父》。伴着学生古琴社刘临风同学演奏的《长门怨》曲声，清华教职工荷塘诗社肖红缨分享了《过故园怀人》，高士元也就此诗做了点评。清华校友萧云子分享了他对《送友入伍》一诗的点评意见。魏钧字同学从学者气度、士人风骨、弦歌不辍、海誓山盟、莼鲈之思、清华情怀和文化使命7个角度分享了他对王老师道德文章的感受与认识。参加雅集的校内外师生也分享了自己的感受。

学生书法协会谭泽霖和王茂先两位同学向三首诗的分享者赠送书法作品。

（清华大学人文学院网，2019 - 10 - 26）

纪念王步高先生逝世两周年
暨大学语文教育学术研讨会举行

11月3日上午，"纪念王步高先生逝世两周年暨大学语文教育学术研讨会"在新斋105室举行。研讨会由国家大学生文化素质教育基地、东南大学中文系和北京化工大学国家大学生文化素质教育基地共同举办。我校教育基金会副秘书长赵劲松、我院王巍教授、东南大学人文学院副院长乔光辉、北京化工大学文法学院副院长薛长礼出席会议并致辞。各校老师参加了研讨会，程钢等主持会议。

清华大学原校长助理、国家大学生文化素质教育基地原常务副主任李树勤介绍了王老师的为人、工作及其对我们的启示。李树勤认为用"学为人师，行为世范"来评价王老师是很确切的。并认为王步高先生在清华创造了三个第一：作为文科教授，教学工作量第一，在8年里每学期都开设三门三学分的课程，每年授课学时达到288学时；教学质量第一，学生将他的课称为"神课"，学生戏称：选王老师的课比北京买车摇号还难；清华用一位不在编制的外聘授课教师的名字设立基金，这在清华的历史上是第一次。王老师对我们最重要的启示是：他的工作有力证明了在大学开设大学语文的重要性、必要性，同时也证明只要肯投入，肯下功夫，一定能开出深受学生欢迎的大学语文课。最后，李树勤介绍了王老师的重要作品《清华大学百年赋》。王老师怀着对清华大学深厚的感情，为此花费七年时间写了54稿，第54稿也即最后一稿是在他去世前两个月完成的。李树勤建议将王老师的《清华大学百年赋》编入清华大学语文教材，认真诵读讲解，使其成为每一位清华人的必读篇章。

上海交通大学文学院副院长丁晓萍因参与编写"大学语文"教材而结缘王老师近20年了。她认为，王老师对于教学具有一种发自内心的爱，这源于王老师非常强烈的担当意识和文化使命感。

我院丁夏教授指出：中国文学在传统上一贯重视创作，但现代中文学科存在着只搞研究，不关心创作的倾向，王步高老师教学上最大的意义在于，实现了朝向传统的回归。

中央民族大学文传学院曹立波教授曾经听过王老师一学期的诗词格律与创作课，她声情并茂地谈论了她跟从王老师学习古诗创作，以及自己向王老师请教与交往的点滴往事，以及这段学习经历对于她自己的教学与科研环节的影响。

北京化工大学国家大学生文化素质教育基地副主任唐帼丽认为，王步高老师对大学语文教学有他自己非常独到的地方，她将王老师提倡的格律诗创作风格称作"新乐府"。王老师是在用传统的意象表现方法、传统的用典用故的诗歌表现方式、传统的音韵表现方式等表达当代人生活中的心声、感受、需求。唐帼丽认为，"大学"这门课的使命是引导我们去接近、去热爱文学最经典的文本。对大学语文的发展和教学来说，最重要的、最根本的方式就是从经典走向大学语文，返过头，再从大学语文走向经典。

东南大学中文系何平多年随王老师参与课程建设。他认为，王老师的课程之所以如此受欢迎，就是因为他是一位**有激情的先生**，课堂是有温度的课堂。王老师的大学语文课复苏一些同学对生活已经有点麻木的心，重建了他们与生活沟通血脉，唤醒了他们对生活的热爱，让他们重新回归到一个"完整"的人。

与会教师就王老师对大学语文教学领域的贡献及其影响，以及大学语文教育的定位（工具性、知识性还是价值性、人文性，如何寻找平衡点）等专题进行了深入讨论。

（清华大学人文学网，2019－11）

后　记

　　戊戌年隆冬，蜡梅正飘香。《王步高年谱》征求意见稿出炉，幸遇群贤力推，终于借助扬中市三茅镇金星社区会议室，如期举行研讨会。

　　王步高先生中学校友、中共扬中市委原副书记、现扬中市慈善总会会长卢万福先生，市委统战部原副部长吴永荣先生，王先生老同事、市教育局原局长顾明社先生，市委党校退休高级教师朱务清先生，王先生学生、省特级教师钱吕明先生，市科协退休干部、高级科技咨询师谢其福先生，市作协主席王晓芳女士，王先生老同事、著名乡贤黄寿年先生，王先生患难之交、市成教中心陈莲生校长等，出席了研讨会。

　　作为全国首批"诗词之乡"，王先生家乡现有30位中华诗词学会会员。初春有过半精英参与讨论《莺啼序·一代名师王步高》《王步高教授的传奇人生》；张家春、左天翔、朱圣福、徐敏、姚恒才、谢学好、耿震、陆晨光、耿蕙芳诸先生逐字逐句推敲，令人发聩振聋。此次田云龙、张桂生、郑淑裔、孙小敏、张康伟、虞兴谦、郭春红、张纪龙诸君，精心准备，参与研讨。

　　《王步高年谱》编著者介绍写作初衷：作为王先生高中学弟，久慕其名，自丙申年开始，搜集学兄47首诗词，意在学习、赏析；恳请同窗王剑先生牵线搭桥，欲就本人多年所填数百首词草求教学兄；后有幸登门拜望、参加先生追悼会及清华追思会，大开眼界，资料日增，文友力劝为先生写传；遂搜罗书刊、编制年表，谋篇布局。戊戌春，王夫人建议写年谱，并提供大量资料；甚至催报选题至南京大学出版社云云。开弓无有回头箭，自此开始一场艰难的跋涉……

接着，田云龙先生就余原作及郑淑裔、虞兴谦改作之同谱同题《莺啼序》，做了精彩点评，可谓鞭辟入里。

卢万福先生对王先生骄人业绩给予极高评价，称其"了不起"！充分肯定《王步高年谱》写作，建议写成学术年谱；同时建议把先生故居建成纪念场所，编纂先生诗词赏析文集等。

顾明社先生乃本市写赋高手，他强调《王步高年谱》语言要文言化，内容要学术化。

吴永荣先生通读过 25 万字原稿，写下 9 页计 124 条删减意见，认真负责，用心良苦。此次研讨会，因其热忱建议而召开。

朱务清先生曾为《金元明清词鉴赏辞典》精心校阅，补苴罅漏。去年又几番审改《王步高年谱》前身《一代名师王步高——年谱·诗文选》（约 50 万字），直至交给王家人以备出版。如今他对《王步高年谱稿》详加诊治，字字珠玑，切中肯綮。

钱吕明老师即席发言，有论有据，上至年谱理论高度，下至具体入谱事实、行文造句，让人耳目一新。他真诚寄语："希望这年谱顺利出版，早日出版。"

王先生胞弟、曾为江苏大学中文系副教授王庆生先生，乃年谱专家，因临时有急事，未能赴会，特地发来微信，提了多条修改建议，令作者颇有启迪。

梁东先生——中华诗词学会原常务副会长、《中华诗词》原主编、中国作协和中国书协理事，远在京城，闻讯后特地发来微信："祝贺并致敬！"之前，他已审阅过《王步高年谱稿》，不仅给予谬赞、鼓励，且为书稿付梓赐予墨宝。

为弘扬先生美德、业绩，便于集思广益，《王步高年谱稿》曾数度发布于微信群及本市两家公私网站，反应热烈，收获颇丰。当然，期间亦现噪音，个别误解、嘲讽、攻击乃至威胁，余均付之一笑：是非自有公论，何须徒费口舌？岂能尽如人意，但求无愧我心。《菜根谭》云："波浪兼天，舟中不知惧，而舟外者寒心；猖狂骂座，席上不知警，而席外者咋舌。故君子身虽在事中，心要超事外也。"

余所虑者，唯质量耳。年谱之于江洲文坛，尚属处女地，无例可循。幸得孔夫子旧书网之助，短期竟搜集到王先生主要著作及四十余本古今年谱，边干边学，底气大增焉。修谱途中，偶见姚名达序胡适著《章实斋先生年谱》云："适之先生这书有一点是我所最佩服的，就是体例的革新：打破了前人单记行事的体裁；摘录了谱主最重要的文章；注意谱主与同时人的关系；注明白史料的出处；有批评；有考证；谱主著述年月大概都有了。"余无师自通竟与其不谋而合，幸甚。又从胡适等编《齐白石年谱》中闻齐大师高论："总而言之，要我行我道，下笔要我有我法。虽不得人欢誉，亦可得人诽骂，自不凡庸。"隔行不隔理。余斗胆多用【链接】等，以求注解、补充、拓展之功，且获谱传结合之利。

众人拾柴火焰高。王先生人格之伟力，影响甚巨。闻余修谱者，多竭诚相助。借此机会，聊表谢意：

本市著名乡贤、国家博物馆原副馆长陈履生先生，早已蜚声中外文坛，他从百忙中命笔题签，为本书增色良多。

几年间，东南大学档案馆、吉林大学档案馆、本市文联作协、史志办和民俗文化研究会、档案局、教育局档案室等单位领导，均给予大力支持。

感谢东南大学文学院乔光辉副院长和何平博士，多方联系，助余获取王先生档案资料；同时感谢老院长刘道镛先生，关心、鼓励《王步高年谱》写作。

感谢清华大学国家大学生人文素质教育基地常务副主任程钢教授，审阅《王步高年谱稿》一丝不苟，发现瑕疵，及时提醒，予以更正。

感谢江苏省、镇江市诗词协会、春华诗社领导舒贵生、赵怀民、陈永昌、蒋光年等先生，感谢南京著名作家冯亦同先生、丁芒先生和夫人樊玉媛女士，提供资料，弥足珍贵。感谢南京鸡鸣寺图书室及道睿＊慈颜师傅热心指点。

感谢省扬高中、扬中市诗词学会、三茅诗词分会和宝晋诗词研究会领导、文心雕龙艺术馆陆尊以及"扬中市中华诗词学会会员联谊会"诸位文友！

感谢金星村党委郭道元书记和扬中拥军服务社、江洲文学社张康伟社长，排除干扰，两次为纪念王先生相关作品研讨会无偿提供场所及服务。

感谢陈莲生先生，将40年来珍藏的王先生23封亲笔信函，无私提供给给我参阅、引用，令人钦敬。

感谢"王步高文苑"装潢者、新时代装潢公司老总黄龙年先生，将王先生数万字纸质文章转录成电子版，分文不取。

感谢唐成海、顾秉林、倪忠平、贾德平、朱立新、苏学贵、朱朝华、姚中和等同窗学友，感谢严峰、仲纪华、张茂先、方泽华、朱怀琳、常永根、顾宏军、莫来根、金家礼、钱维亚、蒋宏、顾新生、王剑、施云、缪启琨、潘金陵、孙富民、耿心华、耿心民、孙蔚斌、李茂平、王后生、高峰、陈杰、蔡德才、张立才、陆东生诸位先生，或忠告提醒，或排难解困，或热心关注，或频传信息，或仗义直言，可谓真情无价，没齿难忘。

感谢"扬中日报""扬中新闻网""扬中人家"网站、"《王步高年谱》微信讨论群"诸位网友，感谢"省残疾人作协理事群"及泰兴朱智勇先生、丹阳严炎女士等，关注、点赞，即厚爱、声援。

感谢徐氏文化联谊会及其名誉会长徐新华先生，感谢会长徐翔、常务副会长徐茂彬、秘书长徐崇银及徐圣心、徐纪顺等宗亲，无论法律援助，抑或道义支持，均难能可贵。

感谢王先生夫人刘淑贞女士及其女儿，不仅提供海量资讯，还亲撰修改意见；据悉刘老师常在先生灵前为小编祈福祈祷，令吾感动莫名，乃至废寝忘食、双腿浮肿亦无悔也。

感谢镇江市残联王晨沛先生，得知《王步高年谱》出版问题，随即介绍给江苏大学出版社，社原副总编董国军先生欣然接下书稿，并与任辉先生共同担纲责编，为此倾注大量心血。

感谢夫人田桂英，在余长年累月埋头书斋或外出采访时，任劳任怨，独力支撑险被宵小侵吞之花园微企。

感谢本市南江码头老总、知名企业家陆巍先生慷慨解囊，力助是书问世。

......

一介农夫，民间草根，种花卖花之余，读书写作聊以自娱。贸然不自量力，"自讨苦吃"，闯入史坛学苑，也是机缘巧合。不求有功，但求无过罢。

寒来暑往，转瞬三年。目前所呈，虽增删20余次，且经出版社编辑数次编审、校对，无奈笔者学识浅薄，孤陋寡闻，难免挂一漏万。与其称之为《王步高年谱》，毋宁视作余拜阅先生及其师友皇皇巨著之读书札记，仅敷衍成篇而已。今冒昧公之于众，恐难入高人法眼，权当抛砖引玉。恳请方家及知情诸君，不吝赐教，万分感激！

正值王先生逝世三周年之际，谨以此书和一瓣心香，告慰先生在天之灵！

七旬残翁徐复兴

庚子金秋于江洲馥馨花园